Hendrix

HENDRIX POR *Hendrix*

• ENTREVISTAS E ENCONTROS COM JIMI HENDRIX •

EDITADO POR
STEVEN ROBY

Título original: *Hendrix on Hendrix: Interviews and Encounters*
Copyright © 2012, Steven Roby
Copyright desta edição © 2016, Edições Ideal

Todos os direitos reservados. Nenhuma parte desta publicação pode ser reproduzida, armazenada em sistema de recuperação ou transmitida, em qualquer forma ou por quaisquer meios (eletrônico, mecânico, fotocópia, gravação ou outros), sem a permissão por escrito da editora.

Editor: **Marcelo Viegas**
Conselho Editorial: **Maria Maier e Frederico Indiani**
Capa, Projeto Gráfico e Diagramação: **Guilherme Theodoro**
Tradução: **Leonardo B. Scriptore**
Revisão: **Marcelo Viegas**
Comercial: **Renato Malizia**
Marketing: **Aline Gïercis**
Foto da capa: **Hulton Archive / Getty Images**
Supervisão Geral: **Felipe Gasnier**

Dados Internacionais de Catalogação na Publicação (CIP)
(eDOC BRASIL, Belo Horizonte/MG)

H498

Hendrix por Hendrix: entrevistas e encontros com Jimi Hendrix / Editado por Steven Roby ; tradução Leonardo B. Scriptone. – São Bernardo do Campo (SP): Ideal, 2016.
304 p. : 15,8 x 22,8 cm

Título original: Hendrix on Hendrix: interviews and encounters
ISBN 978-85-62885-61-7

1. Hendrix, Jimi, 1942-1970 - Entrevistas. 2. Músico de rock – Estados Unidos - Entrevistas. I. Roby, Steven. II. Título.

CDD-787.87

21.03.2016

Caixa Postal 78237
São Bernardo do Campo/SP
CEP: 09720-970
Tel: 11 2374-0374
Site: www.edicoesideal.com

ID-36

Para Francine, um amor supremo

Sumário

12 **PREFÁCIO**
16 **AGRADECIMENTOS**
17 **INTRODUÇÃO**

22 **PARTE I** [DEZEMBRO DE 1966 - MAIO DE 1967]

"SR. FENÔMENO!" | PETER JONES

"JIMI HENDRIX FALA COM STEVE BARKER" | STEVE BARKER

"JIMI AINDA NÃO ACHA QUE É UM GRANDE NOME" | RECORD MIRROR

"HENDRIX, ARTEFATO DESSA GERAÇÃO" | KEVIN SWIFT

"JIMI HENDRIX MOSTRA OS DENTES" | JAN WALDROP

"QUE EXPERIÊNCIA!" | ALAN FREEMAN

"VENHA PARA O RENASCIMENTO DO SOUL COM JIMI HENDRIX, UM REBELDE DE MARTE VIA CUBA" | KEITH KELLER

ENTREVISTA COM JIMI HENDRIX | HANS CARL SCHMIDT

ENTREVISTA COM JIMI HENDRIX | KLAS BURLING

55 **PARTE II** [JUNHO DE 1967 - DEZEMBRO DE 1967]

"SELVAGEM, CARA!" | DAWN JAMES

"NOSSA EXPERIÊNCIA COM JIMI" | BOB GARCIA

"GALEÕES ESPANHOIS NA COSTA DE JERSEY OU 'VIVEMOS DO EXCESSO DE VOLUME'" | BILL KERBY E DAVID THOMPSON

"JIMI HENDRIX CONVERSA COM STEVE BARKER" | STEVE BARKER

"UMA EXPERIÊNCIA COM HENDRIX" | LIAM E ROISIN MCAULEY

"O HOMEM DO POP JIMI PROCESSA GRAVADORA" | PETER OAKES

ENTREVISTA COM JIMI HENDRIX | MEATBALL FULTON

87 **PARTE III** [JANEIRO DE 1968 - JUNHO DE 1968]
ENTREVISTA COM JIMI HENDRIX | JAY RUBY
"A PERSEGUIÇÃO E ASSASSINATO DO ROCK'N'ROLL, ENCENADOS PELO JIMI HENDRIX EXPERIENCE... SOB A DIREÇÃO DO PRÓPRIO SALTITANTE JIMI HENDRIX, O CASSIUS CLAY DO POP" | MICHAEL THOMAS
AUDIÊNCIA PRELIMINAR DE JIMI HENDRIX (1968)

118 **PARTE IV** [JULHO DE 1968 - DEZEMBRO DE 1968]
"SENTI QUE ESTÁVAMOS CORRENDO O RISCO DE VIRAR O DAVE DEE DOS EUA" | ALAN WALSH
"JIMI HENDRIX: UMA EXPERIÊNCIA, UMA IMAGEM, UM GRANDE TALENTO" | MARGARET ROBIN
"EXPERIÊNCIA" | DON SPEICHER
ENTREVISTA COM JIMI HENDRIX | GUS GOSSERT
"MANCHETE DUPLA PARA JIMI HENDRIX" | JACOBA ATLAS
"JIMI HENDRIX, BLACK POWER E DINHEIRO" | JACOBA ATLAS
"MANCHETE DUPLA PARA JIMI HENDRIX" | TONY GLOVER
"HENDRIX" | TONY GLOVER

153 **PARTE V** [JANEIRO DE 1969 - JUNHO DE 1969]
"HENDRIX: NA EXPERIÊNCIA DE JANE DE MENDELSSOHN" | JANE DE MENDELSSOHN
"JIMI HENDRIX EXPERIENCE: DIMINUINDO A VELOCIDADE E AUMENTANDO EM TAMANHO" | JOHN LOMBARDI
"O EGO DE JIMI HENDRIX" | JIM BRODEY
"ENTREVISTA COM JIMI HENDRIX" | NANCY CARTER
"JIMI HENDRIX, O SOL CIGANO" | RITCHIE YORKE

185 **PARTE VI** [JULHO DE 1969 - DEZEMBRO DE 1969]
THE DICK CAVETT SHOW (JULHO) | DICK CAVETT
THE TONIGHT SHOW | FLIP WILSON
COMENTÁRIOS PÓS-WOODSTOCK DE JIMI HENDRIX
COLETIVA DE IMPRENSA DA UNITED BLOCK ASSOCIATION
THE DICK CAVETT SHOW (SETEMBRO) | DICK CAVETT
"JIMI HENDRIX: EU NÃO QUERO MAIS SER PALHAÇO..." | SHEILA WELLER
A RAINHA CONTRA JAMES MARSHALL HENDRIX
"HENDRIX E SUA BANDA DE CIGANOS" | BOB DAWBARN
ENTREVISTA COM JIMI HENDRIX | SUE CASSIDY CLARK

226 **PARTE VII** [JANEIRO DE 1970 - JUNHO DE 1970]
"O HOMEM DO ESPAÇO JIMI ESTÁ POUSANDO" | ALFRED G. ARONOWITZ
"O FIM DE UM LONGO CONTO DE FADAS" | JOHN BURKS
"HENDRIX: EU QUERIA UM SINGLE DE SUCESSO..." | KEITH ALTHAM

243 **PARTE VIII** [JULHO DE 1970 - SETEMBRO DE 1970]
"RALAR A NOITE INTEIRA JÁ ERA; TUDO QUE JIMI QUER AGORA É DESCANSAR" | PAUL OMUNDSON
ENCONTRO COM JIMI HENDRIX | CHUCK WEIN E PAT HARTLEY
"HENDRIX – ELE É UMA BELA PESSOA" | GILLIAN SAICH
"HENDRIX HOJE" | ROY HOLLINGWORTH
"HOMEM, MITO OU MÁGICA? JIMI HENDRIX ESTÁ DE VOLTA, FELIZ E FALANDO..." | NORMAN JOPLING
ENTREVISTA COM JIMI HENDRIX | KLAS BURLING
"SR. HENDRIX DE BOM HUMOR" | TOMMY RANDER
"ESTOU CANSADO DE FICAR DEITADO" | JØRN ROSSING JENSEN
"JIMI HENDRIX: NÃO TENHO CERTEZA SE VOU VIVER ATÉ OS 28 ANOS" | ANNE BJØRNDAL
"JIMI HENDRIX: EU SOU UM HOMEM COMO MUITOS OUTROS, POR EXEMPLO, NAPOLEÃO" | SVEN WEZELENBURG
"PLOP! ADEUS JIMI!" | HASSE BOE
ENTREVISTA COM JIMI HENDRIX | CHRIS ROMBERG E SARGENTO KEITH ROBERTS
"A ÚLTIMA ENTREVISTA DE HENDRIX" | KEITH ALTHAM

282 **EPÍLOGO**
284 **CITAÇÕES DE HENDRIX**
289 **APÊNDICE:** ENTREVISTA COM ERIC BURDON | STEVEN ROBY
299 **CRÉDITOS**

Prefácio

Este livro inclui algumas das entrevistas mais importantes dadas por Jimi Hendrix de 1966 a 1970 – o ponto alto de sua carreira. Elas estão organizadas em ordem cronológica (ou a mais próxima possível). Juntas, representam a história de Hendrix em suas próprias palavras.

Como editor, excluí alguns artigos durante o processo de seleção. Originalmente, eu iria incluir uma entrevista que foi feita em 1967 no clube Speakeasy em Londres, com Eric Clapton entrando com comentários. À primeira vista, essa colaboração soava como um acontecimento histórico, mas, depois de mais análises, achei que fosse mais conversacional. Além do que, todos na mesa pareciam ter tomado um pouco demais de alguma coisa. (Um trecho curto e cômico aparece na seção "Citações de Hendrix" no fim deste livro.)

Eu gostaria de ter incluído mais da entrevista de Nancy Carter, em junho de 1969, quando Hendrix estava num clima muito filosófico. Carter era uma estudante da University of Southern California que queria fazer perguntas imaginativas a Hendrix para sua tese de mestrado. No entanto, Carter revelou a mim posteriormente que havia cortado algumas respostas dele sem querer, devido ao seu problema auditivo. Ouvintes conseguem perceber um pouco da frustração de Hendrix na gravação.

Sue Cassidy Clark, colaboradora da *Rolling Stone*, arquivou uma transcrição e uma gravação de áudio da sua entrevista com Hendrix no fim de dezembro de 1969. Contudo, só pude acessar as respostas de Hendrix, as quais fui informado terem sido reorganizadas e editadas extensivamente, e as perguntas da entrevistadora não apareciam na transcrição. Ainda assim, achei as respostas pertinentes o bastante para constarem neste livro.

Também achei importante concluir o livro com uma entrevista que eu realizei com o lendário Eric Burdon. Burdon cruzou seu caminho com o de Hendrix em 1965; durante esse tempo, Hendrix estava tocando com o Little Richard e tentando fazer seu nome. Pelos quatro anos seguintes, Hendrix e Burdon viraram bons amigos e a última jam de Hendrix foi com Burdon e sua banda War. Burdon reflete detalhadamente sobre esses encontros.

Fãs que acompanharam Hendrix em diversas publicações da época testemunharam o início de uma transformação no fim de 1967, quando repórteres começaram a fazer perguntas melhores. Hendrix discutia suas origens musicais e eventualmente revelava histórias de partir o coração sobre sua difícil infância em Seattle.

Muitos anos depois da morte de Hendrix, seus registros no exército dos EUA foram colocados à disposição do público e mostraram que sua saída das forças armadas não havia sido tão corajosa como ele relatava. Durante suas entrevistas, Hendrix também incrementava a lista de estrelas com quem havia tocado em seus anos de R&B, o que ocorreu de 1963 a 1966. Em certa ocasião, tocou na banda de apoio do MC Gorgeous George. Ele raramente ganhava destaque quando tocava em bandas de artistas conhecidos.

Outra inconsistência da história de Hendrix tratava-se de sua data de nascimento. Depois de Hendrix ter sido "descoberto" em um minúsculo café do Greenwich Village, seus produtores repaginaram sua imagem para o público comprador de discos (pense em adolescentes berrando e rádios AM) e decidiram reduzir sua idade em alguns anos. Leitores adolescentes foram levados a acreditar que ele tinha se alistado no exército americano aos dezesseis e tocou por três ou quatro anos antes de ir para a Inglaterra.

As entrevistas de Hendrix eram encontradas, em sua maioria, em revistas de adolescentes, jornais da contracultura e publicações de música. Elas eram raramente encontradas nas edições semanais das publicações mais conhecidas que as famílias tinham jogadas em casa. Europeus tinham a sorte de ver Hendrix na TV frequentemente e a rádio BBC o convidava para conversar e tocar quando seu grupo estava na cidade. Nos Estados Unidos, o oposto era verdade. Provas fotográficas de apenas algumas entrevistas existem de verdade, mas nenhum áudio veio à tona. Uma curta entrevista com o DJ Harry Harrison no *The In Sound* rapidamente se transforma em um discurso de recrutamento para os jovens se alistarem.

Hendrix respondia melhor em entrevistas privadas do que em coletivas de imprensa, ou em ocasiões em que os entrevistadores tinham suas próprias intenções. Era sempre um bônus se a jornalista fosse mulher e se a entrevista acontecesse em um quarto de hotel ou em seu apartamento.

ENTREVISTAS

Para diversas entrevistas, fiz uma nova transcrição a partir da gravação original. Estas incluem as seguintes:

- Entrevista por Klas Burling
- Entrevista por Nancy Carter
- Entrevista por Dick Cavett
- Entrevista por Gus Gossert
- Entrevista por Hans Carl Schmidt
- Entrevista por Flip Wilson
- Coletiva de imprensa da United Block Association

Em outras ocasiões, comparei a entrevista original com uma transcrição anterior e fiz correções. Estas transcrições corrigidas incluem as seguintes:

- Entrevista por Chuck Wein e Pat Hartley
- Entrevista por Meatball Fulton
- Entrevista por Tony Glover
- Entrevista por Chris Romberg e Sargento Keith Roberts
- Entrevista por Jay Ruby

Transcrevi as entrevistas da forma mais exata que pude, editando para facilitar a leitura ao retirar o excesso de "sabe", "é", e "ahm". Reticências entre colchetes indicam material omitido; reticências sem colchetes indicam pausas. A maior parte das entrevistas gravadas são apresentadas na íntegra (ou pelo menos o que sobreviveu delas); a principal exceção a isso são as entrevistas que discutem a carreira de Hendrix antes da fama ou sua passagem pelo exército, as quais eu achava que já tinham sido cobertas por entrevistas anteriores, com apenas mínimas variações.

Também apresentei os artigos na íntegra, mas alguns foram editados para eliminar material redundante ou irrelevante. Erros óbvios de ortografia e pontuação foram corrigidos. Notas de rodapé foram incluídas para esclarecimento e ainda corrigi algumas das traduções para o inglês dos artigos europeus.

Editei e organizei a transcrição da declaração que Hendrix deu em 1968 antes de seu julgamento. Em um depoimento, as respostas são geralmente apenas algumas palavras; neste caso, várias perguntas foram feitas para que se conseguisse uma imagem mais coerente da linha de pensamento de Hendrix. Conectei as respostas de Hendrix à pergunta base para obter mais fluência e clareza. Também o fiz com as transcrições do tribunal canadense em 1969.

•••

Fui apresentado a Jimi Hendrix na primavera de 1967. Eu tinha apenas doze anos de idade quando liguei meu rádio FM com um único alto-falante na KMPX e o DJ anunciou que tinha um disco novo de um guitarrista americano que tinha acabado de estourar na Inglaterra. Daquele ponto em diante – há mais de quarenta anos – eu tenho pesquisado, arquivado, palestrado e escrito sobre a vida, a carreira e a música desse guitarrista.

Primeiramente, sua música me atraiu, mas eu fiquei ainda mais fascinado ouvindo-o falar sobre uma variedade de tópicos. Espero que leitores considerem esta coleção de entrevistas e artigos uma representação do que estava na mente do homem e do que ele teve que aguentar sendo um dos artistas do rock mais bem pagos do fim dos anos 60. Também espero que este livro se prove uma valiosa referência em muitos anos por vir.

—STEVEN ROBY
Paia, Havaí

Agradecimentos

O livro *Coltrane on Coltrane* foi a inspiração para este livro que você tem nas mãos. Gostaria de agradecer ao autor, Chris DeVito, e o historiador de John Coltrane, Lewis Porter, por suas orientações sobre como construir tão importante documento histórico.

Sou muito grato ao meu editor, Yuval Taylor, que viu mérito no livro desde o princípio. E agradecimentos especiais à editora do projeto, Kelly Wilson, por suas contribuições.

Gostaria de agradecer aos meus colegas arquivistas por sua ajuda ao encontrar diversos artigos-chave para este livro: Ad Bastiaanssen, Greg Lapointe, Claus Rasmussen, Kingsley H. Smith e especialmente Ken Voss.

Elizabeth Pope e Greg Plunges do National Archives and Records Administration foram extremamente solícitos ao descobrirem que o caso judicial de 1968 de Hendrix não estava lacrado, mas que estava sob custódia da unidade nova-iorquina do National Archives and Records Administration.

Reconhecimento também é devido aos muitos editores de antigos jornais underground que, sem hesitação, permitiram que seus artigos fossem apresentados nessa coleção.

Introdução

Nascido em 1942 e criado em meio a rádios e discos, James Marshall Hendrix deixou Seattle e se alistou no exército aos dezenove anos para evitar a prisão por uma segunda acusação de *joyriding*, o crime de furtar um carro para dirigi-lo perigosamente por um curto espaço de tempo. O desistente do colegial com pouquíssimo treinamento musical estava cheio de grandes aspirações de tornar-se um famoso guitarrista. Mal sabia ele que se tornaria um dos maiores do mundo.

A vida no exército foi difícil. Quando os oficiais superiores descobriram que o músico desajustado passava mais tempo tocando seu violão que arrumando seu equipamento, ele foi sumariamente dispensado do serviço. Finalmente livre, Hendrix foi atrás de sua paixão pela música.

Depois de quatro anos batalhando no imperdoável circuito de R&B americano, Hendrix finalmente estourou – não em sua terra natal, mas na Inglaterra. O mais próximo que ele chegou do reconhecimento na imprensa dos EUA foi em 1963, quando um jornal de Nashville o creditou como "Jimmy [sic] Hendrix e Sua Guitarra Mágica". Uma segunda vez, três anos depois, ele foi creditado junto do bluesman John Hammond Jr. em um pequeno anúncio no *Village Voice*, mas os leitores teriam que saber que Hendrix usava o nome artístico "The Blue Flame" ("a Chama Azul").

Chas Chandler, o ex-baixista do Animals que se tornou produtor de discos e empresário artístico, ergueu Hendrix da obscuridade do Greenwich Village e o trouxe para a *"swinging England"*, termo cunhado para descrever a efervescência da cena cultural inglesa. Ele estava apostando na possibilidade de que esse selvagem artista da noite se tornasse uma sensação na Europa e que sucessos seguiriam o rastro. Chandler não podia estar mais certo.

Foi formada a The Jimi Hendrix Experience (JHE), e ela incluía Noel Redding no baixo e Mitch Mitchell na bateria. O grupo fez turnê na França em Outubro de 1966, mas sua primeira resenha tinha dois erros graves: "Tommy [sic] Hemdrix

[sic], que, depois de ter problemas com a correia de sua guitarra, demonstrou muito estilo com malabarismos e tocando seu instrumento com os dentes."[1]

Uma semana depois, fãs de música ingleses foram apresentados ao novo guitarrista americano em um artigo do *Record Mirror*. Mas esse também tinha sua parcela de erros e até um comentário racista:

> Chas Chandler assinou contrato e trouxe a este país um negro de 20 anos de idade [sic] chamado Jim Henrix [sic], que – além de outras coisas – toca guitarra com os dentes e está sendo aclamado em alguns círculos como o "próximo grande sucesso".
>
> "Ele se parece com o Dylan, tem aquele cabelo todo para todo lado", Chas disse para mim. "Ele é de cor, mas não pensa como uma pessoa de cor. Ele tem uma ideia muito clara do que quer fazer... Ele é melhor do que o Eric Clapton", Chas afirma, indo direto ao ponto sobre Jim. "Ele tocou com o Cream em uma faculdade de Londres e expulsou Clapton do palco... Clapton admitiu que Jim era um guitarrista fantástico."[2]

A revista *Billboard* pode ter sido a primeira publicação americana a registrar a posição dos discos de Hendrix na Inglaterra, mas a revista afro-americana *Jet* foi a primeira a dar detalhes do sucesso do guitarrista em maio de 1967. "O pessoal de Seattle vai gostar de saber que seu pequeno guitarrista Jimi Hendrix agora tem 21 anos [sic], está morando em Londres e está no topo das paradas com sua canção 'Hey Joe', e está fazendo a limpa nas turnês europeias."[3]

Quando a estreia americana de Hendrix aconteceu, em junho de 1967, uma multidão de jovens adolescentes e hippies paz-e-amor ficaram atordoados no Monterey Pop Festival pelo volume ensurdecedor de sua música e seu flamejante encerramento na guitarra. Algumas reações da mídia foram simplesmente cruéis. Este trecho de um artigo do *Village Voice* demonstra o veneno que alguns jornalistas destilaram especialmente bem:

---

1 Républicain Lorraine, 17 de outubro de 1966.
2 Richard Green, "EX Animal Adventures", Record Mirror, 29 de outubro de 1966.
3 Charles L. Sanders, "Paris Scratch Pad", Jet, 4 de maio de 1967.

Pessoalmente, acho sua fantasia cheia de joias vulgar, seu balanço pélvico datado, sua voz medíocre e sua guitarra sofisticada, porém inconsistente. Qualquer um que toque um instrumento de cordas com os dentes deve conhecer Plus White [marca de produtos odontológicos], mas acho que essa marca em especial tiraria Jimi Hendrix do circuito na Inglaterra, já que seu ponto forte parece ser sua cor. Ele transparece corrupção e deboche, como uma música bêbada dos Rolling Stones. Talvez a Inglaterra precise de outra *"mauve decade"*, a década de complacência, mas acho que os garotos daqui esquecerão a grande mentira do exagero após uma curta lua-de-mel.

A equipe de Jimi se mexeu para mantê-lo na onda de popularidade apesar dessas primeiras rejeições da imprensa americana. Depois da falha na tentativa de seguir em turnê com os Monkees, o circuito psicodélico parecia a melhor opção para a banda.

Os singles do Experience, "Hey Joe" e "Purple Haze", não foram tão bem aceitos quanto foram na Europa. No entanto, os hábitos de consumo de discos nos Estados Unidos estavam mudando e um mercado de LPs estéreo – tanto nas lojas quanto nas rádios – estava emergindo. O disco *Are You Experienced* se manteve firme em relação ao *Sgt. Pepper's Lonely Hearts Club Band* e o Experience fechou o ano de 1967 com seu segundo lançamento, *Axis: Bold as Love*.

Depois, Hendrix omitiu um contrato que havia assinado em 1965 antes de ir para a Inglaterra. Em 1968 a pilha de processos aumentava com sua popularidade. O erro o assombrou durante anos.

Seus empresários o pressionavam para gravar, sair em turnê e dar entrevistas. Datas eram adicionadas o tempo todo à já abarrotada turnê de 1968 do Experience. O grupo cruzaria os EUA, frequentemente voltando atrás quando novos shows eram marcados. Hendrix mostrava sinais de estresse e cansaço ao tocar as mesmas canções noite após noite.

Entre os dias de show, a banda trabalhava em seu terceiro disco, *Electric Ladyland*, mas tensões se desenvolviam entre os integrantes. Chandler, no fim das contas, saiu frustrado com as infinitas sessões de estúdio e seus inúmeros seguidores grudentos. Hendrix dominou a gravação do LP, usando a oportunidade para experimentar com o jazz e aumentar sua sonoridade com músicos adicionais.

Os dias do Jimi Hendrix Experience estavam contados. Robb Baker, do *Chicago Tribune* escreveu em sua resenha de um show de 1968, "Do frescor e da empolgação não restava quase nada. Truques pareciam truques. A experiência sensorial parecia tosca e (como muitas coisas no show) adicionadas só para fazer efeito. No final, quando Hendrix jogou sua guitarra contra os amplificadores, dava para ver uma mão atrás deles, para que não tombassem e (pior ainda) uma levantada dos ombros de Hendrix que pareciam dizer 'E daí? Já fiz isso 1000 vezes e cada um dos guitarristas fajutos dos subúrbios já se ligou.'"[4]

Para complicar ainda mais as coisas, Hendrix foi pego portando drogas quando seu séquito entrou no Canadá em 1969. Em junho, o JHE havia acabado. Hendrix veio à tona novamente em agosto no festival Woodstock com um grupo de cinco pessoas que ele chamava de Gypsy Sun and Rainbows. Ele parecia exausto naquele verão e admitiu abertamente ao apresentador de TV/entrevistador Dick Cavett que ele havia passado por um colapso nervoso. Cavett olhou desajeitado para seu entrevistado. "[Você quer dizer] um colapso físico?" perguntou, tentando corrigi-lo. "Você já teve um colapso nervoso?" Cavett indagou. Hendrix encarou de volta, franzindo a testa em confirmação, "Sim, já tive uns três desde que começamos esse grupo, esse negócio". Cavett, ainda em choque, disse, "Sério?"

Hendrix lutava por criatividade depois de Woodstock. Seu empresário queria reunir a banda original e a gravadora queria um produto novo em 1969. Nesse ínterim, o FBI abriu um arquivo sobre ele e o observava de perto enquanto a data de seu julgamento se aproximava, em dezembro. Depois de ser inocentado de todas as acusações relacionadas a drogas, Hendrix voltou às raízes R&B/funk e formou o Band of Gypsys com seu velho companheiro de exército Billy Cox e o ex-baterista do Electric Flag, Buddy Miles. Eles chegaram no ano novo à casa de shows Fillmore East, de Bill Graham, com uma série de quatro shows.

Mas esse grupo também não durou muito. De acordo com Miles, o empresário Michael Jeffery sabotou o grupo na tentativa de fazer Hendrix voltar ao caminho do sucesso de vendas e shows lotados. "Amávamos o que fazíamos, mas os negócios interferiram nas coisas da banda", recordou Miles. "Foi uma coisa racial... (Ele) deixou bem humanamente claro que não queria três negros

---

4 Robb Baker, "Hendrix: Surfeit of Alienation", Chicago Tribune, 12 de Agosto de 1968.

tocando juntos!"⁵ O Jimi Hendrix Experience se uniu novamente em abril de 1970, mas Billy Cox substituiu Noel Redding, a pedido de Hendrix.

O JHE passou a maior parte da primavera e do verão em casas de show e festivais de rock. Após uma breve pausa no Havaí, Hendrix retornou a Nova York em agosto para a abertura de seu novo estúdio de gravação, Electric Lady.

Para pagar suas dívidas empilhadas, Hendrix foi convencido de que precisava continuar em turnê e retornou à Europa. Depois de uma semana, o JHE debandou após Cox inadvertidamente beber um copo de ponche com LSD. Ele voltou para casa, nos EUA, para se recuperar enquanto Hendrix decidia qual seria seu próximo passo.

Hendrix se restabeleceu em Londres e passou seu tempo com Monika Dannemann, uma campeã de patinação no gelo que havia conhecido em janeiro de 1969 enquanto estava em turnê na Alemanha. Os planos eram de se reencontrar com seu mentor, Chas Chandler, e terminar a produção de um LP duplo, cujo título era *First Rays of the New Rising Sun*.

No entanto, na sexta-feira, 18 de setembro de 1970, Hendrix morreu sob circunstâncias misteriosas após passar a noite em um apartamento alugado por Dannemann. Dez dias depois, o médico legista afirmou que a causa da morte foi inalação de vômito devido à intoxicação por barbitúricos; nenhuma evidência que indicasse a intenção de cometer suicídio foi encontrada. O corpo de Hendrix foi levado a Seattle e seu funeral aconteceu no primeiro dia de outubro de 1970.

---

5 Entrevista não publicada com Buddy Miles pela Experience Music Project, 20 de abril de 2000.

Parte I

DEZEMBRO DE 1966 - MAIO DE 1967

O VOO DE PRIMEIRA CLASSE DE JIMI HENDRIX pousou no aeroporto de Heathrow, em Londres, às 9:00 da manhã no dia 24 de setembro de 1966. Sua Stratocaster em seu estojo, uma muda de roupas e creme para acne foram as únicas coisas que ele trouxe para conquistar a Inglaterra. Ao fim do dia, já tinha uma jam marcada no clube Scotch of St. James e uma namorada nova em sua cama. Tudo parecia possível.

Em alguns dias, Chas Chandler adquiriu um visto de trabalho e marcou testes para o novo grupo, Jimi Hendrix Experience. O guitarrista Noel Redding, originalmente esperançoso de preencher a vaga no New Animals, foi contratado em parte por sua disposição a aprender a tocar contrabaixo – e porque Hendrix gostou de seu cabelo grande e selvagem. No início de outubro, o talentoso Mitch Mitchell foi selecionado como baterista.

O som de Hendrix logo ganhou popularidade. "Hey Joe", o single de estreia, recebeu ótimas críticas e alcançou a posição 12 nas paradas de R&B e número 38 na tabela de singles nacionais antes do fim do ano.

Hendrix animou-se a escrever seu próprio material. O álbum resultante, *Are You Experienced*, tornou-se parte da trilha sonora psicodélica do ano de 1967. O próximo obstáculo era a terra natal de Hendrix, os Estados Unidos.

"SR. FENÔMENO!"
PETER JONES / RECORD MIRROR, 10 DE DEZEMBRO DE 1966

No dia 25 de novembro de 1966, a banda recém-formada, Jimi Hendrix Experience, organizou uma coletiva de imprensa e um show no Bag O'Nails Club em Londres. Hendrix havia chegado a Londres dois meses antes, mas já tinha feito uma jam com o Cream, rodado a França e a Alemanha, e gravado seu primeiro single, "Hey Joe". Em menos de dois dias após esse evento, ele estaria celebrando seu vigésimo quarto aniversário.

O repórter do RECORD MIRROR, Peter Jones, teve a honra de capturar Hendrix em sua primeira entrevista com a imprensa musical inglesa. O JHE fez seu primeiro show em um clube inglês no dia seguinte.

Agora escuta isso – e faça o favor de escutar bem! Você é um dos fãs que acham que não está acontecendo nada na cena pop? Certo... então queremos trazer à sua atenção um novo artista, uma nova estrela nascente, alguém que nós prevemos que irá girar na indústria como um furacão.

Nome: Jimi Hendrix. Profissão: guitarrista-vocalista-compositor-artista-agitador-original. Seu grupo, apenas três: The Jimi Hendrix Experience.

Bill Harry e eu chegamos no Bag O'Nails Club na Rua Kingley para ouvir o trio trabalhar em benefício da imprensa e dos produtores de shows. Harry, atônito, murmurava: "Esse som cheio, grande, estrondoso, dançante está sendo mesmo feito por só três pessoas?". Estava, com a ajuda de uma montanha de amplificadores.

Jimi estava com tudo. Girando feito um demônio, agitando a guitarra pra tudo que é lado, esse cara de vinte anos de idade [sic] (muito parecido com James Brown) era bem impressionante. Visualmente, ele prende os globos oculares com suas técnicas de tocar a guitarra com os dentes, com os cotovelos, esfregando-a pelo palco... mas ele também prazerosamente martela seus tímpanos com sua especialidade. Uma técnica estonteante... principalmente ao se considerar que ele começou a tocar apenas cinco ou seis anos atrás.

Exausto e suado, Jimi disse depois: "Eu estou em Londres há apenas três meses – mas a Inglaterra é muito legal. Acabei de tocar em Paris e Munique".

No trio: o baterista Mitch Mitchell, fã de jazz, e o viciado em rock'n'roll Noel Redding no baixo. "Não queremos nos encaixar em nenhuma categoria", disse Jimi. "Se precisarmos de um rótulo, gostaria que se chamasse 'Sentimento Livre'. É uma mistura de rock, loucura, blues e música de delírio".

Guiando a carreira de Jimi por aqui (discos foram prensados; informação de lançamento em breve), temos Chas Chandler, ex-Animals, e Mike Jeffery. Disse Chas: "Eu ouvi o Jimi tocar pela primeira vez no Greenwich Village, uma amiga minha, uma inglesa[1], sugeriu que eu fosse vê-lo. Eu fiquei embasbacado com a técnica e a performance dele. Ele tinha acabado de começar a cantar, mas já tinha bastante experiência com grupos americanos de alto nível.

"Enfim, eu sugeri que a gente se juntasse – e ele concordou. Então nós o trouxemos para cá, fizemos testes para encontrar os músicos que possam seguir seu estilo – e demos aos três a chance de se entrosarem no Continente. Agora estamos correndo atrás de um visto de trabalho...

"Ele realmente toca muita guitarra. Você pode assisti-lo sete noites seguidas e ele vai mudar coisas individuais a cada vez. Não dá para ficar entediado com ele. É a primeira vez que vejo um músico tão bom ter uma performance visual tão boa. Ele tem essa presença de palco única. E essa maestria com o instrumento.

"Queremos permanecer com apenas dois músicos trabalhando com ele. Noel e Mitch conseguem seguir cada um dos seus climas – se a gente colocasse mais unzinho que fosse, poderia estragar esse entendimento. Tornar mais lento. Agora queremos colocar o Jimi para trabalhar nos clubes de R&B, para conseguir mais seguidores."

Acredite, Jimi é algo realmente novo. Achamos que ele será um sucesso sensacional.

Sobre aquele lance de tocar guitarra com os dentes: ele diz que não o preocupa. Ele não sente nada. "Mas eu tenho que escovar meus dentes três vezes por dia!"

---

1 Chas se refere a Linda Keith, a então namorada de Keith Richards, dos Rolling Stones.

"JIMI HENDRIX FALA COM STEVE BARKER"
STEVE BARKER / UNIT, JANEIRO DE 1967

No dia primeiro de outubro de 1966, Steve Barker, um estudante de jornalismo de dezoito anos, testemunhou o encontro de Jimi Hendrix com o Cream no London's Regent Street Polytechnic College. O impressionante duelo de guitarras entre Hendrix e Clapton foi estimulante o bastante para que Barker contatasse os empresários de Hendrix para agendar uma entrevista. Eles concordaram e marcaram um horário no apartamento de Jimi na Praça Montague, no começo de janeiro de 1967.

Quando a entrevista aconteceu, o Jimi Hendrix Experience já havia gravado "Hey Joe", feito sua estreia na TV britânica no Ready Steady Go!, e Jimi já havia esboçado "Purple Haze".

Apesar de a entrevista não ter sido feita para uma grande publicação, Hendrix foi generoso com seu tempo e aberto com suas respostas – principalmente no que se tratava de seus reais sentimentos sobre os Monkees.

No fim do ano passado, o Cream apareceu na Poly, trazendo um jovem guitarrista negro, aparentemente perdido, para aparecer pela primeira vez na Grã-Bretanha. O guitarrista com os cabelos de Medusa era Jimi Hendrix, que, durante os primeiros meses de 1967, montou sua banda, o Experience, na vanguarda do mundo pop.

Conversei com Jimi em seu apartamento, onde ele pediu desculpas por me fazer perder aulas na faculdade ao tocar sua coleção de discos de blues e faixas de seu novo single e LP, que será lançado no fim de março.

Modéstia e consideração não são qualidades comuns de pop stars, mas aí é que Jimi Hendrix era diferente.

Steve Barker: Quais são as principais influências da sua música?
Jimi Hendrix: Bom, eu não tenho nenhuma nesse momento. Eu costumava gostar de Elmore James e as primeiras coisas do Muddy Waters e coisas assim – Robert Johnson e esses caras antigos.

SB: Você sente que tem uma herança desses blueseiros?
JH: Não, porque eu não sei nem cantar! Quando eu comecei a tocar guitarra foi

lá em cima no noroeste, em Seattle, Washington. Eles não têm muitos cantores de blues de verdade por lá. Eu aprendi a tocar mesmo lá no sul. Aí eu fui para o exército por uns nove meses, mas dei um jeito de sair dessa. Quando eu saí, fui lá para o sul e todos os caras estavam tocando blues, e foi aí que comecei a ficar interessado de verdade na cena.

SB: Como está a cena na costa oeste?
JH: Bom, eu não vou para a costa oeste há um bom tempo. Mas quando estava no leste a cena estava muito louca. Eu ficava por lá, tocava por dois dólares a noite e então tentava achar um lugar para passar a noite depois de tocar. Você tinha que xavecar alguém rapidinho antes de conseguir um lugar para tocar.

SB: Como você acha que é a cena lá, comparada à da Inglaterra?
JH: Bom, eu nunca tive a chance de entrar na cena lá, mas pelo que tenho visto [na Inglaterra] está muito bom. Eu achei que ia ver um monte de caras que sabiam tocar, mas sem sentimento mesmo. Mas fiquei surpreso, principalmente quando vi o Eric Clapton, cara. Foi ridículo. Pensei, "meu Deus!". E toda vez que a gente se via, era o que a gente conversava – tocar. Eu gostava do Spencer Davis, mas ouvi falar que o velho Stevie [Winwood] saiu, e acho que é oficial, faz uns dois dias, ou foi ontem.

SB: E os Beatles e as coisas que eles estão fazendo agora?
JH: Ah, sim, acho bom. Eles são um grupo que não dá muito para falar porque eles são simplesmente demais. E é tão vergonhoso, cara, quando os Estados Unidos estão mandando os Monkees para cá – meu Deus, isso me mata! Fico envergonhado de saber que os Estados Unidos conseguiram fazer uma coisa tão burra quanto dar sucesso para esses caras. Eles poderiam pelo menos ter feito isso com algum grupo que tenha alguma coisa a oferecer. Tem banda nos Estados Unidos morrendo de fome tentando uma chance e aparecem essas fadinhas.

SB: Você conheceu o Bob Dylan nos Estados Unidos?
JH: Eu o vi uma vez, mas nós dois estávamos completamente chapados. Eu me lembro vagamente. Foi num lugar chamado The Kettle of Fish, no Village. Nós estávamos chapados, e ficamos apenas rindo – é, só rindo. As pessoas sem-

pre querem colocá-lo para baixo. Mas eu gosto dele. Curto aquele disco dele *Highway 61 Revisited* e principalmente "Just Like Tom Thumb's Blues"! Ele não é inspiração para mim, na verdade, porque nunca conseguiria escrever o tipo de letra que ele faz. Mas ele me ajudou em tentar umas duas ou três porque eu tenho umas mil músicas que nunca vão ser terminadas. Eu fico lá, escrevo umas duas ou três, mas agora tenho mais confiança para tentar terminar alguma. Quando estava no Village, o Dylan estava passando fome lá. Ouvi dizer que ele leva sempre um bloquinho com ele para anotar as coisas que ele vê ao redor dele. Mas ele não tem que estar chapado quando escreve, apesar de ser um desses tipos de caras – ele simplesmente não tem que estar.

SB: Como o Experience consegue combinar tanto sendo que você é basicamente do blues, Noel do rock e Mitch do jazz?
JH: Não sei! Na verdade, acho que é mais um lance de liberdade de estilo. A gente sabe que música vai tocar e em que tom ela é e a sequência de acordes, e a gente parte daí. E até agora não me incomodou em nada tipo falar, "Ah não! Lá vem ele com esse baixo padrão de rock'n'roll de novo". Está todo mundo mandando bem.

SB: Você está experimentando com a sua música ou indo em direção a um objetivo?
JH: Acho que agora é experimentação. Talvez daqui uns seis ou sete meses, quando o próximo álbum for lançado, a gente saiba o que está fazendo. Todas as faixas do nosso primeiro LP vão ser originais, mas talvez a gente coloque "Like a Rolling Stone" do Dylan nele.

SB: O que você acha desse lance de autodestruição e as coisas que o The Who está fazendo?
JH: A gente não quebra nada no palco – só algumas cordas. Na verdade, a gente faz o que a gente quiser na hora. Se a gente quisesse quebrar alguma coisa, a gente quebraria. Teve muitas vezes no passado que eu quis fazer isso, também. Mas não é só para me exibir, não sei explicar o sentimento. É como se você quisesse extravasar e fazer exatamente o que faria se seus pais não estivessem olhando. Eu curto The Who. Eu gosto de várias músicas deles. The Byrds é muito bom também, mas sei que vocês não curtem muito por aqui. Eles estão em outro lance. Eu gosto deles.

SB: E quanto à livre expressão no jazz?

JH: Eu teria que estar num certo clima para sentar e escutar o dia todo. Gosto do Charles Mingus e esse outro cara que toca sopro, Roland Kirk. Eu gosto de um jazz diferente, não essas coisas comuns. A maior parte é blues de sopro, e é por isso que gosto do jazz mais livre – as coisas legais ao invés dos sucessos antigos, tipo aqueles caras que vão lá e tocam "How High Is the Moon" por horas e horas. Dá no saco.

SB: Como você se sente no palco?

JH: Eu me divirto tocando. É a melhor parte de tudo isso, e gravar, também. Escrevi uma música chamada "I Don't Live Today", e a gente montou o som no estúdio. É uma música que fala sobre *freak-out* [nota do tradutor: perder o controle, perder a sanidade]. Eu vou dizer uma coisa porque sei que todo mundo vai, de qualquer maneira. Você quer saber o significado verdadeiro disso? Tá, tudo bem, vou te falar – mas não pense nada errado, ok? Isso é o que costumavam dizer na Califórnia um tempão atrás: "Adivinha só – eu vi um carro na Sunset Strip. Eu vi a Gladys e o Pete e eles estavam *freakin' out*". É isso que quer dizer – perversão sexual. Agora tem *freakin' off* e *out* em todas as músicas, então acho que não tem mais nada a ver com sexo agora. Enfim, era isso que queria dizer antes – perversão, tipo você ver uma garota bonita e ela é uma "freak", sabe. [Risos] Estou sendo sincero, só isso, então acho que eu vou ser deportado daqui a pouco.

SB: E narizes?

JH: Bom, se você não tivesse um nariz, ia ter que respirar pela orelha, cara. Aí você teria que limpar e assoar a orelha.

SB: Você lê o *International Times*?

JH: Ah, sim! Acho legal. Eles se envolvem quase excessivamente com alguma coisa, mas é muito bacana o que eles estão fazendo. Tem um jornal assim no Village, o *East Village Other*. Os Fugs lá do Village são muito loucos; eles fazem coisas arranjadas pelo William Burroughs, músicas sobre lésbicas e coisas tipo "Perder o Controle com um Barril de Tomates", esmagando tomates no sovaco! Você não acreditaria, cara – aqueles são completamente vulgares. Eles recitam uns poemas sujos e lindos! Os mais sujos que você puder imaginar. Tem uma coisa que eu odeio, cara: quando os caras dizem, "Olha a banda – eles estão tocando música psicodélica!", mas o que eles estão fazendo mesmo é piscar umas luzes e tocar "Johnny B. Goode" com os acordes errados – é horrível.

SB: O que você acha dessa coisa psicodélica?
JH: Tem esse cara que destrói um carro enquanto parece estar cantando uma música sobre *"I love you, baby"*. O que é que isso tem a ver? Agora, se ele estivesse dizendo que o carro é do mal e a música estivesse de fundo e ele estivesse lendo poesia com o roupão verde e dourado dele, talvez tivesse algum sentido. Cantar "Love is Strange" enquanto destrói um M.G. é só estúpido.[2]

SB: Você já viu o Pink Floyd?
JH: Ouvi dizer que eles têm luzes bonitas mas que a música não parece com nada.

SB: Como é o Donovan e a cena dele?
JH: Ele é legal – bem bonzinho! Ele é um carinha legal no ritmo dele, ligado nas flores e gente usando cueca dourada. Eu gosto do Donovan como pessoa, mas ninguém vai ouvir as coisas de "amor" dele. Eu gosto mais das coisas do Dylan porque são mais pé no chão, mais vivas. "Mellow Yellow" é gíria nos Estados Unidos para algo muito legal. Em "Sunshine Superman" ele quer dizer que ele vai conseguir ficar com a garota – enfim, essa é a minha interpretação. Gostaria de gravar em algumas sessões com o Dylan. A banda dele tinha que ser mais criativa. Esses dias as pessoas andam dizendo que as outras pessoas deveriam viajar, e as pessoas estão cantando sobre viagens. Tipo o Byrds, quando fez "Eight Mile High", era só uma viagem de avião, e você se sente bem lá em cima. Eles queriam banir até "Green, Green Grass of Home"[3] nos Estados Unidos.

---

[2] Hendrix poderia estar se referindo à banda de rock psicodélico The Move, que às vezes dava machadadas em um carro durante seu show.
[3] O cantor Tom Jones tocava essa música em 1966 e algumas pessoas achavam que "grass" (grama) se referia a maconha.

"JIMI AINDA NÃO ACHA QUE É UM GRANDE NOME"

RECORD MIRROR, 25 DE FEVEREIRO DE 1967

Fevereiro foi um mês agitado no estúdio para o JHE enquanto preparava as faixas para o LP de estreia e fazia diversos shows em casas noturnas. Um repórter do RECORD MIRROR, a quem não se creditou, juntou-se a vários outros jornalistas no apartamento de Hendrix na Praça Montague em 15 de fevereiro de 1967. Mais tarde, naquela noite, o Experience tocou no Dorothy Ballroom, em Cambridge.

Sua aparência é marcante. Cabeças se viram quando ele passa. Alto, jaqueta militar com trança ornamental, cabelo preto selvagem e chocante, como o de Dylan. Um rosto esculpido de personalidade.

JIMI HENDRIX, virtuoso da guitarra, é modesto. Ainda não se considera um artista de renome. "Temos apenas um disquinho e estou só pensando como as pessoas vão entender o próximo, porque é tão diferente de 'Hey Joe'. Acho que as pessoas vão achar que usamos instrumentos diferentes, mas ainda é guitarra, baixo e bateria – tem uma hora que a guitarra parece uma flauta. Eu gravei tudo do jeito que a gente faz ao vivo. Tudo que a gente põe no disco, a gente faz exatamente igual no palco. Se a gente tivesse uma música com um violino, a gente contrataria um violinista para tocar aquela única música. Nossa terceira gravação vai ser ainda mais diferente. Tinham escolhido 'Loving [sic] Confusion' para ser nosso próximo single, mas eu estava com essa coisa na cabeça de andar sobre o mar. Aí eu escrevi 'Purple Haze'".

O compositor Jimi tem uma imaginação fértil que não descarta a existência de OVNIs ou vida após a morte. Uma imaginação alimentada de ficção científica, poesia e pintura.

"Na escola eu costumava escrever muita poesia. Eu era muito feliz, tipo, na escola. Meus poemas eram quase todos sobre flores e natureza e pessoas usando robes... e aí eu costumava pintar uma, sei lá, uma montanha bem bonita e escrever uns quatro versos sobre ela. Quase não tenho oportunidade de pintar agora. A menina no escritório comprou um estojo de pintura para mim, mas ainda não consegui comprar papel. Gosto de pintar coisas diferentes, mas não gosto de pintar gente."

"Até agora escrevi mais ou menos 100 músicas, mas a maioria está nesses hotéis nova-iorquinos de onde eu fui despejado. Quando voltar eu vou recolher tudo desses quartos, dos hotéis onde não paguei o aluguel – não tenho vergonha de admitir. Não consigo escrever música feliz. 'Fotsy [sic] Lady' é a única música alegre que eu escrevi. Não fico muito feliz quando eu começo a escrever."

O primeiro álbum de Jimi será lançado no mês que vem.[4] "O álbum será diferente e todas as canções serão minhas exceto 'Like a Rolling Stone' e talvez um número do Muddy Waters. Gostamos de ter nosso próprio som. Estou escrevendo uma, 'I Don't Live Today', é bem esquisita, cara, espero que fique pronta para o LP."

O futuro imediato? "A Inglaterra é nossa base agora e a gente fica até mais ou menos o fim de junho; aí vamos ver se conseguimos armar alguma coisa nos Estados Unidos e voltar. Vamos estar aqui intermitentemente o tempo todo."

---

4 A versão britânica de Are You Experienced não foi lançada até maio de 1967.

"HENDRIX, ARTEFATO DESSA GERAÇÃO"
KEVIN SWIFT / BEAT INSTRUMENTAL, 1 DE MARÇO DE 1967

O repórter Kevin Swift, da britânica BEAT INSTRUMENTAL, também estava presente no apartamento da Praça Montague quando Hendrix deu uma série de entrevistas no dia 15 de fevereiro. Swift, no entanto, deu foco às raízes musicais e influências do blues ao invés do talento criativo de Hendrix.

Ele nasceu em Seattle 20 anos [sic] atrás, toca uma guitarra de blues esplêndida e, além do mais, toca do coração, não de discos de outros artistas. Ele é Jimi Hendrix, quente em mais de um sentido, chegando à Inglaterra na hora certa. A cena já estava estabelecida com os blueseiros ingleses e visitantes americanos, agora temos um produto dessa geração, um jovem americano, estrela do blues, com um estilo que nasce de um grande "sentir", trabalho árduo e experiência. Se você pertence à escola que acredita que se deve sofrer antes de tocar blues, este rapaz se qualifica sem problemas. Ele é uma "pedra que rola" no verdadeiro sentido da expressão[5], e seu giro o levou por toda parte dos Estados Unidos.

Seu ponto inicial, naturalmente, foi a cidade natal Seattle. Ele aprendeu a tocar pouco a pouco em um violão que pertencia a um dos amigos de seu pai que vinha jogar baralho. Enquanto os dois homens jogavam, Jimmy saía de fininho para a varanda e via o que conseguia tirar daquilo. "Eu não sabia que ia ter que pôr as cordas ao contrário porque eu era canhoto, mas não parecia certo", Jimi me disse. "Eu me lembro de pensar comigo mesmo, 'Tem alguma coisa errada aqui'. Uma noite o amigo do meu pai estava chapado e me vendeu o violão por cinco dólares. Eu inverti as cordas, mas aí ficou tudo desafinado. Eu não sabia nada de afinação, então fui até uma loja e passei os dedos nas cordas de um violão que eles tinham lá. Depois disso eu consegui afinar o meu. Logo eu me cansei do violão e o coloquei de lado. Mas quando ouvi Chuck Berry, meu interesse se reacendeu. Eu aprendia todos os riffs que conseguia. Montei um grupo com uns outros caras, mas o som deles cobria o meu. Eu não sabia ainda, mas

---

5 N. do T.: pedra que rola: "rolling stone" – do provérbio "a rolling stone gathers no moss" – "pedra que rola não cria limo". O "não criar limo" do provérbio pode ser interpretado de duas formas: "não cria raízes e responsabilidades" ou então, mais positivamente, "nunca sofrerá escassez de criatividade e frescor".

uns três meses depois eu percebi que ia ter que comprar uma guitarra. A minha primeira foi uma Danelectro, que meu pai comprou para mim; deve tê-lo deixado pobre por um bom tempo.

"Depois fui para o exército por um tempo e não toquei muito porque os únicos instrumentos lá eram para destros. Quando saí [do exército], eu não parei de me mudar. Fui para Clarksville, onde o grupo com quem eu estava trabalhava para um negócio chamado W. & W. Man; eles nos pagavam tão pouco que decidi que os Ws significavam Wicked & Wrong (Malvado e Errado). Então a gente se juntou com um dono de uma casa noturna que parecia gostar bastante de nós. Ele comprou equipamento para a gente. Eu tinha um amplificador Silvertone e os outros, Fender Bandmasters. Mas esse cara pegava nosso dinheiro e meio que estava atrasando a gente: nós nos mudamos de novo. No fim, acabei entrando para fazer as turnês grandes."

Perguntei ao Jimi por que ele achava que Chicago tinha a maior reputação pelos músicos do blues. "A maioria dos guitarristas vem do sul", explicou. "Em Atlanta e Louisiana tem caras ótimos. Tem o Albert Collins. Albert King e Al King. Você não ouviu falar deles aqui, mas eles são alguns dos melhores guitarristas do mundo. A maior parte dos caras que nascem no sul mudam pro norte. Eles param em Chicago porque é uma cidade intermediária e a concorrência não é tão grande lá quanto é mais ao norte." E depois de ouvir todos esses guitarristas, Jimi ficava enfim influenciado? "Bom, eu não gosto de ficar vidrado em um guitarrista, qualquer que seja", disse ele, "porque eu sempre me sinto um pouco infiel quando parto para algum outro. Eu diria que minhas influências foram B. B. King e Elmore James".

MESMO SACO

Muitas pessoas perguntam a Jimi por que ele não arrematou a óbvia imagem de acionar dois músicos de blues como baterista e baixista. Ao invés disso, os extremamente talentosos, mas ligeiramente influenciados pelo pop, Noel Redding e Mitch Mitchell. Disse Jimi: "Se eu tivesse dois blueseiros comigo, seríamos todos farinha do mesmo saco, o blues. Isso não é para mim. Do jeito que está podemos fazer qualquer coisa e desenvolver nossa própria música. Podemos fazer nosso próprio arranjo de alguma música do Howlin' Wolf seguida de 'Wild

Thing', ou alguma do Bob Dylan. Nós faremos as coisas do nosso jeito e inventaremos nosso próprio som". Esperemos que esse "próprio som" seja algo que o público britânico possa aceitar e guardar. Não podemos deixar esse cara escapar de volta para os Estados Unidos.

"JIMI HENDRIX MOSTRA OS DENTES"
JAN WALDROP / HUMO, 11 DE MARÇO DE 1967

O Jimi Hendrix Experience viajou de Paris até a Bélgica no dia 6 de março para tocar "Hey Joe" num programa de TV chamado VIBRATO. A performance, em playback, foi filmada numa locação na floresta Zoniënwoud.

A grande e quieta Zoniënwoud ainda farfalha no vento frio da primavera. Um sol cinza e hesitante ilumina os galhos e um senhor, velho e contorcido como os galhos das desgastadas árvores, junta lenha. Uma bituca de cigarro amassada se dependura de sua boca desdentada, fato que se evidencia quando a boca se abre ao chegar Jimi Hendrix – "Nunca vi algo assim antes!". Milhares disseram o mesmo ao testemunhar o novo fenômeno-pop Jimi Hendrix. Já havia lido isso em todas as revistas estrangeiras, mas é preciso ver [em primeira mão] antes de acreditar. Curto e doce: é verdade.

    O "Bob Dylan Negro", como alguns o chamam, é uma curiosidade própria. Jimi tem uma quantidade abundante de cabelo escuro, que quase descuidadamente ondula ao redor de sua cabeça. Ele tem uma fantástica, quase pitoresca, cabeça primitiva. Seus dentes brancos-como-a-neve aparecem como armas engatilhadas através de seus lábios. Entre seus amigáveis olhos caninos está um nariz que parece uma mangueira pisoteada. E se ele temia, apesar de tudo isso, passar desapercebido, Jimi usa calças de vermelho vivo e um fantástico casaco militar.

Jimi Hendrix: Essa jaqueta é da Guerra da Crimeia. De um russo, eu acho.
Jan Waldrop: Ainda tem alguma mancha de sangue?
JH: Não. Mandei limpar.

Nesse ínterim, o produtor Pierre Meyers e sua equipe de filmagem estão ocupados ajeitando as luzes e câmeras. Alguns pedestres robustos, muitos com cachorros (de todas as formas, tamanhos e cores), juntam-se curiosamente ao redor de Jimi. Mas ele só tem olhos para um poste com uma placa de letras grandes que indicava ser proibido lavar seu veículo no lago. De tais medidas preventivas Jimi ri e cospe no De Vijver van de Verdronken Kinderen [A Lagoa das Crianças Afogadas]. Um pouco mais à frente uma pessoa idosa mexe pacientemente com um bastão no lago raso.

"Aquele ali não perdeu as esperanças", pondera Jimi.

Jan Waldrop: Faz tempo que você toca?
Jimi Hendrix: Não, não muito. Uns seis anos mais ou menos.

JW: Quantos anos você tem?
JH: Vinte e dois [sic]. Eu nasci em 1945 [sic] em Seattle, no estado de Washington.

JW: Sempre morou lá?
JH: Jesus, não! Eu não conseguia ficar em casa. Eu saí da escola cedo. Escola não era para mim. Então, de acordo com o meu pai, eu tinha que trabalhar. Então trabalhei umas duas semanas... pro meu pai. Ele tinha uma firma de construção que não estava lá indo muito bem e viu em mim uma mão-de-obra barata. Eu não via dessa maneira. Tinha que carregar pedras e cimento o dia todo e ele embolsava o dinheiro. Aos quinze [sic] eu fugi depois de uma briga feia com o meu pai. Ele bateu na minha cara e eu fugi. Já que eu não tinha um centavo no bolso, entrei no primeiro posto de alistamento que vi e entrei no exército.

JW: O que você achou do exército?
JH: Terrível! Uma bagunça. A única coisa de que eu realmente gostava era pular de paraquedas, mas eu não era bom. Depois de meio ano, fiz uma descida horrível, quebrei o tornozelo e machuquei as costas. Bem na hora, porque o exército já estava me dando nos nervos.

JW: Você não gosta da vida normal?
JH: Nem um pouco. Assim que eu faço alguma coisa algumas vezes ou fiquei em algum lugar por algumas semanas, já me cansei! E aí eu *preciso* fazer alguma outra coisa ou fico com a cabeça na parede deprimido.

JW: O que você fez quando saiu do exército?
JH: Bom, demorou um pouco porque primeiro eu tinha que me curar. Depois, fui

para o sul. Enquanto estava no exército, comecei a tocar guitarra a sério e com isso eu ia tentar ganhar um dinheiro.

JW: Foi bem sucedido?
JH: Que nada! Durante anos eu vivi na miséria e na maior bagunça que você pode imaginar. Eu dormia onde podia e roubava comida. Tocava em bares e nas ruas e às vezes fazia uns trocados. Quando as coisas ficavam entediantes, eu saía com uns amigos e a gente ia bater num policial. Dentro de meia hora, a gente estava numa briga esmagadora. Às vezes a gente acabava na prisão, mas a comida era boa, então não era tão ruim. A maioria dos policiais era babaca, mas tinha alguns legais também. Eles não batiam tão forte quanto alguns outros e te davam comida melhor. Mas até isso ficou chato. Uma noite eu tinha um show num clube – o que acontecia raramente – e um dos Isley Brothers estava no público. Ele me perguntou se eu queria tocar na banda de apoio deles e eu disse "Sim, cara, legal!", mas não foi nada legal. Eu tinha que dormir nas casas de show onde eles tocavam e [esses lugares] eram cheios de baratas e ratos. Aqueles bichos imundos andavam em você à noite e comiam sua última barra de chocolate. Comecei a tocar de novo na rua. Depois de alguns meses, uma excursão completa do soul veio parar na cidade, com o Sam Cooke, Solomon Burke, Jackie Wilson, Hank Ballard, Ben E. King e Chuck Jackson. Consegui o trampo na banda e fiz o apoio. Aprendi muito com eles. Mas não o suficiente para descolar um trampo na banda do Little Richard. Tive que fazer um teste para ele em Atlanta e ele me achou OK. Com ele eu viajei por todos os Estados Unidos. Em Los Angeles eu me cansei dele e fui tocar atrás do Ike e da Tina Turner. Mas nem com eles eu ganhava dinheiro suficiente. Bom, eu ganhava o suficiente para comprar pão, mas não para pôr alguma coisa nele.

JW: Que tipo de música você toca hoje em dia?
JH: Blues, cara. Blues. Para mim esse é o único tipo de música que existe. "Hey Joe" é a versão blues de alguma música de caubói de cem anos atrás. Estritamente falando, não é uma música comercial e fiquei impressionado como ela chegou alto nas paradas. Nosso próximo single, "Purple Haze", é comercialmente ainda pior.

JW: Então por que você lança?
JH: Porque a gente gosta. Pouco me importa se vai vender ou não. Fazer música é muito mais importante.

JW: E dinheiro?
JH: Estou pouco me lixando. Contanto que eu tenha dinheiro suficiente para comer e tocar o que eu quiser, estou satisfeito. Só espero poder ganhar dinheiro suficiente para poder mandar fazer uma casa para o meu pai.

JW: Mas você não tinha brigado com ele?
JH: Sim, briguei. Nos sete anos que passei longe de casa, eu não o vi nenhuma vez. Eu telefonei uma vez, assim que cheguei na Inglaterra. Queria contar para ele o que eu tinha alcançado.

JW: E o que ele disse?
JH: Perguntou de quem eu tinha roubado o dinheiro para chegar na Inglaterra.

JW: Então por que você quer construir uma casa para ele?
JH: Para descontar. Ah, enfim, apesar de tudo ele me deu meu primeiro violão. Primeiro eu tive que provar que eu sabia tocar algumas músicas no violão de um amigo, mas ainda assim, ele me deu.

JW: Por que você se veste com roupas tão chamativas?
JH: Eu tenho uma aversão enorme a coisas comuns e pessoas comuns. Pessoas com "sobrancelhas bonitas" e coisas assim, aquelas que se vestem tão comumente.

JW: Que tipo de cara é você?
JH: Eu? Eu sou um cara quieto. Normalmente eu não falo tanto. O que eu tenho a dizer eu digo com a minha guitarra...

JW: O que você acha dessas gravações para a *Vibrato*?
JH: Ah, esse é o nome do programa? Bom, está frio para cacete aqui fora e é um desastre que a gente não possa tocar ao vivo. Eu não sei dublar. Eu não sei tocar uma música do mesmo jeito duas vezes. Eu a sinto diferente toda vez...

Quando as gravações começam novamente e eu tenho que sair, ganho um grande e caloroso aperto de mão e Jimi diz: "Agora você se cuida mesmo, ouviu?". E esse amigável adeus americano é mesmo sincero.

"QUE EXPERIÊNCIA!"
ALAN FREEMAN / RAVE, JUNHO DE 1967

Nesta entrevista, Hendrix revela importantes detalhes do começo de sua carreira em Nashville, a vida na estrada com Little Richard, e a verdadeira origem da jaqueta militar que ele usava em todo lugar.

Não reconheci o elegante uniforme. Também, pudera.

"Corpo Veterinário da Armada Real", disse Jimi Hendrix, orgulhosamente batendo um grão de poeira de sua túnica. "Mil oitocentos e noventa e oito, acredito. Ano muito bom para uniformes."

Em Jimi parecia... bem, interessante. Especialmente com uma camisa florida e uma echarpe fina em seu vermelho-arroxeado favorito.

Na verdade, James Maurice [sic] Hendrix é um dos poucos jovens do pop que usaram uniforme militar de verdade ao servir como soldado – o uniforme da divisão aerotransportada *Screaming Eagles* do exército americano.

"Eu estava entediado aos dezesseis quando saí da escola e não tinha muito o que fazer em Seattle. A idade legal para me alistar era dezessete [sic], então eu fiquei mais um ano e entrei no exército! E sabe de uma coisa? Era ainda mais chato do que estar fora.

"Eles tentavam fazer a gente virar uns durões. Então a gente tinha que dormir na lama."

Perguntei, "Para quê?"

Jimi deu de ombros. "Para ver se a gente conseguia dormir na lama, eu acho. A gente fazia flexão de braço em temperaturas negativas. E a gente pulava de avião. Essa acho que era a melhor parte. Mas eu ficava com medo."

UMA EXPERIÊNCIA

Ele acendeu um cigarro e se recostou na cadeira. Era uma tarde limpa e ensolarada. Jimi se esticou luxuosamente, apreciando a atmosfera de lazer como alguém que já experimentou viver do jeito difícil e já sabe qual prefere.

"Uma outra noite eu estava a meio quarteirão do Cromwellian Club usando essa roupa", disse ele. "Chega um furgão com uma luz azul piscando e uns cinco ou seis policiais vêm para cima de mim. Eles olham na minha cara bem de perto, com uma expressão severa e me cercam. Então um deles aponta para a minha jaqueta e diz, 'Isso é inglês, não é?'

"E eu digo, 'É, eu acho que é'. E eles franziram a sobrancelha e tudo mais e disseram, 'Você não devia estar usando isso. Homens lutaram e morreram nesse uniforme.'

"Os olhos do cara eram tão ruins que ele não conseguia ler o que estava escrito nos distintivos. Então eu disse 'O quê, no Corpo Veterinário, 1898? De qualquer maneira, eu *gosto* de uniformes. Usei um durante bastante tempo no exército dos Estados Unidos.'

"Eles disseram, 'O quê? O quê? Você tá tentando dar uma de esperto com a gente? Mostra o seu passaporte.' Então a gente fez isso aí também. Eu tive que convencê-los de que o meu sotaque era americano de verdade. Eles me perguntaram em que grupo eu tocava e eu disse o Experience. Então eles fizeram piada disso também e umas piadas sobre menestréis nômades. Depois que eles fizeram mais algumas gracinhas, e que eles finalmente se divertiram, disseram que não queriam mais me ver com essa roupa e me deixaram ir embora.

"Bem quando eu estava indo embora, um deles disse, 'Ei, você disse que toca no Experience. Que experiência você está tendo?'

"Eu disse 'De ser assediado!' E fui embora o mais rápido possível."

ROUPA ESQUISITA

"Já que estamos no assunto de roupas," eu disse. "Explica uma coisa. De acordo com os sabichões, a loucura pelos uniformes é a reação masculina à influência feminina que está entrando na moda masculina. Mas aqui você aparece com uma jaqueta militar *e* uma camisa florida *e* uma echarpe. Eu nunca vi um cara quebrar as teorias de todo mundo com uma combinação de roupas como você!"

Jimi caiu na gargalhada, jogando para trás seu monte de cabelo. "Vou te falar, Alan. Acho que eu tive que me conformar por tanto tempo com o que as pessoas queriam que eu vestisse, que agora só agrado a mim mesmo.

"Eu logo quis sair do exército. Um dia eu prendi meu tornozelo num gancho bem na hora de pular. Quebrei. Eu disse que machuquei as costas também.

Toda vez que eles iam me examinar, eu gemia. Então, finalmente eles acreditaram em mim e eu saí."

Ele dedilhava a guitarra, lembrando. "Eu brincava com a guitarra quando estava em serviço. Toquei algumas vezes em shows fora da cidade. De qualquer maneira, minha dispensa rolou e uma manhã eu me encontrei de pé na frente do Fort Campbell na fronteira do Tennessee com o Kentucky com a minha mochila e trezentos ou quatrocentos dólares no bolso.

"Eu ia para Seattle, que era longe, mas tinha uma garota lá por quem eu estava apaixonado. Aí pensei em ir para Clarksville, que era perto, passar a noite lá e ir para casa na manhã seguinte. Foi o que eu fiz – fui para Clarksville.

"Entrei nesse lugar do jazz e pedi um drinque. Gostei e fiquei. As pessoas me falam que às vezes eu fico bonzinho-bobão às vezes. Enfim, acho que estava mesmo benevolente aquele dia. Eu devia estar distribuindo cédulas para quem me pedisse!

"Eu saí daquele lugar com dezesseis dólares sobrando! E custa muito mais do que isso para chegar do Tennessee até Seattle! Então nada de ir para casa, porque são mais de duas mil milhas [2000 milhas = 3218 km]."

Ele riu de novo. "Duas mil milhas. Eu pensei primeiro em fazer um interurbano para o meu pai e pedir para ele me mandar uma grana para me tirar daqui – ele é paisagista e está bem de vida. Mas já sabia o que ele ia dizer se eu dissesse que tinha perdido quase quatrocentos dólares em um dia. Não. Pode esquecer.

"Tudo que eu posso fazer, pensei, é pegar uma guitarra e tentar arrumar trabalho aqui. Nashville era só a vinte milhas de distância [32,1 km] – sabe, cena musical grande. Tinha que ter alguma coisa para eu fazer por lá.

"Aí me lembrei que logo antes de sair do exército, eu vendi minha guitarra para um cara lá da minha unidade. Então eu voltei para o Fort Campbell e dormi lá aquela noite. Encontrei o cara e disse que precisava da guitarra emprestada.

"Entrei numa agência de músicos minúscula. Eles costumavam subir no palco no meio de alguma música, enquanto a gente estava tocando, e pôr o pagamento pelo show no nosso bolso. Eles sabiam que a gente não iria parar para contar ali na hora. Quando terminava e eu podia olhar o envelope, o conteúdo era talvez dois dólares. Costumava ter que dormir num terrenão onde eles estavam construindo umas casas, ali por perto. Sem telhado e às vezes não tinham feito nem o chão. Era selvagem!"

Jimi pôs a guitarra no chão e acendeu um cigarro.

EM NASHVILLE

"O que você estava fazendo, além dos shows?", perguntei. "Nashville costumava ter uma cena bem engraçada, com aqueles empresários chiques tentando assinar os cantores caipiras que nunca tinham visitado a cidade antes."

Ele fez que sim com a cabeça. "Não era muito diferente quando eu estava lá. Mas quando você entendia a cena, era como um jogo – sabe, todo mundo numa grande farsa. Todo mundo tentando derrubar o outro. Quando você sabia cuidar de si mesmo, podia ser só risada.

"Todo domingo à tarde, costumávamos ir para o centro da cidade e ver as passeatas raciais. Levávamos uma cesta de piquenique porque não nos serviam nos restaurantes. Um grupo de um lado da rua e outro grupo do outro lado. Eles gritavam xingando e falavam da mãe do outro. Isso durava umas horas e depois a gente ia para casa. Às vezes, se tinha algum filme bom no domingo, não tinha passeata."

Ele alisou a jaqueta do uniforme com carinho. "Você perguntou por que eu uso essa roupa chamativa, né? Então, não era só no exército. Eu tinha que me conformar com as regras das bandas também. O famoso visual almofadinha. Sabe, terno de mohair. Alan, como eu odeio terno de mohair! Eu estava tocando com os Isley Brothers e a gente tinha que usar ternos de mohair brancos, sapatos de couro brilhante e penteados brilhantes. Não podíamos ir para o palco com um visual casual. Se os cadarços eram de tipos diferentes, tomávamos uma multa de cinco dólares. Cara, como eu fiquei de saco cheio daquilo!

CENA MUSICAL

"Bem, eu fui pensando, assim que juntar algum dinheiro, volto para casa em Seattle. Mas o tempo passava e eu ficava mais interessado na cena musical, e pensava cada vez menos em voltar para casa. No fim, acabei não voltando nunca mais. Cinco anos ou mais que eu estou fora."

Depois de tocar aqui e lá um pouco mais com o grupo dos Isley, Jimi se encontrou novamente em Nashville. Uma turnê grande apareceu, encabeçada por Sam Cooke, Jackie Wilson e B.B. King. Jimi se juntou ao show, viajou com eles pelos EUA e aprendeu muito sobre música.

"Eu teria aprendido mais se deixassem o Sam terminar o som dele", disse. "Mas eles estavam sempre de pé e aplaudindo no final, então nunca conseguia ouvir a última parte."

Um dia em Kansas City, o azar que recai sobre todo músico de apoio mais cedo ou mais tarde se realizou para o irrequieto Jimi Hendrix. Ele perdeu o ônibus da turnê e ficou à deriva sem um centavo. Uma amiga, que trabalhava no *show business*, o ajudou e logo ele conseguiu ir mais para o sul – para a cidade de Atlanta (Geórgia).

MODA

Aquele dinâmico ditador do rock, Little Richard, deu espaço a Jimi em seu show. Mais uma vez estava ele sobre rodas, fazendo dois shows por noite, dando no pé e indo para a próxima cidade. Mas lá, também, o senso *fashion* de Hendrix levou ao incômodo.

"O Little Richard não queria que ninguém aparecesse mais bonito que ele", disse. "Eu era amigão do Glen Willings, outro cara da banda. Nós costumávamos comprar o mesmo tipo de coisa e usar no palco.

"Depois do show, uma noite, o Little Richard disse, 'Irmãos, temos que fazer uma reunião. Eu sou o Little Richard, rei do rock e do ritmo e eu serei aquele que aparecerá bonito no palco. Glen e Jimi, por favor, deem aqui essas camisas ou sofram as consequências de uma multa.'

"Tivemos outra reunião sobre o meu penteado. Eu disse que não iria cortar meu cabelo por ninguém. Little Richard disse: 'Ahm, o que é essa gritaria? Multa de cinco dólares para você.' Era lavagem cerebral para todo mundo na turnê."

Mas as turnês acabam e lapsos de trabalho se alternavam com semanas em que Jimi e seus amigos quase morriam de fome em Nova York. "Conseguíamos um show a cada dia de São Nunca", disse ele. "A gente tentou comer casca de laranja e extrato de tomate. Dormir do lado de fora daqueles cortiços altos era um inferno. Ratos correndo no seu peito, baratas roubando o chocolate do seu bolso."

ESTOURO

Então, numa noite quente de outono no ano passado, quando Jimi conseguiu um trampo solo com uma banda de apoio no Greenwich Village, sua chance, enfim, chegou. Chas Chandler, ex-Animals, e o empresário Mike Jeffery o conheceram. Eles disseram, "Por que não vir para a Inglaterra?"

Jimi voou para Londres com Chas – e entrou numa discussão de seis horas com os oficiais da imigração. "Eles não queriam me deixar entrar", disse. "Eles falavam como se eu fosse ganhar todo o dinheiro da Inglaterra e levar de volta para os Estados Unidos."

O assessor de Jimi, que havia chegado para receber a dupla no aeroporto, se envolveu na discussão. Ele ficou estupefato quando os oficiais ameaçaram deportá-lo também, visto que ele é inglês! No fim, ele conseguiu fazer Jimi ser admitido nas nossas orlas de estonteantes oportunidades com base no fato de que Jimi, como compositor de várias canções, vinha à Grã-Bretanha para receber os royalties que lhe eram devidos, além de outras razões.

SUCESSO!

Outras centenas de canções de Hendrix estão jogadas pelos vários hotéis americanos dos quais foi despejado quando não achou dinheiro para pagar as contas. Ele ficaria feliz se as reencontrasse. Pois, três dias após o baterista Mitch Mitchell, de Londres, e o guitarrista Noel Redding, de Folkestone, assinarem com o Jimi para lançar o Experience, o grupo estava tocando em Paris com Johnny Haliday. Nunca um grupo estourou tão rápido em reconhecimento internacional – carimbado nesse país quando do Brian Epstein os declarou "o maior talento a aparecer desde os Rolling Stones."

CANÇÕES PERDIDAS

Bandas de alto nível precisam de músicas de alto nível. Jimi tem o sentimento desconfortável de que pode haver algumas campeãs mundiais entre os papéis que deixou nos hotéis baratos e apertados – caso não tenham sido jogadas no lixo.

Jimi amassou seu cigarro e se levantou em toda sua glória dentro do uniforme do Corpo Veterinário. Ajeitando a guitarra debaixo do braço, apertou minha mão.

Enquanto existirem guitarras, pensei, haverá sempre outras, melhores canções a serem dedilhadas e compostas. E enquanto Jimi tiver sua guitarra, nada de dormir na lama!

Até mês que vem, fãs do pop – continuem brilhando!

"VENHA PARA O RENASCIMENTO DO SOUL COM JIMI HENDRIX, UM REBELDE DE MARTE VIA CUBA"

KEITH KELLER / BT, 15 DE MAIO DE 1967. TÍTULO DO ARTIGO ORIGINAL:
"KOM TIL SOUL-MØDE MED JIMI HENDRIX, EN TROENDE OPRØRER FRA MARS VIA CUBA"

Repórteres europeus frequentemente se assustavam ao ver de perto a aparência selvagem de Jimi Hendrix. O jornal sueco EXPRESSEN chegou ao ponto de descrever Hendrix como "o cruzamento entre um esfregão e um negro do mato australiano". E até a legenda da foto para este artigo dizia "Jimi Hendrix tem uma boa razão para ter essa aparência". O artigo tinha a intenção de promover um show em Copenhague, no dia 21 de maio, mas talvez muitos tivessem dúvidas sobre a afirmação do artista principal sobre sua origem planetária.

"Eu tenho essa aparência", disse Jimi Hendrix, a atração do show de renascimento do soul no Falkoner Centret, "para realizar meus sonhos".

O sonho de Hendrix: "Fui enviado por Fidel Castro para me infiltrar nas fileiras dos confederados em 1864. Sou um fiel e um rebelde".

A revolução da estrela do soul foi uma explosão na cena pop. O início de sucesso agora se evidencia nas paradas com os singles "Stone Free" e "Purple Haze".

Estilo: Soul adaptado, não negro, mais branco, como prefere o público europeu. Inspiração negra, estrelas brancas no palco.

O grupo de Jimi Hendrix entrega um som profundo e estridente *a la* "Experience", direto nas cordas da guitarra.

As letras, geralmente do próprio Hendrix, são psicodélicas, cara, o que mais? Apesar de uma delas, sobre Jimi andar na água, ter sido alterada para evitar provocações.[6]

Também há de se notar que Jimi Hendrix ocasionalmente, em sua performance ensurdecedora e dinamicamente visual, toca guitarra com os dentes. Sim, dentes.

Jimi Hendrix nasceu em 27 de novembro de 1942, em Seattle, EUA. Branco ou negro? "Eu sou cubano, cara", Jimi diz, "Eu sou de Marte".

---

6 Hendrix contou a Keller sobre a letra de sua versão original "Purple Haze, Jesus Saves", ou confundiu a parte de "Are You Experienced?": "We'll hold hands and watch the sun rise from the bottom of the sea."

ENTREVISTA COM JIMI HENDRIX
HANS CARL SCHMIDT / DE UMA TRANSMISSÃO OUVIDA EM UMA RÁDIO DE FRANKFURT, 17 DE MAIO DE 1967

Depois de dois shows em Munique no dia 16 de maio, o JHE viajou no dia seguinte para Frankfurt, Alemanha. Nestes trechos de uma entrevista de rádio conduzida no Hotel Intercontinental, Hendrix demonstra certa insegurança com seu talento, seus pensamentos sobre a Motown e o desejo de mostrar a seu pai que obteve sucesso.

Hans Carl Schmidt: Você acreditava que quando entrou em estúdio pela primeira vez, digamos, com "Hey Joe", você sabia que seria um single de sucesso?
Jimi Hendrix: Bom, o Chas tinha certeza. Para mim, na verdade, era a primeira vez que experimentava cantar numa gravação.

HCS: Pessoas que têm visto você nos palcos dizem que você dá um tremendo espetáculo. O que você sente? O que acontece quando você escuta sua música e começa a cantar? Você está atuando, como se diz, ou você sente essas emoções, quando você faz essas coisas com as mãos e os pés?
JH: A gente sente, na maior parte do tempo. Se você assistir ao nosso show, por exemplo, toda noite por uma semana, provavelmente seria bem diferente, por causa do humor diferente que você pode ter, o jeito que a música bate, é algo muito emocional.

[Schmidt pergunta a Hendrix que música ele quer que toque e Hendrix escolhe "51st Anniversary". Depois da música, Schmidt entrevistou Mitchell e Redding.]

HCS: Por que é necessário ter cabelo comprido, ou estar vestido de um jeito tão peculiar?
JH: Bom, na verdade eu não acho necessário, porque tem um monte de bandas por aí... pop stars como Englebert Humperdinck, Cat Stevens, todas essas pessoas bonitas, elas não tem necessariamente o cabelo comprido. Acredito que isso sirva para outros caras também. Eu curto. Acho muito legal, especialmente se tiver seu próprio estilo. E quanto a roupas, qualquer coisa que eu veja e goste,

independentemente do que pareça e de quanto custe. Se for só dois xelins, eu compro se eu gostar... e se me servir.

HCS: Estive assistindo a um show de uma banda *beat* e o público estava indo à loucura. Como você explica esse sentimento? O que está rolando com aqueles garotos naquele momento específico? Há um envolvimento sexual? O que os faz entrar quase em... alguns deles gritam... alguns têm que ser carregados para fora...
JH: [Risos] Isso é lindo, eu acho. É bom ver as pessoas se divertirem, independentemente do que elas curtam. Pode ter alguma coisa a ver com sexo. [Só] a ideia de alguém estar ali no palco tocando ou cantando, e se exibindo, tipo, se curvando e tudo isso, e as pessoas sentadas sabendo que na verdade não podem encostar, mas gostariam de encostar. É um sentimento frustrante, mas bom. Eles provavelmente não têm a chance de gritar o ano todo até aquele exato momento, e aí eles extravasam tudo ali mesmo.

HCS: Qual é o som de Detroit?
JH: Talvez eu te decepcione, mas para mim é muito comercial, muito artificial... Qual é o som? Som de soul sintético. Não é um som dos artistas negros de verdade. É arranjado de uma forma tão bonitinha que eu não sinto nada a partir disso, a não ser dos Isley Brothers e talvez dos Four Tops. O que eles fazem é pôr uma batida muito forte, mais ou menos umas mil pessoas tocando pandeiros, sinos, mil sopros, mil violinos e depois um vocalista que grava por cima um milhão de vezes ou canta usando uma câmara de eco. Para mim, sai muito artificial. É muito comercial para os mais jovens.

HCS: Qual a sua receita para uma boa interpretação?
JH: Uma coisa bem primitiva... um tipo de coisa mais livre. Essa é a direção que eu espero que a gente tome: um estilo mais livre. Naturalmente, tem que ter uma batida legal... que faça a pessoa se sentir quase dentro da música. [Mas] como se sentir dentro da batida quando toda santa música sai tão sintética? De soul sintético é o que eu chamo a Motown.

HCS: Você tem algum sentimento quanto à música clássica?
JH: É muito bonita, mas eu não escuto o tempo todo, mas gostaria de escutar num mo-

mento mais relaxante. Veja bem, música diferente é feita para ser usada de maneiras diferentes. Você tem que apreciar a música. Durante o dia claro, e no barulho, eu não acho que é a hora de escutar música clássica. Quando está tudo quieto e sua mente está bem relaxada, você quer devanear, talvez, ou algo assim, você liga o som.

HCS: Em especial para as gerações mais jovens, os garotos acham que é fácil pegar uma guitarra, subir no palco e fazer música. Você diria que não é assim tão fácil?
JH: Não mesmo. Era tão difícil para mim. No começo eu ficava muito assustado. Eu nem ousava entrar no palco. Tipo, eu entrei numa banda, e sabia umas três músicas. Quando era hora de subir no palco e tocar... eu tinha que tocar atrás das cortinas. Eu não conseguia ir para a frente. Além do mais, você fica muito desencorajado. Você ouve as outras bandas tocando em volta de você e o guitarrista sempre parece ser muito melhor do que você. A maioria das pessoas desiste nessa hora porque você fica muito desestimulado. Mas siga em frente, siga em frente [e] você vai conseguir. Foi o único jeito que eu encontrei, sendo muito persistente.

HCS: Existe essa história em várias revistas sobre a Reprise, ou a empresa do [Frank] Sinatra te comprando. Onde está a verdade nessa história?
JH: É só um contrato, e eles adiantam os royalties – em outras palavras, eles confiam em nós antes de nós ganharmos dinheiro para eles.

HCS: Jimi, qual seria o seu maior desejo? Se eu pudesse realizar um desejo seu, qual seria?
JH: Desejaria que você me levasse para casa por uns três dias para que eu pudesse ver meus pais.

HCS: Há quanto tempo você está longe de casa?
JH: Uns cinco meses e meio. Eles não sabem o que tem acontecido a não ser pelo fato de eu ter telefonado duas vezes. Uma vez quando eu cheguei aqui na Inglaterra, uns sete meses atrás, e uma vez alguns dias atrás quando a gente estava em Londres, eu disse que a gente tinha lançado três discos... e [meu pai] disse "É?". Ele não sabia nada disso. Ele não sabia nem que eu estava cantando porque eu tinha medo demais para cantar. O Chas que me fez cantar, sério. Ah, aliás, gostaria de uma banana?
HCS: Uma banana?

[Depois de uma pausa, Schmidt pediu a Hendrix para que ele improvisasse um anúncio de serviço público para que os ouvintes mais jovens permanecessem na escola.]

JH: A melhor coisa para você agora é terminar a escola. Parece chato porque eu estava na escola também e as moscas voavam em volta de mim nos dias de verão, mas é melhor continuar lá. Por exemplo, tipo, drogas e pílulas, bom, não deixem ninguém *[risos]* vender nada ruim para você. *[Risos]* Não, melhor você não fazer isso. *[Risos]* Vamos fazer de novo, cara.
HCS: OK, eu cortei essa.

[Hendrix faz uma segunda tentativa.]

JH: Bom, não deixe ninguém te estressar porque as pessoas nem sabem o que são as drogas mesmo. É uma cena bem feia. Principalmente quando você é pego.

[Pediram para Hendrix, então, fazer uma fala de despedida para o programa.]

JH: Foi bem legal estar no programa... legal comer banana... então se cuidem aí fora na radiolândia. Tchau. Auf Wiedersehen. Jimi Hendrix.

[Hendrix assegurou-se de que Mitchell e Redding também pudessem fazer suas despedidas.]

ENTREVISTA COM JIMI HENDRIX
KLAS BURLING / DE UMA ENTREVISTA OUVIDA NUM PROGRAMA DE RÁDIO SUECO, POP '67 SPECIAL, TRANSMITIDO EM 28 DE MAIO DE 1967

O JHE bateu todos os recordes de bilheteria no Tivoli Gardens de Estocolmo no dia 24 de maio de 1967, atraindo uma multidão de dezoito mil. No dia seguinte, Hendrix deu sua entrevista para a rádio sueca; ele falou sobre o ARE YOU EXPERIENCED e como conseguiu um efeito especial com sua guitarra.

Klas Burling: Bem vindo à Suécia, Jimi Hendrix.
Jimi Hendrix: Olá.

KB: E parabéns pelo seu grande sucesso aqui em Estocolmo.
JH: Muito obrigado.

KB: [Quais são] seus planos para o futuro? Você está indo, por exemplo, para os Estados Unidos; você vai fazer uma coisa publicitária internacional grande.
JH: Sim, nós vamos para os Estados Unidos mais ou menos... acho que a gente vai dia dez ou doze de junho e a gente vai tocar no Monterey Pop Festival. E depois vamos ter quatro dias no Fillmore Auditorium. Bom, a gente tem essa TV e todas essas outras coisas no meio.

KB: Posso supor que antes de realmente gravarem "Hey Joe" vocês fizeram muitos shows em clubes de Londres?
JH: Na verdade não. Não fizemos muita coisa. Nós, ah, eu não podia trabalhar muito porque não tinha visto de trabalho, então o que eles tiveram que fazer foi enfileirar um monte de shows. Então quando a gente fez o primeiro, um dos primeiros trabalhos foi – a gente tinha ensaiado umas quatro horas – o Johnny Halliday perguntou se a gente queria tocar no Paris Olympia com ele e a gente foi, mesmo tendo tocado só por quatro dias juntos e ensaiado umas quatro horas, mais ou menos...

KB: E vocês foram lá e...?
JH: Sim, então a gente voltou [para] gravar "Hey Joe" lá para dezembro. Bom, a

gente não podia trabalhar muito porque... eu tinha que fazer shows o suficiente para ter uma autorização temporária mais longa, para poder ficar na Inglaterra mais tempo.

KB: E então as coisas realmente começaram a acontecer e você encontrou mesmo outra canção. Encontrar não, porque você escreveu.
JH: Sim, aí que eu percebi, no LP e nas últimas duas gravações que eu tinha escrito. Nós fazemos todas as nossas músicas agora.

KB: Como você tem ideias para as músicas? Por exemplo, para "Purple Haze"?
JH: Não sei. Não sei. *[Risos.]*

KB: Alguns dizem que há um pouco de Dylan em algumas das suas letras.
JH: Bem...

KB: Bem, se você pensar em "[The Wind Cries] Mary" com os semáforos ficando azuis...
JH: Hum.

KB: É certo comparar você com o Dylan desse jeito?
JH: Bom, como quiserem fazer, porque as letras não são, eu não sei o que eu pareço, porque eu vivi só comigo mesmo por vinte e um anos, então eu não sei, realmente, então, não tem nada... eu não me importo com quem me compararem na verdade.

KB: Mas quando você escreve uma frase como aquela, por exemplo...
JH: Ah, eu não acho...

KB: Tem um sentido profundo por baixo disso ou é só...
JH: Ah, sim. Bom, tipo "The traffic lights turn out blue tomorrow" – isso significa que amanhã tudo vai ficar *blue*. *Blue* significa sentimento ruim. Em outras palavras, por exemplo, se você fizer suas coisas do dia-a-dia tipo ir atravessar a rua ou algo assim, ao invés de as luzes estarem vermelhas e verdes, bom, elas estão azuis, porque na sua mente, é, porque não é nada além de uma história de sepa-

ração. Só uma garota e um garoto se separando, só isso. E mesmo quando você diz só uma coisa, você diz algo assim; o que você quis dizer, isso quer dizer outra coisa. Não tem sentidos ocultos, é só o jeito de dizer, de expressar as palavras.

KB: Como você mesmo denomina esta?
JH: Não sei. Só uma música lenta. É disso que eu chamo.

KB: Uma música lenta e hum...
JH: Lenta, quieta.

KB: Você tem um LP para ser lançado na Suécia em mais ou menos uma semana.
JH: Sim, eu espero. Ele se chama *Are You Experienced*, e tem uns três ou quatro climas diferentes. Tem um pouco de rock'n'roll. Tem umas duas músicas rock'n'roll, que você pode chamar de rock'n'roll, e tem um blues e mais umas músicas loucas.

KB: Você não toca suas músicas psicodélicas nele?
JH: Sim, tem uma ou duas lá. Tem a que se chama "Are You Experienced?", essa é uma. Bom, esse é o nome da última faixa do LP. É tipo, uma música de formato livre, imaginativa, onde você só usa sua mente, onde você só imagina com a sua mente. E essa outra música chamada "Third Stone from the Sun". É completamente imaginável. É sobre uns caras vindo e dominando a Terra, mas aí eles descobrem que eles não veem nada aqui que vale a pena levar, exceto os frangos.

KB: E essa coisa sobre a Transilvânia, e, hum...
JH: Ah, mas... ah. Ah, você quer dizer, tipo vampiros e essas coisas?

KB: Ah, sim.
JH: Não, isso não é nada disso aí, não. É só tipo, "Third Stone from the Sun", tem uns sete minutos e é uma instrumental – esses caras vindo de outro planeta. E a terceira rocha a partir do Sol é a Terra, é onde ela está. Tem Mercúrio, Vênus e aí a Terra. E eles observam a Terra por um tempo e acham que o animal mais inteligente na Terra inteira são os frangos, as galinhas. Então não tem nada mais para oferecer. Eles não gostam muito das pessoas, então eles só explodem

tudo no final. Aí são esses sons diferentes, todos feitos só com a guitarra, baixo e bateria e tem as nossas vozes desaceleradas.

KB: Diz uma coisa para nós: depois de assistir você, por exemplo, o som da introdução de "Wild Thing"... a batida de avião, e tudo [aquilo], como você descreve aquilo? Como você consegue aquele som?
JH: Bom, acho que só ligo o amplificador bem alto e a maioria daquilo é microfonia e o jeito que você controla os potenciômetros. E atrás, sabe, eu toco uma guitarra Fender Stratocaster e você pode tirar a parte de trás. Uma plaquinha e você pode bater nas molas. Tem umas molinhas ali atrás. E elas fazem uns sons estranhos à vezes.

KB: Você tem outros truques também, com certeza... Você não está um pouco cansado de tocar, tipo, palhetando com os seus dentes e...
JH: Bom, eu faço quando eu quero. Não considero que eu tenho que fazer aquilo, porque às vezes eu nem faço. É só quando eu quero fazer.

KB: Porque o público pode esperar de você, na verdade.
JH: Sim, mas é isso que eu quero deixar claro para eles agora, que é melhor não esperar nada da gente. Que é melhor só esperar a gente subir no palco, porque se você esperar alguma coisa, aí você pode não ver e, naturalmente, você vai ficar decepcionado.

KB: Algumas pessoas dizem, por exemplo, ao tocar com os dentes que você também está ajudando com a mão. [Usando] os seus dedos ao mesmo tempo...
JH: Ah, não. Não, não, não. É igual a tocar com as mãos, tipo assim. Você tem que mexer esse dedo para fazer as notas. Então ao invés de palhetar com a minha mão esquerda, eu só toco com os dentes. Só isso.

KB: E também a guitarra – parece mesmo que ela está tocando sozinha às vezes. Você só fica...
JH: Bom, isso é quando eu estou tocando só com a outra mão.

KB: Sim, só uma mão.

Parte II

JUNHO DE 1967 - DEZEMBRO DE 1967

O BEATLE PAUL MCCARTNEY VIU HENDRIX fazer seu primeiro show em Londres e permaneceu um fã devoto depois disso. Não fosse pela influência de McCartney, Hendrix talvez não tocasse no Monterey Pop Festival.

A admiração era mútua. *Sgt. Pepper's Lonely Hearts Club Band* havia sido lançado na sexta-feira, 4 de junho – duas semanas antes do Monterey Pop – e Hendrix aprendeu a tocar a faixa-título a tempo de executá-la no show do Saville Theatre no domingo, 6 de junho. Os Beatles foram e ficaram impressionados com a flamejante e psicodélica versão de sua música na guitarra.

A Reprise Records assinou contrato com o JHE e lançou *Are You Experienced* nos EUA em agosto de 1967. Quando "Purple Haze" estourou nos Estados Unidos, o JHE recebeu uma oferta para ser atração principal de uma turnê.

O grupo retornou à Inglaterra com mais de 180 shows na bagagem e entrou no Olympic Studios cheio de ideias novas. Hendrix usou o inventor de bugigangas de guitarra Roger Mayer e o engenheiro Eddie Kramer para expressar os sons ímpares que ele tinha em sua cabeça, assim como os efeitos de uma guitarra flutuando num disco voador – o som passava de falante em falante e então "desaparecia" no espaço. Muitas dessas ilusões aurais foram ouvidas em *Axis: Bold as Love*, o segundo LP da banda. Terminado em 30 de outubro de 1967, chegou ao top 10 dos dois lados do Atlântico.

"SELVAGEM, CARA!"
DAWN JAMES / RAVE, AGOSTO DE 1967

O JHE passou o dia primeiro de junho de 1967 ensaiando no Saville Theatre, em Londres. Depois, Hendrix foi entrevistado pela revista RAVE em seu flat na Upper Berkeley Street. O subtítulo do artigo dizia: "Selvagem – esse é Jimi Hendrix, mas Dawn James descobre que ele não é assim tão selvagem quanto parece!"

Jimi Hendrix, pop star excêntrico. Será que tem algo que ele sabe que é errado, mas nunca faz?

"Eu danço conforme a música, cara. Tá aí uma coisa que eu nunca faço, limpar meus dentes com laquê!"

As risadas encheram o apartamento na rua Berkeley quando o empresário, o baterista e um amigo admiraram a esperteza do Sr. Hendrix. Aqui se via uma certa pompa de Proby[1], os seguidores que ficam um pouco atrás e riem e admiram. Mas Jimi Hendrix afirma não precisar de pessoas.

"Acho que aguento sem eles. Na verdade, às vezes prefiro ficar sozinho. Eu gosto de pensar. Sim, meu chapa, eu sou um pensador. Eu consigo viajar mesmo pensando na minha música. Mas aí eu penso tanto que tenho que ir para o meio das pessoas de novo. Eu escuto música na minha cabeça o tempo todo. Às vezes isso faz o meu cérebro latejar e o quarto girar. Eu sinto que estou ficando maluco. Então vou para os clubes e fico doidão. Cara, eu fico paralítico mesmo, mas isso me salva."

O mundo dele é meio crepuscular. A música é vida para ele, mas por causa da música ele adota valores estranhos e fugas nada ortodoxas. Ele se levanta quando o sol está se pondo e respira o ar pesado e fumacento de porões-bistrôs descolados. Seus amigos são músicos. Suas esperanças estão casadas com a música.

"É tudo para mim. Minhas ambições estão atreladas a isso. Até as minhas namoradas são parte disso porque eu as encontro onde há música e elas são parte da cena que eu associo à música." Ele não tem uma namorada fixa.

---

1 Dawn James estava se referindo ao cantor americano P. J. Proby.

"Eu não conheço nenhuma garota com quem eu poderia ter um namoro sério", disse ele, virando os olhos e dando de ombros.

"Claro que gostaria de encontrar uma garota bem legal, uma com quem eu pudesse conversar como amiga. Mas já fiquei com várias garotas e elas são todas iguais. As que eu conheço são bonitas e te fazem se sentir um homem, mas não dá para conversar com elas. Eu fico bravo com elas porque elas só fazem fofoca. Fico triste vendo as garotas andando na rua quando eu estou num táxi, porque nunca vou conhecer nenhuma delas e talvez uma delas seja a garota certa para mim."

Ele lançou três sucessos. O que ele acha que tem a oferecer ao pop e o que o pop pode oferecer de volta a ele?

"Eu tenho muito a oferecer ao pop", disse. "Eu me importo muito com o meu trabalho. Eu gravo coisas que acredito serem ótimas. O pop tem menos a oferecer de volta para mim porque é dominado por pessoas que só falam do que é comercial."

Jimi fala livremente, mas não é fácil de alcançar. Uma cortina desce e uma fachada te mantém do lado de fora quando você se aproxima. Ele viveu uma vida difícil, cheia. Seus pais se separaram e sua mãe morreu quando ele era pequeno. Ele foi viver com seu tio e sua tia.

"E daí? Vários garotos têm vidas difíceis", disse ele, casualmente, mas adicionou, "eu fugi de casa algumas vezes porque ficava triste demais. Quando meu pai via que eu sumia, ele ficava louco de preocupação. Mas também, eu não ligo para o que os outros sentem."

Quando Jimi voltou para casa?

"Quando percebi que meu pai estava mal. Não que eu me importasse, mas enfim, é meu pai." Jimi tem modos magníficos. Quando te chama para sair, diz: "Você me daria a honra de sair comigo hoje à noite?". Quando ele deixa o cômodo onde você está, diz: "Com sua licença, um momento, por favor". Quando ele te encontra, aperta sua mão e diz: "Foi bom ver você".

Em algum lugar lá no fundo da estrela delirante dos discos, há muito do charme do velho mundo.

Ele afirma não se conhecer bem. "Eu não sei dizer o que me faz feliz ou triste. Tem que acontecer antes para que eu saiba. Não é a mesma coisa toda vez, também. Devo dizer que as pessoas sendo rudes quanto a mim nem me incomoda mais. Eu fico desconfortável só quando sei que tem críticos e jornalistas do mundo pop me esperando falhar para poder pular em cima de mim. Mas o pop é assim. Você lança um sucesso e, uau, eles te amam! Mas com uma falha, eles te matam. É tipo uma corda bamba."

"Eu fico meio tenso antes de um show. Eu gosto de ser deixado sozinho, pensando. O gerente da turnê tenta manter o camarim vazio nessa hora. Se entrar gente, eu acho outro canto. Tenho que entrar no show com a mente. Eu não consigo entrar no clima de uma hora para a outra."

Como ele é afetado pela música de outras pessoas?

"De novo, não sei definir. Um blues, ou uma melodia triste podem me deixar muito feliz. Mas eu me afeto pelos sons. Eles conseguem mudar meu humor."

Ele não tem religião.

"Religião é tudo igual – católica, protestante, judia, são só um monte de citações comerciais que vendem porque ficam em algum lugar entre o muito bom e o muito ruim, e as pessoas podem facilmente se identificar com elas. Dá a elas algo em que acreditar."

Perguntei a ele se gosta de sua aparência.

"Aprendi a viver com ela. O cabelo é meio selvagem, mas ele cresce assim, e eu fico horrível de cabelo curto, arrumadinho. As roupas não são deliberadas. Eu escolho o que eu estou com vontade de usar quando eu me visto. Elas representam o meu humor."

Olhei para o vermelho, roxo e laranja. Estava de bom humor? Ele balançou a cabeça. "Que nada, estou bem melancólico hoje", disse. Deve doer os olhos quando alguém o vê feliz da vida!

"NOSSA EXPERIÊNCIA COM JIMI"
BOB GARCIA / OPEN CITY, 24-30 DE AGOSTO DE 1967

Antes de voltar à Inglaterra, o JHE passou três dias em Los Angeles. No dia 18 de agosto de 1967, Hendrix foi entrevistado no Hollywood Bowl à tarde, durante os ensaios para o show.

HENDRIX – O sombrio, desdenhoso, descabelado John Cage do Rock'n'Rola?

HENDRIX – O X que marca onde o volume das calças encontra a boceta da guitarra?

HENDRIX – O perscrutador, violento, viajante de olhos escuros, permeando berrantes camadas de eletrônicos turbinados?

HENDRIX – O tri-decibel masturbador de amplificadores fálicos?

HENDRIX – O Nero negro que queimou a vox amplificada de Roma?

HENDRIX – Todas essas coisas no palco. Mas fora dele, HENDRIX é um cara lindo.

Open City entrevistou o Jimi Hendrix Experience durante três caóticas horas antes de sua lotada apresentação com o The Mamas and The Papas no Hollywood Bowl na última sexta à noite (18 de agosto).

Chegamos ao hotel para a entrevista às 15:30, e recebemos uma ligação frenética do agente de relações públicas inglês de Hendrix. "O Bowl fodeu a gente com o sistema de som. O Jimi tem que estar com tudo certinho, sabe? Junte-se a nós aqui, pode ser?"

No Bowl, o controverso Hendrix está no palco, parecendo tradicionalmente soturno, tenso, ainda incrivelmente pequeno e jovem em frente a milhares de assentos do local. O agente diz, parecendo um Jr. Ustinov, "Está quase tudo pronto, sabe. O que acha desse broto?", inserindo sua perna rechonchuda entre as de um "broto" de olhos de Vampira recostada ao seu lado. Ela sorri. "Há muitos outros brotos que nos seguirão mais tarde até o hotel".

Voamos de volta para o hotel e falamos primeiro com Mitch Mitchell, o baterista do Experience; Noel Redding, o baixista, tudo com a unção do agente inglês. Finalmente, Hendrix chega, aparentemente atordoado, confuso com essa tarde toda. Sentamos à beira da piscina do hotel com gritos de adolescentes pontuando suas afirmações.

SOBRE [SEXO] E VIOLÊNCIA NO PALCO: Todo mundo pensa que nós fazemos isso toda vez que nos apresentamos. Mas a gente fez isso umas três das trezentas vezes diferentes que a gente tocou. É uma comparação bem desequilibrada. Tipo, a gente não depende disso, sabe. Tipo, eu queimei a guitarra umas três vezes[2] das trezentas que a gente se apresentou. É uma porcentagem pequena.

Um monte de gente acha que o que eu faço com a guitarra é vulgar. Eu não acho que é sexo vulgar. Eu não acho nada disso. É um ato espontâneo da minha parte e é uma coisa fluida. Não é uma atuação, e sim um estado de espírito de quando eu estou ali. Minha música, meu instrumento, meu som, meu corpo – são todos uma só ação com a minha mente. O que as pessoas entendem do que eu faço é a parte delas. Está nos olhos de quem vê. Sabe, se você lambe os selins das bicicletas das meninas toda manhã antes de elas irem para a escola – aí você deve achar mesmo que o que eu faço é masturbação do instrumento ou algo assim de sexo ou amor.

(Sobre destruição, o baterista Mitchell afirmou que: "Nós não quebramos tudo toda noite. Por exemplo, uma vez eu não conseguia tirar o som certo da minha bateria quando a gente estava tocando. Eu estava batendo tão forte que as minhas mãos começaram a sangrar. Fiquei tão bravo que destruí tudo ali mesmo no palco. Foi como destruir uma página escrita que estava ruim. Era a minha própria criação e eu não estava satisfeito com ela. Comprei uma bateria que soava legal. Ela funcionou para mim como uma mulher. Resolvi todas as minhas frustrações e emoções com ela, e ela correspondeu.")

Pode ser sexo ou amor para algumas pessoas do público quando eu estou tocando, mas para mim... eu fico muito alucinado da cabeça quando estou tocando. É uma loucura conjunta, entre mim e a música. A música mesmo é uma doideira de curta duração.

SOBRE DESTRUIR A VELHA CENA POP COM SONS NOVOS: Eu não estou aqui para destruir nada. Não se esqueça, ainda há pessoas aí fazendo aqueles sons doces e legais. Você ainda tem os Beach Boys e o Four Seasons para segurar a onda. E olha, a gente não está tentando destruir a cena pop ou nada disso. Só

---

2 Hendrix, oficialmente, queimou sua guitarra duas vezes enquanto tocava com o Experience: 31 de março de 1967 e 18 de junho de 1967. De acordo com o guitarrista Bobby Womack, Hendrix também queimou sua guitarra na turnê de 1964 com Sam Cooke.

acho que a gente está entrando por outra veia. Sabe, não necessariamente destruindo, só traduzindo para a nossa imagem. Sempre vai ter os caras que vão lá te cantar músicas bonitas.

TRILHANDO AS ACOLCHOADAS SELVAS DE ELETRÔNICOS: Nós estamos usando amplificadores como todo mundo. Todos os sons que produzimos são estritamente da guitarra, do baixo e da bateria. Nos discos nós podemos até gravar por cima, mas aí – de novo – o som ainda é guitarra, baixo e bateria, basicamente. A microfonia que você escuta é de um amplificador normal – e um negócio de fuzz que eu mandei construir. A gente nem usa um oscilador. Isso poderia enlouquecer muita gente, mas é uma coisa que não me interessa muito agora. Nós improvisamos muito. Tipo, nós nem ensaiamos nada. É uma performance espontânea. Por exemplo, um de nós é do rock, outro só do jazz enquanto eu sou do blues. Nós todos fazendo nossas coisas separadas juntos. Ensaios são só para ver como estão soando os amplificadores, ou algo técnico assim. Caso contrário, apenas deixamos rolar. "Espontaneidade" é o termo que melhor define. Estamos constantemente crescendo nessa espontaneidade. Temos outros sons para fazer, outros singles e LPs para lançar.

Os críticos já estão nos classificando nessa base de dez meses (o período de tempo que o Experience tem tocado junto), um álbum, e talvez um ou dois shows que eles viram. Acho que é bom essas pessoas entenderem que não estamos fazendo sempre o mesmo show. Como poderíamos quando estamos sempre buscando, improvisando, experimentando? É impossível. Vai levar um tempo até alcançarmos esses rotuladores com o nosso som. É como caubóis e índios [N. do T.: "polícia e ladrão"]; os índios são os maus porque eles têm gonorréia – então hoje em dia aparece qualquer coisa diferente, como o Experience, e esses rotuladores ficam assustados. Não é tão facilmente classificável, mas com toda a certeza eles vão tentar. Então, naturalmente, eles vão espalhar boatos sobre pessoas que eles não entendem, tipo "Jimi Hendrix é depressivo, está sempre chapado, bebe suco de melancia com café, usa a cortina do banheiro como papel higiênico."

SOBRE IR À INGLATERRA: Eu não sentia que tinha que ir para a Inglaterra. Eu comecei em Seattle, originalmente, uns sete anos atrás. Eu deveria dizer que comecei a tocar em todo o país uns sete anos atrás. Eu toquei naquela época com pelo menos uns 40 artistas de R&B de alto escalão.

Eu finalmente me cansei disso, então fui montar minha própria banda no Greenwich Village, em Nova York. Eu toquei no Café Wha? e no Café Au Go Go. Um dia, dois agentes da Inglaterra me viram tocar lá e me pediram para vir à Inglaterra. Então eu vim e formei o Experience.

Você tem que se lembrar de que o Jimi Hendrix, EUA, não tinha muita chance de fazer nada porque estava tocando atrás de pessoas, cara. Tem gente que diz que eu tive que ir para a Inglaterra para estourar – isso não é verdade. Tipo, eu tinha respeito o bastante para com os artistas para saber que eu tinha que baixar a bola do que eu queria fazer antes de entrar no palco com ele. Tipo, o que teria acontecido se o Little Richard começasse a fazer seu lance e eu me empolgasse e começasse a fazer o meu lance na frente dele – tocar guitarra com o dente ou queimar o amplificador? Eu morria de tédio como músico de apoio, mas eu respeitava as pessoas para quem eu tocava – então eu saí e fui fazer meu próprio lance.

A MÚSICA DE HENDRIX É PSICODÉLICA? Há somente duas músicas no meu álbum que deixaria alguém horrorizado se estivesse viajando: "Are You Experienced?" e "May This Be Love". Mas elas são na verdade músicas de paz-de-espírito, estando chapado ou não. São só coisas relaxantes, como tons de meditação. Se você conseguir unificar sua mente enquanto está ouvindo, elas vão ser sucesso com você, cara.

ADOLESCENTES GRITANDO: Elas são boazinhas, legais, eu acho. Toda essa gritaria e movimentos sexy e esse contorcionismo todo não me incomodam nem um pouco. Só um pouco. Mas às vezes elas gritam nas partes erradas. Tipo quando eu tusso, ou algo assim – e elas gritam – bom, eu me sinto esquisito nessas horas. É tipo, "oh-oh, lá vêm elas".

Tipo, às vezes quando você está dentro da sua música, você pode ouvir as pequeninas – ou as leitoinhas – berrando lá. Você sabe que é um sentimento bom, mas é meio difícil dizer o que incomoda nessa cena. Então você não deixa os gritos te deixarem tenso. Você não pode trabalhar pelo grito, quer dizer, eu não faço as coisas de acordo com os gritos.

HENDRIX SOBRE ALMA: Uma dançarina espanhola tem alma e graciosidade. Todo mundo tem alma. Eu realmente não gosto dessa palavra ligada ao Experience. Eu gosto das palavras "sentimento" e "vibração". Como tocar juntos. Tocamos juntos, livres de formatos – e ainda assim, todos conseguem fazer seu próprio lance, expressar o próprio sentimento. Eu fico mesmo preso a esse rol de emoções. O som de uma guitarra suingada me empolga, passa por dentro de mim. É algo em que posso descansar minha própria mente. Eu consigo entrar nele, quase. Não estou dizendo que toco tão bem assim, mas estou só explicando meus sentimentos quanto a isso e os sentimentos quanto ao som que a guitarra produz.

HENDRIX SOBRE DETROIT E WATTS: Bom, bem naturalmente, não gosto de ver casas sendo queimadas. Mas eu não tenho nenhum sentimento quanto a nenhum dos lados agora, porque minha bagagem é completamente diferente. Naturalmente, muitas coisas aconteceram comigo. Mas não se esqueça que cada ser humano dessa terra é diferente. Então como você vai classificar as raças pelo que elas fazem? Claro, eu fico puto quando ouço sobre pessoas morrendo em guerras ou guetos. Talvez eu tenha mais a dizer depois, quando eu for mais politizado.

PARA ONDE APONTA A HENDRIX EXPERIENCE: Quando eu era pequeno, queria ser um caubói ou um astro do cinema. Bem naturalmente, não havia muitos caubóis de cor por aí, então eu decidi pela carreira de astro do cinema. Eu costumava ter esses sonhos. Parece ser um pouco bobo, mas é a verdade, juro por Deus. Eu costumava sonhar em Technicolor que 1966 era o ano em que alguma coisa ia acontecer comigo. Eu ficava com medo aquela época. Com medo do meu pai morrer, ou algo assim. Então, finalmente, isso se realizou. 1966 é o meu ano – em Technicolor.

Agora mesmo eu estou com medo. Tipo, logo mais estarei entrando em outro momento com um som novo, um disco novo, uma experiência nova. Nós vamos do jeito que nós sentirmos. Eu não sei que jeito vai ser. Nada vai ser intencional. Vai simplesmente acontecer. Não vamos fazer nada com truques, musicalmente falando. Não vamos tentar nos atualizar com nenhuma moda, pois temos a chance de fazermos nossa própria moda.

"GALEÕES ESPANHOIS NA COSTA DE JERSEY OU 'VIVEMOS DO EXCESSO DE VOLUME'"

BILL KERBY E DAVID THOMPSON / LOS ANGELES FREE PRESS, 25 DE AGOSTO DE 1967

Além da entrevista dada a Bob Garcia para a OPEN CITY, Hendrix deu várias outras entrevistas em 18 de agosto de 1967, enquanto estava em Los Angeles. Nesta entrevista com Bill Kerby e David Thompson, ele dá mais detalhes sobre o início de sua carreira e a recém-cancelada turnê com o Monkees.

Na vanguarda da música pop, um dos impulsos mais frutíferos está sendo liderado pelo fugitivo do colégio, o negro de 22 anos [sic], Jimi (soletrar nunca foi seu forte) Hendrix.

Numa noite boa, ele pode soar como o melhor do Lightning Hopkins e Karlheinz Stockhausen. Hendrix, na porta de entrada de uma carreira meteórica, foi recebido no Monterey Pop Festival pelo normalmente frio e lacônico Stone, Brian Jones, que perdeu seus óculos tentando pular a grade da imprensa para ficar mais perto dele. Na Inglaterra, a casa de Hendrix pelos últimos 9 meses, os Beatles, M.B.E.s e tudo mais, sentam-se aos seus pés nas primeiras fileiras de clubes e o assistem produzir uma série de milagres de sua guitarra.

Ele é normalmente acompanhado por Mitch Mitchell na bateria e Noel Redding (Hendrix suspeita de sua semelhança com a avó de Bob Dylan) no baixo. Juntos, esses três músicos produzem um som tão amplo e denso que pode muito bem servir como mais do que uma base figurada para a música pop do futuro.

"If you can get your mind together
come across to me...
Are you experienced?"

Jimi faz a pergunta musical. Ele tem a experiência e ele é uma experiência. Hendrix não só toca uma guitarra, ele a estupra, abusa, viola, lambe e masturba. Desse caos vem um lindamente absurdo som eletrônico, um som sujo, oposto ao do grupo Paupers, cujo som eletrônico é limpo. Não em valor, mas em estilo, como a diferença entre os sons dos Beatles e dos Stones.

Hendrix ou The Who, ambos ovacionados efusivamente no Monterey, juntos de bandas "desconhecidas" como Pink Floyd, The Move, The Action e The Soft Machine estão envolvidos não só em tocar música, mas em atuá-la; performances teatrais e peças ambientais que envolvem o público como participantes, não só espectadores. Eles estão somando experiência à experiência em sua música, indo muito além de um show de luzes. O teatro da performance de Hendrix não é apenas um paliativo por sua habilidade medíocre, é parte de um todo, uma ideia de um conceito geral.

Free Press: Há quanto tempo você toca e quanto tempo demorou para desenvolver seu estilo de tocar e se apresentar?
Jimi Hendrix: Eu toco há uns seis ou sete anos, constantemente desenvolvendo um estilo de tocar. A maior parte disso começou uns quatro anos atrás. Quando eu comecei, um cara tentou me convencer a tocar atrás da cabeça porque eu nunca me mexia muito, sabe. Eu disse 'Ah, cara, quem quer ficar fazendo esse lixo aí', aí de uma hora para a outra você começa a ficar entediado consigo mesmo.

FP: Você tocou na região de Nashville e no sul por um tempo antes de ir para a Inglaterra. Como foi isso?
JH: Nos bares em que eu costumava tocar, nós subíamos na plataforma onde ficava a ventilação, nos clubes legais e quentes e oleosos e vibrantes. Nós tocávamos lá e era muito quente, e o ventilador está fazendo amor com você. E você tem que tocar mesmo, porque aquelas pessoas são muito difíceis de agradar. É um dos públicos mais difíceis no sul... é o que se escuta o tempo todo. Todo mundo sabe tocar guitarra. Você olha pela rua e as pessoas estão sentadas na entrada de casa tocando mais guitarra... Foi lá que eu aprendi mesmo a tocar, em Nashville.

FP: Que tipo de equipamento (guitarras e amplificadores) você usa?
JH: Eu uso uma Fender Stratocaster. Todo mundo grita sobre a Telecaster de 7 anos atrás, a Gibson de 13 anos atrás e a Les Paul de 92 anos. Entraram numa coisa de idade agora, mas não passa de uma onda. As guitarras de hoje em dia são tão boas quanto. Sabe o vendedor sempre te dizendo que o Chuck Berry levou a guitarra para o banheiro com ele, mas não tinha papel higiênico, então cuidado com o escudo...

A Stratocaster é a melhor de todas as guitarras para as coisas que nós estamos fazendo. Você alcança os agudos brilhantes e o grave bem profundo.

Eu experimentei a Telecaster e ela tem apenas dois sons, bom e ruim, e uma variação tonal muito fraca.

Uma guitarra Guild é muito delicada, mas tem um dos melhores sons. Eu experimentei uma das novas da Gibson, mas eu literalmente não consegui tocar nada com ela, então eu vou ficar com a Fender. Eu gosto muito dos meus velhos amplificadores Marshall valvulados, porque quando estão funcionando direito, nada ganha deles, nada nesse mundo. Parecem duas geladeiras juntas.

FP: Você tocou na mais recente turnê dos Monkees. Como foi?
JH: Fizemos sete shows naquela turnê. A parte pessoal foi linda – eles são caras muito legais – mas nós não estávamos ganhando nada em publicidade. As pessoas nem sabiam que nós estávamos lá até nós subirmos no palco. Nós e os Monkees? Públicos diferentes. Mas não era culpa do público. Eles sabiam o que queriam ver. Eles queriam ver os Monkees.

FP: Você foi de alguma forma influenciado pelos Yardbirds, principalmente as coisas eletrônicas que eles fizeram com o Jeff Beck?
JH: Não fui muito influenciado pelo Beck. Eu só ouvi um disco dele, "Shapes of Things", e eu gostei muito. Eu só escutei e gostei. Você tem que curtir todas as coisas e aí ter suas próprias ideias. Muita curtição e pouca produção vai fazer você rodar. O que eu quero dizer é que tem tantos músicos fazendo as coisas do seu próprio jeito. Tem um cara que eu ainda estou tentando passar para as pessoas. O nome dele é Albert Collins. Ele está enterrado numa banda de estrada em algum lugar. Ele é bom, muito bom. Mas é um cara de família e não quer ficar longe de casa. Não é sempre assim?

FP: Que grupos americanos que você ouviu e gostou?
JH: Bom, eu gosto mesmo, mesmo do Bloomfield's Electric Flag, e na costa leste tem uma banda chamada The Mushroom. Big Brother. Moby Grape. Vanilla Fudge tem um disco bom, mas eu nunca os vi, então não sei dizer de verdade. O Clear Light da costa leste vai ser bom. Eu peguei vários álbuns aqui uma vez e acabou virando uma bagunça só. Agora eu estou com medo de comprar mais antes de ouvir tudo.

FP: O que você acha da tendência na música pop, especialmente na Inglaterra, de fazer uma performance com peças teatrais no palco, um ambiente total, utilizando show de luzes e tal?

JH: É bom por um lado, mas ruim pelo outro, porque bandas como o Procol Harum são ignoradas porque eles não ficam andando para lá e para cá. Aí as pessoas leem uma resenha e dizem, "Ah, está aqui a prova, eles deixam as pessoas entediadas", mas o Harum tem coisas a dizer, eles só não pulam por aí. Não é culpa deles. São os fãs que querem só o que está na moda. Um show de luzes tem que trabalhar para você e não você para ele. O Jefferson Airplane não passa de sombras; nada além de vozes nos jogos de luz. Está tosco agora, eles jogam qualquer luz atrás deles. Tipo no Roundhouse, os estrobos ficaram ligados por quatro horas seguidas. Eu não curto isso... é puro nonsense.

Mas peças de teatro são uma cena diferente. Consegue imaginar *Othello* feito do seu jeito? Você escreve umas músicas bem loucas, você nem precisaria saber as falas exatamente ... Ótimo!

O Who está sempre fazendo peças de teatro tipo "A Quick One, While He's Away," mas cara, eles só ficam lá parados quando estão cantando. Eles deviam pular para dentro... como a gente vai fazer em outubro. Eu não posso dizer mais do que isso. Estamos cozinhando uma certa coisa e eu espero que não queime. Hehe.

FP: Você já trabalhou com os Beatles?
JH: Sim, a gente trabalhou com eles. Mas não musicalmente. Hehe. Eles são caras lindos. Os Beatles e os Stones são caras lindos além da conta, mas é uma coisa de família. Uma coisa tão de família que parece que a gente começa a soar igual. Às vezes você só não quer ser parte da família.

Acredito que, logo mais, todos os discos ingleses soarão iguais, assim como todos da Motown soam iguais. É legal por um lado, mas o que acontece se você tem a sua própria coisa rolando?

FP: O que está rolando com o movimento hippie na Inglaterra?
JH: Não é organizado por lá, eles são só caras que se vestem esquisito. É uma coisa pequena, não como aqui. Eu acho que a polícia lá é muito legal. Eles não mexem muito com você. Na verdade, eu estava andando na rua em Londres, completamente distraído, completamente, e uma viatura da polícia chegou e eles disseram "Oi, Jimi, como vai?" e eu respondi, "É amanhã... ou só no fim dos tempos? ..."
[N. do T.: "*Is it tomorrow... or just the end of time?*" – verso de "Purple Haze"]

"JIMI HENDRIX CONVERSA COM STEVE BARKER"
STEVE BARKER / UNIT, FEVEREIRO DE 1968

O JHE concluiu sua turnê americana e retornou à Inglaterra no fim de agosto de 1967. Em setembro, a MELODY MAKER premiou Hendrix com o título *"World's Top Musician"* [Melhor Músico do Mundo], e as sessões continuaram em outubro para o segundo LP da banda. No dia 8 de novembro, o JHE fez um show na Manchester University e Steve Barker estava lá para entrevistar Hendrix pela segunda vez.[3]

Em novembro de 1967, enquanto estava na Keele University, estava envolvido na revista estudantil *Unit* – editada por Tony Elliott, que iria fundar a *Time Out*. Sugeri um texto sobre Hendrix, já que o Jimi Hendrix Experience estava para tocar no Manchester University Students Union. No período desde a primeira entrevista, Jimi havia se tornado uma grande estrela e estava lotando as pistas em todos os cantos do país e em outros lugares da Europa. Viajei para Manchester com alguns amigos e seguimos a caminho do show.

Ao chegar, notei o camarim cheio de gente, incluindo Mitch e Noel – mas nenhum Jimi. Perguntei onde ele estava e alguém disse, "Olha na porta do lado". Entrei pela porta e encontrei Jimi sozinho, inclinado sobre um aquecedor, perto de uma janela, a mais ou menos quatro ou seis metros de distância, do outro lado da sala. Ele olhou para cima e disse, "Olá, Steve. Como vai?". Não pensei muito sobre o assunto naquela época, mas depois, relembrando, admirei aquilo como uma marca registrada do homem. Desde que o conheci, nove meses antes, Jimi havia experimentado incrível sucesso, adulação dos fãs e conhecido todas as armadilhas do que se tornaria o "estilo de vida do rock star" – seguidores, bajulação, pressão, narcóticos de livre acesso etc. Mas ele ainda se lembrava do meu nome e se comportou como um perfeito cavalheiro, de cujos modos sempre me lembrarei.

—STEVE BARKER, 2011

---

[3] "Jimi Hendrix: An Unpublished November 1967 Interview with Steve Barker," por Steve Barker, Jas Obrecht Music Archive, 30 de março de 2011 — http://jasobrecht.com/jimi-hendrix-unpublished-november-1967-interview-steve-barker/

Steve Barker: *[No microfone]* Testando 8, 12, 0.
Jimi Hendrix: *[Canta verso de "Just Like Tom Thumb's Blues" de Bob Dylan]* "When you're lost in Juarez and it's Easter time too".

SB: A contracapa do seu primeiro LP diz que você está tentando "criar criar criar". Você está satisfeito com o que está criando?
JH: Nós gostamos de ter nosso próprio som, mas não estamos satisfeitos – ainda não. Estamos satisfeitos com o LP que acabamos de gravar *[Axis: Bold as Love]*, por exemplo, mas as ideias que entraram nele podem continuar no próximo.

SB: Até onde você pode chegar com o som que está tocando agora?
JH: Não sei. Você pode ir até morrer de tédio, eu acho. Tem que tentar algo novo.

SB: O que vai ser?
JH: Acho que eu vou começar do zero e voltar como um rei-abelha[4]. *[Risos]*

SB: Você escreve todo seu próprio material. De onde ele vem?
JH: Só de mim. É tipo ... ahm, de onde ele vem? Não tenho certeza. Tipo, nós vamos bastante para os clubes em todo lugar, andando de táxi, acontece de você ver muitas coisas. Você vê tudo, experimenta tudo, enquanto vive. Mesmo se você está morando num quartinho, você vê muitas coisas, se tem imaginação. As músicas simplesmente vêm.

SB: *[Steve cita um verso de "Burning of the Midnight Lamp" de Jimi.]* "Loneliness is such a drag" ["A solidão é um saco"]?
JH: É isso que ela é. É mesmo, às vezes. Essa é a música que a gente toca que eu mais gostava. Fico feliz que não tenha virado sucesso para ser jogada por aí.

SB: Isso quer dizer que você é um introvertido?
JH: Bem, às vezes. Naquele tempo que eu escrevi "Midnight Lamp" eu era, mas realmente tenho que olhar para trás e entender. Eu estava me sentindo meio para baixo, daquele jeito. Aí você entra num humor e, quando você escreve, o

---
4 [N. do T.: Com a expressão "king bee", Hendrix pode estar fazendo referência à canção de Slim Harpo, "I'm a King Bee", de 1957.]

humor transparece. Então dá para você voltar e ouvir suas gravações e saber como você estava se sentindo naquele tempo e como seu humor muda em horas diferentes.

SB: "Loneliness is such a drag" é uma coisa sussurrada, meio quieta. Como você coloca essas palavras no meio da música tão poderosa e extrovertida?
JH: Eu gosto de tocar alto. Sempre gostei de tocar alto. As palavras, elas simplesmente aparecem. Elas significam muito, mas não sei como elas saem. Começa tudo muito quieto até a gente entrar no ritmo.

SB: O quanto você deve à sua bagagem do blues?
JH: Nada, necessariamente! Eu fui para o sul, escutei o jeito que as pessoas tocavam e curti. Mas aí, eu também gosto de muitas outras coisas – por isso que a gente tenta fazer nosso próprio lance, fazer algo novo.

SB: Há muita controvérsia sobre as responsabilidades dos pop stars. Você mesmo sente alguma?
JH: Isso é besteira. Qualquer coisa que um cara faça em sua vida privada é problema dele. Todo mundo sabe disso. Mas você pode dizer isso um milhão de vezes e ainda não vai convencer algumas pessoas. Eu realmente não me sinto nem muito responsável por mim mesmo – talvez isso seja tudo. Há tantas outras coisas por dentro que você sente que pode fazer. Há tantas outras coisas na minha mente. Eu poderia começar de novo agora – um ano de trabalho criativo para nós é a mesma coisa que nada para muitos outros grupos.

SB: Você às vezes pensa em ir para longe e se encontrar, como o Bob Dylan fez?
JH: Acho que vai ter que acontecer em breve de qualquer maneira, porque todo mundo está ficando muito cansado. Às vezes você trabalha tanto que as coisas podem ficar bem frustrantes... Mais ou menos agora, está chegando o inverno e você tem que dar uma chance para as coisas darem certo na primavera. É natural. Aliás, é quando as coisas acontecem – você sabe – mas todo mundo vai ter um ataque cardíaco porque as flores estão abaixando a cabeça por um ou dois segundos.

SB: O que vai acontecer com você na primavera?
JH: Se eu não for atropelado por um carro ou um trem, vou estar por aí.

SB: Como você se envolveu com a cena hippie?
JH: Como assim? *[Retorcendo-se e dizendo em voz grave, "Eu sou um hippie, eu sou um hippie, baby."]* Não, só aconteceu de nós estarmos no mesmo lugar e na mesma hora com a psicodelia e as roupas. Eu curti aquela cena, mas não necessariamente o que você chama de "cena hippie". Porque eu não gosto dessas classificações, de qualquer maneira, independente da cena. Nós só calhamos de tocar músicas loucas e psicodélicas, mas nos incomoda porque "psicodélico" só significa expansão da mente, de qualquer maneira. Eu não consigo ouvir uma palavra do que o Pink Floyd está falando. Acontece com a gente, mas isso é só a opinião de um qualquer. Há tantos outros tipos de música – nós só calhamos de estar no mesmo lugar, na mesma hora.

SB: Então você tenta se comunicar por palavras ou pelo som quando está no palco, ou ambos?
JH: A maioria das músicas que estamos tocando agora, as pessoas sabem as letras, eu acho, mas provavelmente as letras não significam nada para elas. Elas só querem alguém que bote para quebrar no palco.

SB: Isso significa que você escreve primordialmente para você mesmo?
JH: Ah, definitivamente sim. Uma música que nós fizemos, chamada "I Don't Live Today", foi dedicada aos índios americanos e todos os grupos de minoria oprimida. Tudo que eu fiz foi usar algumas palavras, e disseram, "O que isso quer dizer? Isso não quer dizer nada! Eeurggh!" Porque só tinha umas três ou quatro linhas ali, de qualquer maneira.

SB: E esse lance de falar coisas sem sentido mesmo, tipo o Mothers of Invention?
JH: Eu gosto de ouvi-los, mas nós fazemos nosso próprio lance. Sabe, nós tivemos a chance de entrar nessa onda porque a mente das pessoas ainda está aberta, mas nós decidimos que não iríamos nesse caminho em direção à loucura absoluta. Eu acertei a mão no próximo LP *[risos]*. As letras são muito, muito importantes neste próximo.

SB: Você ainda curte o Donovan e a cueca de ouro dele?
JH: A gente vai na casa dele, mas ele está nos Estados Unidos agora. Nós nos divertimos muito juntos.

SB: Você disse que a onda do amor não duraria – parece que você vai estar certo.
JH: Essa cena é cheia de sinos e tudo e aqueles pseudo-hippies pulando para lá e para cá mostrando os bótons com "Faça amor, Não Faça Guerra". Esse tipo não dura porque eles pegam a próxima onda, qualquer onda que passe por perto e que seja fácil de pegar. Mas não se sabe mais o que um hippie tem que ser.

SB: O trabalho de palco ainda é a parte mais importante da sua cena?
JH: Bom, hoje eu estava tão frustrado, cara. A gente não conseguiu dar liga porque a gente não toca junto faz muito tempo. Estamos trabalhando no LP. Se nós tocássemos essas músicas agora, eles perderiam metade das letras porque o P.A. pifou, e a gente estava tocando muito alto. Então não significaria nada para eles se a gente tocasse nossas músicas novas. Agora a gente tem que esperar até o LP sair – aí nós vamos poder interpretar as músicas muito melhor. É tão frustrante agora – estamos tocando as mesmas músicas velhas e eles esperam que a gente faça isso e aquilo e a guitarra desafina e você perde a oportunidade de tocar bem. Eu não gosto de ficar parado. Gosto de tocar o tempo todo.

SB: Você um dia quis fazer a música "Fixin' to Die" do Bukka White como um single, mas nunca saiu. Existe alguma pressão sobre vocês quanto ao material que vocês têm que gravar?
JH: Não, nenhuma. Estamos só escrevendo e tocando o que queremos, mas nosso humor muda. Tipo quando a gente queria uma música do Dylan como um dos nossos singles, e aí a gente queria isso e aquilo. Mas nós sempre acabamos fazendo o nosso próprio – independente do fracasso que possa ser, pelo menos estamos fazendo nossas próprias coisas. Se você faz alguma coisa de alguém a cada cinco singles, mostra que tem alguma coisa faltando. Mas não se rejeita toda e qualquer coisa num disco.

SB: Por que você faz tudo isso, aliás?
JH: Eu gosto de estar envolvido e eu gosto de música. A velha história – todas

essas coisinhas gostosinhas. Música é um amor para mim. Eu amo isso e as pessoas são tão legais. *[Numa voz forçada, sarcástica]* A grana é ótima também.

SB: Ouvi dizer que você estava num grupo em Nova York com Tim Rose e Mama Cass.
JH: Não é verdade. Era outro Jimmy. Nós só calhamos de gostar de "Hey Joe". Eu vi o Tim Rose por aí uma outra vez no Village, por meio segundo, e isso foi depois que nós voltamos para os Estados Unidos. Ele me cutucou no ombro e disse *[imitando uma voz de chapado]*, "Oi, eu sou o Tim Rose". E aí desapareceu. Tudo isso aconteceu numa fração de segundo. Eu gosto das músicas dele, mas isso é tudo que eu sei dele.

SB: O que você está tentando fazer com o seu novo LP?
JH: Eu realmente não sei dizer. É muito difícil explicar seu próprio tipo de música para alguém. A não ser que você tenha uma ideia muito definida de onde está indo, não faz diferença que direção escolha, contanto que seja muito honesto quanto às canções que escreve.

SB: O que você acha da cena pop comercial neste momento?
JH: *[Simula uma gagueira confusa.]* Bom, você ouviu o Marmalade e a gravação "I See The Rain"? Não entendi por que não foi um sucesso.

SB: Porque eles não têm nem nome nem publicidade?
JH: Nós não tínhamos um nome quando começamos.

SB: Mas tinham a publicidade.
JH: Mas nós merecemos, não? Eu acho que sim. Meu cabelo está quebradiço da água dura inglesa. Estou quase careca. Acho que eu costumava ter o cabelo mais comprido.

SB: Para qual faixa etária você aponta quando faz um disco – os jovens?
JH: Não, não necessariamente. Nós naturalmente queremos que as pessoas gostem – essa é a razão de lançar o disco. Veja você, eu não tenho gosto. Eu não saberia dizer o que é um disco bom e um disco ruim, mesmo. Nós rodamos os discos no apartamento às vezes e dizemos, "Isso é bom", e alguém diz "Ah, sim,

mas isso é outra coisa". Aí eles dizem, "Isso é horrível", e eu digo, "Isso é ótimo – os tremolos, por exemplo". *[Risos.]* Então, eu não tenho o *feeling* do que é um disco comercial. Eu não sei o que é de verdade um disco comercial. Então o que a gente faz é escrever e tentar juntar as coisas o melhor possível para qualquer um que realmente curta. Não faz diferença quem.

SB: Quão importante é o visual no que você faz no palco?
JH: Você só faz aquilo que tem vontade, às vezes. Eu não queria ficar pulando muito hoje à noite. Eu costumava achar que tinha que fazer isso, mas não mais. Cara, você teria um ataque cardíaco se estivesse fazendo toda noite o que a gente fazia dois ou três meses atrás. A gente estaria morto agora. De qualquer maneira, não dá para fazer direito a não ser que você esteja com vontade. Metade das coisas que eu faço, eu nem sei, porque só tenho vontade na hora. Se você tem tudo planejado e uma coisinha dá errado, você pensa, "Ah, não! O que era para eu estar fazendo agora? Ah sim, é para eu fazer isso aqui – du du du di du. 'Oi, pessoal, estou fazendo isso aqui'". Então você iria estar em apuros se uma coisinha desse errado.

SB: Você acha que é uma pessoa diferente desde que chegou à Inglaterra?
JH: Eu não costumava falar tanto antes.

SB: Com pessoas como eu.
JH: Não, isso tudo bem. *[Risos.]* Eu sou bom como um coelho – e você sabe como os coelhos são.

Noel Redding: Fale com o Mitch. Ele tem uma voz muito boa.
SB: O que você pensaria se as pessoas fizessem com você como fazem com o Dylan?
JH: Eu não penso nisso. Desde que ele apareceu, as pessoas ficam chutando ele para lá e para cá, dizendo, "Ah, cara, ele canta igual a um cachorro com a perna quebrada".

Jill Nicholls (Manchester Independent): Sr. Hendrix, há algo que você queira materialmente?
[Noel e outros homens na sala caem na risada.]
JH: Ãh?

JN: Há algo faltando?
JH: Há muitas coisas faltando, milhares delas. Eu as vejo no centro todo dia. Milhões delas. Ahh! Maravilhosas!

SB: Você pensa em voltar para os Estados Unidos?
JH: Eu penso todo santo dia. Eu sinto muita falta – tipo a costa oeste, porque nada aconteceu para mim. Eu simplesmente gosto de estar lá. Gosto do clima, da paisagem e de algumas das pessoas. Você pode comprar um milk-shake de chocolate em uma farmácia, chicletes no posto de gasolina e sopa de maquininhas na rua. É demais, é lindo. É todo fodido e nojento e preconceituoso, e é grande e lindo. Tem tudo. As mesmas coisas que escutamos daqui agora sobre os problemas são as mesmas coisas que escutamos da Rússia – só propaganda, como o que a Radio Free Europe diz para os russos. *[Neste momento, o produtor da turnê pergunta a Jimi se ele fará uma sessão de fotos, mas Jimi continua.]* Nos Estados Unidos, eu estava tocando atrás de outros grupos. E só pelos dois meses antes de sair dos Estados Unidos, nós estávamos tocando no Village. Eu tinha o meu próprio grupo e nós tínhamos ofertas de gravadoras de todo lugar, mas não achava que a gente estava preparado naquela hora. Então, no fim, eu vim para cá [para a Inglaterra] com o Chas Chandler, com a ambição principal de montar uma banda e tentar fazer algo novo, enquanto nos Estados Unidos eu estaria tocando atrás de pessoas como Joey Dee.

SB: O que você achava disso?
JH: Eu não curto tocar nessas bandas populares de R&B. Você não pode fazer nada livre – tudo é completamente preciso. Viemos para cá com um propósito, e o propósito era fazer sucesso. Essa é a cena. Assim que começarmos a ficar para trás dos tempos, essa vai ser a hora de parar. Isso pode ser amanhã às 5:45, mas nós vamos tentar o quanto pudermos para manter nosso próprio som, independentemente de como ele possa mudar. *[Jimi percebe o microfone de Steve.]* Que microfone bonito!

SB: É, é bonitinho, né?
JH: É. Obrigado!

"UMA EXPERIÊNCIA COM HENDRIX"
LIAM E ROISIN MCAULEY / THE GOWN, 7 DE DEZEMBRO DE 1967

No dia 27 de novembro, dois repórteres do jornal estudantil THE GOWN, da Queens University, entrevistaram Hendrix e resenharam os shows no Whitla Hall, em Belfast. Essa data também marcou o aniversário de vinte e cinco anos de Hendrix. O terceiro single americano do JHE, "Foxey Lady" (com o lado B "Hey Joe"), também foi lançado nos Estados Unidos.

Agora, é fato conhecido que um show pop deve ser ensurdecedor e caleidoscópico. O show de Jimi Hendrix, na semana passada, supriu ambos os quesitos. No palco, amplificadores encolhiam e ensurdeciam os músicos; na galeria, amadores fervorosamente manuseavam seis quadrados de celofane colorido e dois canhões de luz. Mil e quinhentas pessoas sentavam-se no "Whitla" e esperavam pela explosão mental...

Era aniversário de Hendrix. O público cantava "Parabéns para Você" numa voz miúda e levemente envergonhada. O mestre de cerimônias rapidamente iniciou um grito de "Queremos Jim". As luzes diminuíram e oscilavam; Hendrix explodiu para o palco; "Tampem os ouvidos, isso aqui vai ser ALTO."

A seguir, a mistura de barulho, confusão e luzes brilhantes não obscureciam o fato de que Jimi é um guitarrista de considerável talento, apesar de ser difícil separar puro truque de genuína expressão musical, às vezes. Ele tocava sua guitarra em cinquenta posições diferentes do Kama Sutra, atacava indecentemente o amplificador e, num gesto frenético final, atirou uma Fender Stratacaster [sic] contra a parede (demonstrando método em sua loucura ao desplugá-la). Era como se ele tivesse finalmente obtido sucesso ao relacionar o instrumento à sua própria virilidade arrogante e, subsequentemente, frustrado com esta, ele a envolvia no ato derradeiro da destruição. Era, agora, tão importante destruir uma guitarra quanto tocá-la. Hendrix fez as duas coisas com admirável maestria.

Fora do palco, Hendrix está incoerentemente ameno, afável e despretensioso. Ele estava sentado no camarim, temporariamente desligado do bando de produtores e comia o bolo de aniversário. Ele constantemente palhetava uma guitarra coberta de padrões psicodélicos, "É só uma coisa que eu pintei em meia hora".

"Os comentários sobre a minha roupa não me incomodam, é boa publicidade. Meu penteado? Eu descolei assistindo a vários filmes antigos do Tony Curtis". Tocando por algo entre £750 e £1000 por cada show, Hendrix afirma que o dinheiro não é mais tão importante, ainda que seu motivo original para vir à Inglaterra tenha sido "precisar do troco". "Não me importo com o dinheiro, contanto que a atmosfera seja boa."

"Influências? Sou influenciado pelo Dylan; sou influenciado pelo mundo todo. Minhas músicas são geralmente pessoais. Eu fiquei feliz, por exemplo, que 'The Wind Cries Mary', que significava muito para mim, não foi um grande hit. Eu não ia gostar de vê-la sendo chutada por aí como qualquer som do Dave Dee.

"Drogas? Se elas fazem alguma coisa pelas pessoas, então é com elas. Pega os Beatles, por exemplo. As pessoas são ovelhas, elas têm que seguir alguém. Se acham legal esse cara, Maharishi, acho que tudo bem. Mas eu acho que o ser humano tem que acreditar um pouco mais em si mesmo.

"Eu não tenho opiniões sobre o Vietnã porque não me afeta pessoalmente. Se algo não afeta a minha vida diretamente, não estou interessado.

"A imprensa me apresenta como algum tipo de monstro."

Hendrix é mesmo conhecido amplamente como "o selvagem do Pop Britânico", mas qualquer que seja a conclusão feita sobre sua performance no palco, fora dele ele é educado (agilmente evitou que eu me sentasse em uma poça de café frio), amigável e articulado. Um monstro? Dificilmente.

"O HOMEM DO POP JIMI PROCESSA GRAVADORA"
PETER OAKES / THE PEOPLE, 17 DE DEZEMBRO DE 1967

Em setembro, a MELODY MAKER relatou a notícia do processo do produtor Ed Chalpin contra Hendrix pela quebra de um contrato de 1965. Para complicar ainda mais a situação, enquanto o JHE estava em turnê pelos EUA, Hendrix visitou o estúdio de Chalpin em Nova York, onde várias canções foram gravadas. Quando a Decca Records lançou o single "Hush Now", daquela sessão em 1967, Hendrix entrou com um processo. Ironicamente, a Decca recusou "Hey Joe" no ano anterior, quando Hendrix buscava um contrato no Reino Unido.

Não é a troco de nada que chamam Jimi Hendrix de O Selvagem do Pop.

Ele tem um penteado do além, age loucamente no palco… e agora arrumou uma briga do tamanho do seu sucesso contra uma gigante gravadora britânica.

De fato, ele está processando a empresa – Decca Records.

O rebuliço gira em torno de um disco, "Hush Now", que a Decca recentemente lançou por seu selo londrino. O disco, diz o guitarrista negro de 22 anos [sic], líder do Jimi Hendrix Experience, foi lançado sem sua autorização.

Ele entrou com uma ação contra a Decca pedindo indenização por danos.

Jimi, que já tem quatro lançamentos de sucesso desde que chegou à Grã-Bretanha um ano atrás, disse: "Entrei numa loja de discos e vi esse disco meu. Quando eu coloquei para tocar, descobri que tinha sido gravado numa jam session em Nova York. Nós só estávamos ensaiando no estúdio. Não tinha a menor ideia de que estava sendo gravado."

INDEPENDENTE

Jimi continuou: "Um dos lados do disco é 'Hush Now'. Eu só toco a guitarra, a voz foi sobreposta. No outro – 'Flashing' – tudo que eu fiz foi tocar algumas notas. Cara, eu fiquei chocado quando eu ouvi!"

Jimi – seu disco "Purple Haze" alcançou a posição 3 nas paradas no começo deste ano – está sendo representado pelo advogado David Jacobs.

Seus sucessos anteriores foram lançados pela Polydor, um selo independente. Até agora, o disco da disputa obteve pouco impacto sobre o público consumidor de música. No disco, ambas as canções são creditadas a Jimi Hendrix e Curtis Knight, cantor americano de soul. Um porta-voz da Decca disse: "Lançamos recentemente um single sobre o qual há uma certa disputa. Nós adquirimos o material de um produtor americano que disse que ele havia sido gravado em Nova York. Não podemos fazer mais nenhum comentário. A situação está a cargo de nossos advogados."

Cinco meses atrás, relatou-se[5] que Jimi havia sido banido pelas Daughters of the America Revolution [Filhas da Revolução Americana, em tradução livre], uma organização americana de mulheres. Elas o acharam erótico demais para seu público predominantemente formado de crianças de sete a doze anos.

---

5 Um release de imprensa foi elaborado para explicar o súbito abandono da turnê do Monkees. Muitas publicações imprimiram como se fosse uma notícia, mas na verdade todos na turnê concordaram que era hora do JHE seguir seu próprio caminho.

ENTREVISTA COM JIMI HENDRIX
MEATBALL FULTON / DE UMA ENTREVISTA CONDUZIDA POR MEATBALL FULTON EM 9 DE DEZEMBRO DE 1967 PARA A RÁDIO ZBS

O jornalista Meatball Fulton, também conhecido como Tom Lopez, entrevistou Hendrix em Londres no dia 9 de dezembro, logo após o segundo álbum do JHE ser lançado no Reino Unido. Fulton abordou a entrevista de forma livre, sem perguntas pré-determinadas. Isso permitiu que Hendrix falasse livremente sobre qualquer coisa que desse na telha. Durante a entrevista, Fulton percebeu as recorrentes frustrações de Hendrix com problemas de técnicas de gravação e gerência, mas continuava gravando. Fulton comentou depois, "É uma coisa estranha de ouvir. Eu tive a impressão que ele tinha poucos amigos, se é que tinha algum, que podiam vê-lo como uma pessoa e não como um pop star ou uma coisa e, se isso for verdade, é muito triste" (HENDRIX SPEAKS: THE JIMI HENDRIX INTERVIEWS, Rhino Records, 1990).

Meatball Fulton: Você começou a dançar conforme a música quando começou a ter essa imagem [com as mulheres]?
Jimi Hendrix: Ah, era pior antes. Eu costumava estar na rua, passando fome e as meninas me ajudavam... me ajudavam mesmo. Desde então, é por isso que eu digo isso para mim mesmo, "Uau. Qualquer garota que eu conhecer agora, quero mostrar meu agradecimento pelo que elas fizeram por mim antes." Não, sério agora. *[Risos.]* Não sei. É só a natureza...

Eu realmente não me importo com quão longe meus discos cheguem nas paradas. A gente fez um chegar na posição onze, que por aqui todo mundo odiou, sabe. Mas eu acho que aquele foi o melhor que a gente já fez... "The Burning of the Midnight Lamp". Não quanto à gravação, porque as técnicas de gravação são muito ruins, sabe. Você não consegue escutar as palavras muito bem. Provavelmente foi isso.

MF: Qual é o seu nível de satisfação com as técnicas de gravação em geral?
JH: Nenhum.

MF: E os LPs?

JH: Nenhum. Mesmo para os LPs. Isso me deixa muito bravo. Porque, sabe, é uma parte da gente. Olha, a gente grava tudo e aí, de repente, alguma coisa acontece e sai tudo cagado. Você fica tão bravo que nem quer mais saber disso. No nosso próximo LP, toda faixa vai ter que estar certinha, ou então eu vou simplesmente largar mão. Quer dizer, não largar mão... a gente diz isso, mas sabe que não vai. Mas é assim que eu me sinto.

MF: Você acha que eles são melhores que os Estados Unidos no quesito gravação? Se bem que depende do engenheiro.

JH: Tudo depende do que você quer, na verdade. Depende de onde você vai também. Depende mesmo de tantas coisas, a masterização – isso é uma coisa toda separada, a masterização. Você pode mixar, mixar e mixar e conseguir um som muito lindo, e quando eles masterizam, eles conseguem cagar tudo.

MF: Eu não entendo isso.

JH: Eu também não entenderia porque nós, sabe – ooooh, sai tão ruim. Porque eles vão por níveis e tal. Algumas pessoas não têm a menor imaginação. Veja bem, quando você masteriza um disco, logo antes de ele ser prensado, sabe, quando você fecha a máster, se você quer uma música que tenha um som bem profundo, que tenha profundidade e tal, você tem que... quase mixar de novo ali no estúdio de masterização. E 99% não faz nem isso. Eles só dizem, "Ah, aumenta", para a mixagem deles não ficar alta ou a mixagem deles não ficar baixa. E ali está, sabe. Não tem nada que não seja unidimensional.

MF: Você tem o tempo que precisa? Quero dizer, porque é muito caro.

JH: O dinheiro não faz diferença para mim porque é para isso que eu ganho – para fazer coisas melhores acontecerem. Eu não dou valor nenhum para o dinheiro. Esse é meu único problema. Eu só tenho as coisas que eu vejo e eu quero. E tento pôr isso na música. Eu quero ter o estéreo que... sobe – o som sobe, desce e vai para trás e para frente. Mas agora tudo que se escuta é horizontal e horizontal. Nosso LP novo foi feito em dezesseis dias, o que me deixa muito chateado.

MF: Este que saiu agora, recentemente?
JH: Sim. Nem tem por que falar ou discutir a respeito. Porque é tudo uma cena muito feia. Mas me deixa bravo. Poderia ser muito melhor.

MF: É mais pela qualidade do som?
JH: Bom, as músicas poderiam estar melhores, também. Sabe, é o que eu acho, pelo menos. Assim que você termina, tem mais cem ideias completamente novas.

MF: Bem, isso é bom por um lado, porque sua mente está acompanhando, se movendo junto de um jeito legal.
JH: Não está necessariamente melhorando, mas, tipo, você muda para coisas diferentes, sabe?

MF: Você sente que as bandas podem mudar como quiserem?
JH: Não. Metade delas não. Elas estão todas pensando em suas carreiras, pensando no futuro demais. Eu realmente não ligo a mínima para o meu futuro ou minha carreira. Eu só quero ter certeza de que posso lançar aquilo que eu quero. É por isso que eu digo que a gente tem muita sorte. Porque a gente não teve que, sabe, estourar. Eu disse que seria ótimo, mas na verdade eu não estava nem aí. Contanto que a gente estivesse feliz com o que a gente faz, o que a gente grava e tal. Com isso de fazer o que a gente quer fazer, nós ainda – nós não estamos realmente fazendo aquilo que a gente quer.

MF: E o LP novo? Você andou pensando nisso.
JH: Sim. Bom, eu queria ter feito um LP duplo, sabe? O que é quase impossível.

MF: Por causa dos custos, você quer dizer?
JH: Sim. Bom, é um grande estorvo. Ninguém quer fazer. Os produtores não querem fazer e as gravadoras não querem fazer. Eu gastaria cada centavo nele se achasse que era bom o suficiente. Mas está aí, sabe? Eu faço isso e eles me largam lá.

MF: E a duração das músicas, também? Você queria que elas fossem bem mais longas?
JH: Isso tudo depende do tipo de música que é. Se é uma música com três ou quatro movimentos, bom, sim. Tem essa música que eu escrevi que se chama

"Eyes and Imagination" – esse é o nome dela. E ela tem uns quatorze minutos de duração, mas cada frase ou cada duas frases contam uma história completamente diferente. Não é nada além de imaginação. Começa com esse bebê chorando, um novo dia nascendo e aí você escuta esses tiros, sabe *[risos]*, de fundo... Mas ela vai por uns quatro movimentos grandes e sempre volta para essa coisinha. Você tem que ter aquela coisinha na música toda. Mas não sei. Tem tantas músicas que eu escrevi e que a gente nem fez ainda e provavelmente nem vai fazer. É porque – ooooh, eu não sei – tem muita coisa por aí. É uma cena muito ruim. Sabe, nós temos que ser os Elvis Presleys e rock'n'rolls e Troggs. Nós temos que ser essas coisas. *[Risos.]* Aí não tem fumaça na câmara de gás.

MF: Você acha que as pessoas vão passar a fazer músicas mais longas, ou tentar? Indo para a sinfonia...

JH: Bom, eu acho que elas deveriam, se tiverem algo a oferecer de verdade. Se a música realmente tiver que ser longa. Se eles disserem "Eu tenho essa música e é muito... mas não consigo deixar como tem que ser a não ser que eu tenha mais tempo, só preciso de mais tempo nela." Bom, aí elas devem. Devem mesmo. Não se deve segurar no tempo assim por causa de uma música. Sabe a música que a gente deu o nome de "Purple Haze"? Aquela... tinha mais ou menos mil, mil palavras e aaah, aaah; isso me deixa tão puto porque não é nem a "Purple Haze", sabe.

MF: Como assim não é...

JH: Eu não sei, cara. Eu sou só um carinha frustrado. Só isso. É assim que eu me sinto. Você devia ter ouvido, cara. Eu tinha tudo escrito. Era sobre ir por, por essa terra. Essa terra mítica... porque é isso que eu gosto de fazer que é escrever um monte de cenas míticas. Sabe, como a história das guerras em Netuno. E essa bagunça toda, sabe, e a razão pela qual existem anéis lá. Eles têm os deuses gregos e aquela mitologia toda. Bom, você pode ter a sua própria cena mitológica. Ou escrever ficção. Completa ficção. Quer dizer, qualquer um pode dizer "Eu estava andando na rua e vi um elefante flutuando no céu". Mas não tem o menor sentido, não há nada além do elefante lá, sabe. E se você não prestar atenção, você pode quebrar o pescoço.

MF: Você acha que vai poder fazer mais exigências enquanto continua?
JH: Sim. Essa coisa toda vai se arrebentar... Você consegue se lembrar de quando era um bebezinho? Acho que a sua memória aguenta. Quando você pensa agora, é um branco antes disso. Acho que é o que acontece nas outras cenas, também. Porque os humanos morrem fácil demais, sabe.

MF: E o animal? Você estava falando de um animal?
JH: Tipo, você pode ver um animal, ou algo assim. E você também pode ter um sentimento engraçado passando pela cabeça por um segundo.

MF: Você quer dizer tipo olhando nos olhos dele? Ou não necessariamente... ou só o animal mesmo?
JH: OK. Uma vez eu vi um veado, sabe – porque você sabe, eu vejo muitos cervos lá de onde eu vim. E eu falei, "Espera aí", e algo passou por mim por um segundo, tipo como se eu o tivesse visto antes... tipo eu tive uma conexão muito próxima com aquele veado por um segundo e aí tudo foi embora assim, sabe? Um monte de amigos meus disseram que isso aconteceu com eles, sabe?

Você já deitou na cama e você fica nesse estado que não consegue se mexer? E você sente que está afundando e afundando numa coisa, mas não é dormir, é outra coisa. E toda vez que eu entro nisso eu digo, "Ah, inferno, eu estou com um puta medo", e você fica com medo e tal, então você tenta dizer, "Socorro, socorro". Você não consegue se mexer e não consegue gritar mas você diz, "Socorro, socorro", e finalmente sai dessa, sabe? Você simplesmente não consegue se mexer. É um sentimento muito esquisito. Mas uma vez esse negócio estava dando em mim e eu disse, "Aha, lá vamos nós. Desta vez eu vou deixar rolar e ver onde eu vou". Eu só queria ver o que acontecia e estava ficando muito assustador, cara, estava fazendo *whoosh* tipo assim, sabe? E eu disse, "Eu não estou nem dormindo, isso é muito estranho". E aí alguém bateu na porta. Eu disse, "Oh", porque eu queria descobrir.

MF: Você consegue lembrar coisas lá de trás? Tipo quando você era um bebê?
JH: Sim, eu me lembro da enfermeira pondo a fralda...

MF: Sério?
JH: Sim. Quando a enfermeira... Eu não sei para que eu estava lá, mas eu me

lembro de quando eu costumava usar fraldas. E aí ela estava falando comigo. Ela me tirou de um berço, ou algo assim. Aí ela me levantou para uma janela – isso era em Seattle – e ela estava me mostrando alguma coisa no céu. Eram fogos ou algo assim. Devia ser 4 de julho [Dia da Independência nos EUA], sabe. Eu me lembro dela pondo a fralda em mim e quase me picando. Eu me lembro de não me sentir muito bem, sabe. Eu devia estar no hospital doente de alguma coisa e tinha uma mamadeira e todo esse tipo de coisa e ela me segurava perto da janela e falava alguma coisa sobre... Eu estava olhando e o céu estava todo *[faz barulhos estranhos]*...

MF: Quase uma coisa de ácido.
JH: Exatamente. Foi isso. Só que antes. *[Rindo]* Minha primeira viagem. Aquela enfermeira me excita. Eu devia estar chapado da penicilina que ela provavelmente me deu.

MF: Consegue lembrar de alguma outra coisa?
JH: Eu me lembro de quando eu era tão pequeno que cabia numa cesta de roupas. Sabe aquelas cestas de vime que eles têm nos Estados Unidos, que eles põem as roupas sujas? É tipo só desse tamanho *[gesticula]*.

MF: Eles chamam de balaio, ou algo assim.
JH: Sim. Balaio. Eu me lembro quando meu primo e eu estávamos brincando. Eu devia ter uns três anos, por aí. Às vezes você está sentado e começa a lembrar de coisas. Essas são as duas que me vêm primeiro à cabeça. E alguns sonhos que eu tinha quando era bem pequeno, sabe. Tipo que minha mãe estava sendo carregada para longe num camelo. E tinha uma caravana enorme e ela estava dizendo, "Bom, agora eu vou ver você", e ela estava indo para debaixo de umas árvores, e dava para ver as sombras – sabe, os padrões das folhas – no rosto dela. Você sabe como o sol brilha através da árvore e se você for para a sombra da árvore, as sombras ficam no seu rosto. Bom, essas sombras eram verdes e amarelas. E ela estava dizendo, "Bom, eu não vou ver você mais tanto quanto antes, sabe". E aí, uns dois anos depois ela morreu. E eu dizia, "Onde você está indo?" Eu me lembro disso, eu sempre vou me lembrar desse.

Tem uns sonhos que você não esquece nunca. Tem esse sonho que você descia assim, descia essa colina bem grande, mas ela tinha uma grama muito comprida e um monte de bananas no chão, no chão dessa colina, mas elas estão nascendo do chão, cada uma separada. Eu me lembro disso. A gente estava patinando nesse negócio. Eu não sei como, mas o que a gente fazia era despejar umas coisas que a gente inventou. Sabe, umas sacolas. A gente pôs em cima das bananas. E elas preenchiam os espaços entre as bananas e aí você descia patinando nisso. Eu me lembro dessas coisas.

MF: Você devia estar sonhando em cores quando era pequeno.
JH: Ah, sim, eu estava. Eu não me lembro de muitos. A coisa mais próxima de um sonho preto-e-branco que eu tive foi em tons pastel tipo... marrom e ah, escuro, sabe, e aí um marrom bem claro. E aí teve uma parte dourada – do nada. Foi demais. E isso foi o mais próximo que eu tive de um sonho preto-e-branco.

[Como Fulton não fez uma pergunta que instigasse estes próximos comentários de Jimi, ele narrou, após a entrevista, "Esta seção final consiste em apenas algumas palavras sobre reencarnação e morte".]

JH: As pessoas não deviam ficar vidradas com a hora da morte porque tudo que você está fazendo é se livrar do seu velho corpo, sabe. O mesmo corpo que você teve durante mais ou menos – o quê? – uns sete anos. As pessoas acham mesmo que cada pessoa nascida aqui é completamente diferente, sabe, quer dizer, é verdade, mas, através dos tempos, vê se consegue imaginar todas elas. Mas e se nós tivermos mesmo que ir para o céu. Consegue imaginar todas essas pessoas que morreram antes, e nós, lá em cima, no céu? Todos vivendo uns em cima dos outros, "Ei, cara, vai mais para lá, cara, eu não tenho espaço aqui! Por que é que você tinha que morrer, hein, inferno?" Então oh, bom, Deus! Então, consegue imaginar isso?! Uau!

Parte III

JANEIRO DE 1968 - JUNHO DE 1968

A CRESCENTE POPULARIDADE DO JHE fez com que os empresários mantivessem a agenda cheia de gravações, turnês e entrevistas para o grupo em 1968. Hendrix começou a demonstrar sinais de estresse e de tédio ao tocar as mesmas músicas toda noite.

No dia 4 de janeiro, a polícia de Gotemburgo (Suécia) prendeu Hendrix por destruir seu quarto de hotel. Ele admitiu ter consumido três cervejas e dois uísques, mas achou que alguém havia "batizado" suas bebidas. As autoridades imediatamente suspenderam seu direito de trânsito até que ele aparecesse a uma audiência no tribunal. Hendrix, no fim, foi multado em 3.200 coroas suecas pela baderna e teve que pagar pelos danos ao hotel. Uma menção a esse incidente aparece na canção "My Friend".

Entre as datas das turnês, o grupo trabalhava no novo álbum duplo, mas as tensões cresciam. No dia 21 de janeiro, Redding saiu andando da sessão, frustrado com as tomadas intermináveis de Hendrix. O coempresário Chandler se despediu do trabalho nas sessões em maio e se separou do grupo. Hendrix dominou a produção e aproveitou a oportunidade para experimentar com outros músicos e efeitos de estúdio. O resultado foi *Electric Ladyland,* que se tornaria o álbum de maior sucesso nas paradas até então. O disco continha "All Along the Watchtower", o único hit top-40 na América.

Hendrix ganhou como "Melhor Músico do Mundo" na enquete da *Disc and Music Echo* da Grã-Bretanha. A *Rolling Stone*, depois disso, o premiou com o título de "Artista do Ano" em 1968.

No dia 3 de maio, a ABC-TV deu início a dezesseis dias de filmagem para o documentário intitulado *Jimi Hendrix Experience*. A equipe capturou o JHE ao vivo, no estúdio de gravação e em momentos casuais em seus quartos de hotel. Durante uma das entrevistas, Hendrix mencionou estar trabalhando em um tipo de música que traria mais respeito ao pop.

ENTREVISTA COM JIMI HENDRIX

JAY RUBY / DE UMA GRAVAÇÃO ORIGINAL DE UMA COLETIVA DE IMPRENSA,
31 DE JANEIRO DE 1968 E DA JAZZ & POP, JULHO DE 1968

O JHE retornou aos Estados Unidos no dia 30 de janeiro de 1968 e uma coletiva de imprensa foi agendada para o dia seguinte em Manhattan. Vários jornalistas estavam lá para entrevistar o grupo, incluindo Jay Ruby, que era professor assistente de antropologia na Philadelphia's Temple University.

No dia 31 de janeiro de 1968, a *Jazz & Pop* entrevistou Jimi Hendrix junto dos outros membros do Experience, Noel Redding e Mitch Mitchell, no Copter Lounge, no topo do prédio da Pan Am em Nova York. A ocasião foi uma coletiva de imprensa dada por Jimi e outros quatro grupos britânicos, Eric Burdon and the Animals, Soft Machine, The Alan Price Set e Nova Express. Entre o barulho e a confusão comumente causados pela imprensa, câmeras de TV, agentes e toda sorte de loucos e uma briga, conseguimos prensar Jimi por tempo suficiente para gravar esta entrevista. Se partes dela parecerem um tanto desconjuntadas, é porque fomos interrompidos várias vezes. Em uma ocasião, outro entrevistador começou sua própria entrevista bem no meio da nossa. Jimi pareceu aguentar o evento muito melhor do que nós. Foi realmente um ambiente para todas as mídias.

Jay Ruby: Como é a cena musical na Inglaterra? É diferente daqui?
Jimi Hendrix: Bom, sim, é diferente. É um pouco mais unida, do ponto de vista dos músicos. Eles todos se conhecem e ficam num lugar pequeno e se concentram perto de Londres. Não é muito diferente na verdade. Eles têm a cena deles e nós temos a nossa própria daqui.

JR: Você gosta mais de lá como músico?
JH: Não necessariamente. Eu gosto muito de fazer jams e eles não fazem muito isso por lá. Gosto de tocar com outros caras, mas simplesmente não dá para fazer isso lá, às vezes.

JR: Para o que você está tentando fazer, você acredita que o formato de trio é o melhor?
JH: Nós só calhamos de ser um trio; essa é a razão por sermos assim. Tentamos o órgão por uns quinze minutos e não funcionou. Fez com que a gente parecesse com qualquer um. Mas não é o ideal sermos um trio. Só aconteceu assim. Mas nós podemos oferecer uma apresentação [completamente] diferente. Não posso dizer mais sobre esta parte... digamos, lá pelo verão, ou fim do outono, por exemplo... nós vamos oferecer uma apresentação [completamente] diferente disso aí.

JR: Você curte esse lance [de destruição]?
JH: Em poucas palavras, não. Tem horas que a gente faz isso; mas nós fazemos milhões e milhões de shows e quando nós fazemos esse lance [de destruição] talvez umas três ou quatro vezes, é porque a gente está afim. Pode ter sido porque a gente teve algum problema pessoal.

JR: Então quando acontece, você está fazendo porque...
JH: Porque estou bravo, ou tenso, ou algo assim, sabe.

JR: Como você se sente?
JH: Ah, é um sentimento tipo... você se sente muito frustrado e a música fica mais alta e mais alta e você começa a pensar em coisas diferentes e de uma hora para a outra, *crash, bang*. Quando você vê, está tudo virando fumaça.

JR: Você planeja antes?
JH: Não. Não dá pra organizar isso. Nós fizemos uma vez e alguém disse, "Isso é demais, por que vocês não planejam?" Planejar o quê? Só acontece, é isso.

JR: Quem você mais admira como guitarrista? Quem está fazendo coisas que você gosta agora?
JH: Bem, é muito difícil dizer. Mas na cena do blues, algumas coisas que Albert King e Eric Clapton fazem são muito boas. Eu não tenho nenhum favorito. É muito difícil porque há tantos estilos diferentes e é difícil pôr todos na mesma classificação.

JR: Quem você escuta?

JH: Gosto de escutar qualquer um contanto que não seja entediante para mim. Eu fico inclinado para o blues quanto aos guitarristas. A música mesmo... eu gosto das coisas do Roland Kirk e dos Mothers [of Invention].

JR: Muitas pessoas te comparam com o Clapton.

JH: Isso é uma coisa que eu não gosto nem um pouco. Primeiro eles fazem isso, aí dizem "OK, agora, o blues em primeiro lugar", e nós só falamos, "Nós não queremos tocar blues o tempo todo". Nós não temos vontade o tempo inteiro. Queremos fazer outras coisas, fazer músicas legais, ou coisas diferentes. Mas, tipo, o blues é o que nós supostamente temos que curtir. Mas, veja bem, há outras coisas que podemos tocar, também. E nós não pensamos do mesmo jeito... Às vezes as notas podem soar parecidas, tem uma cena completamente diferente por trás dessas notas.

Mitch Mitchell: Quando nós começamos, Jimi era muito influenciado por pessoas como o Dylan e eu não curtia essa cena. Agora o Jimi curte coisas do Mingus e do Roland Kirk. A gente aprende um com o outro, se equilibra. É bem melhor.

JR: E curtem uns aos outros, certo, e fazem a coisa toda acontecer.

JH: Certo. Você devia ouvir ele quebrar mesmo na bateria; isso é outra coisa que me deixa bravo, também. Nós três, nós temos nossas próprias cenas musicais. O Noel gosta de rock e toca guitarra. Ele só começou a tocar baixo quando entrou para tocar com a gente. E o Mitch toca muita bateria e, ainda assim, as pessoas ficam batendo na mesma tecla.

JR: Trabalhar em três pessoas é tão bonito. Vocês conseguem se integrar de forma compacta e unida. E o som novo parece ser tão grande.

JH: No primeiro LP nós estávamos enfatizando notas em *sustain* e a coisa da liberdade musical. Nesse LP novo, ele é mais quieto em relação à guitarra e pode parecer chato para algumas pessoas, mas nós enfatizamos a voz e a bateria. No próximo que nós estamos montando, vai ser de fora desse mundo.

JR: Sim, eu ouvi no álbum que ainda não foi distribuído aqui, mas a integração dos sons da rua e dos acontecimentos do lado de fora... o som das pessoas no estúdio...

JH: *[Risos]* Sim, o pezão do Roger Mayer.[1]

JR: Algumas pessoas têm dificuldade de fazer a transição do show para os discos. Vocês não têm. Vocês se veem primordialmente como banda de palco ou de estúdio?

JH: Você pode curtir tanto como disco ou pessoalmente. Tipo, alguns querem ouvir uma coisa – quando você faz um disco você põe um certo som no disco ou uma coisinha doida – tipo o som de pingos de chuva ao contrário e com eco e *phaser* e essas coisas. É porque você está enfatizando alguma coisa no disco. Então as pessoas já vêm com isso na cabeça quando vêm ver você e elas esperam ouvir isso. Mas a coisa principal são as palavras e elas podem sentir a outra coisa mas não ouvi-las. Nós improvisamos tanto no palco que uma música de dois minutos pode acabar com vinte minutos.

[Neste ponto da entrevista, Ruby é interrompido por outro repórter que está irritado e achando que ele está fazendo isso para sua própria revista, o que não é o caso.]

JR: Eu estou celebrando uma nova revista, *baby*. Jimi Hendrix e eu incorporamos uma nova revista chamada...
JH: Captain Curry's Coffin.[2]

[Confusão no salão continua antes de a entrevista ser retomada.]

JR: Voltemos ao blues por um minuto. Como você o define?
JH: Você pode ter seu próprio blues. Não significa que o folk blues é o único tipo de blues do mundo. Eu ouvi algumas músicas do folk irlandês que eram tão suingadas – as letras eram tão bem feitas e o sentimento. Aquilo é uma cena ótima. A gente faz esse blues na última faixa do LP [*Axis: Bold as Love*] no lado A. Ela se chama "If 6 Were [sic] 9". É isso que eu chamo de um grande sentimento do blues. A gente nem tenta dar um nome. Todo mundo tem algum tipo de blues para oferecer, sabe.

---

1 Na faixa "If 6 Was 9", uma plataforma de madeira foi construída para captar pisadas.
2 A estranha frase ficou na cabeça de Hendrix – no dia 20 de abril de 1968, "Little Miss Strange" foi gravada pela primeira vez sob o título "Lilacs for Captain Curry's Coffin".

JR: E essa coisa da cena branca/negra? O blues branco é blues mesmo?
JH: Bom, eu vou te falar. A banda do Bloomfield é absurdamente de outro mundo e dá para sentir o que eles estão fazendo independentemente da cor dos olhos ou dos sovacos deles, porque eu consigo sentir de verdade. Uma vez eu disse, "OK, Paul Butterfield, tem esse cara branco lá no Village tocando uma gaita, muito estiloso". Então a gente foi, todo mundo, para o Village e aí uau, ele me deixou muito vidrado, eu disse, "Olha isso!" Ele estava muito ensimesmado e ninguém poderia tocá-lo ali porque ele estava dentro da cena dele ali. Ele estava mesmo muito feliz. Eu não me importo, como disse antes, tudo depende de como estão os seus ouvidos e onde está sua mente e onde estão seus ouvidos.

JR: Eles dizem isso na Inglaterra, é uma coisa completamente diferente. Eles não fazem distinção. É um som – e não importa de que cor você seja – que você está tocando. Nós ainda temos esse bloqueio por aqui.
JH: Não é exatamente um bloqueio porque esses são os seres humanos – bem lá no fundo, de qualquer maneira, sabe. É natural, como estar em uma briga, ninguém consegue sair na rua com esse garotinho. Os Estados Unidos são como um garotinho. Os países para mim são como criancinhas, brincando com brinquedos diferentes. Mas esses países todos vão crescer logo. Não é problema. Os humanos competem entre si.

JR: Você toca diferente para o público americano?
JH: Eu não conseguiria nem comparar. Eles são mais quietos por lá. Eles escutam muito, muito de perto e depois mostram o apreço no final.

JR: Vamos falar um pouco sobre o jazz.
JH: Bom, Roland Kirk e Charles Mingus e ele [Noel Redding] podem cuidar do resto.

JR: Para você é isso?
JH: Ah, não. Essas são só as pessoas principais que me vêm à cabeça.

JR: E o Coltrane?
JH: Ah, sim, ele é demais. Tem tantos caras, eles têm suas próprias pequenas cenas. O Mitch gosta muito do Elvin Jones.

JR: Quem são os caras legais do jazz que você gosta?
MM: Tem o Tony Williams e a estrutura de Richard Davis. Eu gosto do Coltrane, também. Mas Kirk é mais próximo do que eu gosto mesmo. É muito comparável ao Jimi. Um monte de gente chama o Jimi de piada por usar equipamentos eletrônicos. Bom, eu chamo o Kirk de piada quando ele toca dois saxofones, mas ele não é piada para mim, cara. Há somente dois tipos de música – boa e ruim – independentemente do que você toca ou de que bagagem você tenha.
JH: [Kirk] nem começou ainda. Nem nós começamos ainda. Quando você ouvir [sua música], você consegue ouvir muito do futuro. Você consegue ouvir algumas das coisas nas quais ele está entrando – não necessariamente das notas, mas dá para ouvir os sentimentos.
MM: São pessoas como Kirk que estão acabando com o esnobismo, porque em cada tipo de música, até no rock'n'roll, ele existe. Onde as pessoas não conseguem ver nada do lado de fora. É como certos músicos do jazz que eu conheci em Londres recentemente que não querem ouvir nada além de Sun Ra, talvez, e isso é um negócio ruim. Se você não consegue se ver fora da sua música – fora de uma cena particular, cara, você precisa cuidar da sua cabeça, cara.
JH: Tem tanta coisa acontecendo, principalmente se você tem a cabeça aberta para a música, porque, como todos sabemos, música é uma arte.

JR: A coisa que me anima mais na cena hoje é que tudo muda tão rápido. Por exemplo, o que vocês fizeram no primeiro álbum é diferente do que fizeram no segundo.
JH: Sim, a gente notou quando a gente escutou. Nós nos aprofundamos mesmo nesse negócio de fazer o segundo LP.

JR: Isso não é consciente, vocês não notam esse fato?
JH: Não, de jeito nenhum. Nós tentamos fazer uma mudança. Você arruma sua vida e diz, "Bem, a gente vai fazer isso da próxima vez". A gente tem ideias – ideias legais, sabe.
MM: Tudo é uma progressão natural. Não sei, posso não estar aqui amanhã, então vou fazer o que eu estou fazendo aqui e agora.

JR: Isso é muito diferente do que a música era antes. Nenhum tipo de música mudou tão rápido quanto este.

JH: Bom, eu sei o que você quer dizer, tipo, a cena do Chuck Berry. Eu me sentiria culpado se a gente fizesse algo daquele jeito – usando o mesmo pano de fundo com todas as músicas e só as palavras diferentes. Isso mostra que você está entrando na cena das palavras. É como qualquer um que está faminto – que é jovem e quer entrar na música –, qualquer um do tipo que tem que entrar em tantos tipos de bagagens diferentes. Eles têm tantas coisas para pegar como influência, tantas coisas diferentes no mundo.

JR: Basta ser jovem?

JH: Não, não necessariamente. O que eu quero dizer é "jovem" de ideias, ser faminto... não necessariamente com fome de comida.

JR: Então talvez sempre mude?

JH: Bom, talvez. Talvez a gente sossegue. Há umas coisas... mas algumas coisas são muito pessoais. Elas podem nos pegar por trás depois. Todo mundo começa a falar – eles têm que espetar com alguma coisa, e eles dizem, "Ao invés de usar guitarra, baixo e bateria, eles estão ficando cansativos". Blá, blá, uff, uff. Olha o Bob Dylan. Ele está nesse negócio há uma era e ele é de outro mundo porque ele tem muitas coisas pessoais. Você não quer colocar um monte de coisas por cima, tipo violinos para algumas músicas a não ser que ela requeira isso.

JR: Quando você grava, quem faz o que você chama de truques?

JH: Todas aquelas coisas são nossa própria mente... aquelas coisas estão vindo de nós. Nós fazemos um monte de coisas. Tipo, na última faixa do último LP ["Bold as Love"], aquilo se chama *phaser*. Faz o som parecer aviões atravessando suas membranas e seus cromossomos. Um cara montou aquilo sem querer e nos viciou naquilo.[3] Aquele era o som que a gente queria, era um som especial e a gente não queria usar fitas com sons de aviões, a gente queria o próprio som distorcido.

JR: Quando você monta uma música para gravar, o que vocês fazem? Vocês tocam primeiro e depois põem os sons por cima, ou põem tudo junto ao mesmo tempo?

---

3 Hendrix se referia ao engenheiro Eddie Kramer. Roger Mayer também teve muito a ver com os pedais especiais que ele fez para a guitarra de Hendrix.

JH: Bom, isso depende. Às vezes tocamos pelos alto-falantes do Leslie e aí às vezes podemos colocar depois que tocamos. Muitas vezes nós gravamos os três como um instrumento e construímos ao redor disso.

JR: Vocês não fazem os arranjos antecipadamente?
JH: Ah, sim. Nós temos ideias na cabeça e aí adicionamos coisas a elas.

"A PERSEGUIÇÃO E ASSASSINATO DO ROCK'N'ROLL, ENCENADOS PELO JIMI HENDRIX EXPERIENCE... SOB A DIREÇÃO DO PRÓPRIO SALTITANTE JIMI HENDRIX, O CASSIUS CLAY DO POP"

MICHAEL THOMAS / EYE, JULHO DE 1968

O JHE fez dois shows no dia 2 de março no Hunter College de Nova York, onde Michael Thomas, da revista EYE, entrevistou Hendrix. O repórter abordou uma variedade de tópicos, incluindo a primeira visita ao seu lar depois de se tornar um superstar internacional.

Jimi (Jimmy?) Hendrix abandonou a escola mais da pesada da cidade, Garfield High School, em Seattle, Washington, seis anos atrás [sic][4], e não voltou para casa até essa primavera. Eles dizem que o prefeito estava preparado para dar-lhe as chaves da cidade, mas era aniversário de Lincoln e a prefeitura estava fechada. Então a velha Garfield High School disse que lhe daria um diploma honorário para compensar. De algum jeito, apesar de tudo, isso também não funcionou. Mesmo assim, eles gostariam de tê-lo tocando antes do sinal soar na terça-feira de manhã. O problema era que seu equipamento já estava todo a caminho de Los Angeles, mas ele foi lá mesmo assim, disse oi e ficou feliz de estar de volta, e foi embora depois de dez minutos. Tudo isso para mostrar que não se pode nem ir para a casa de novo, mesmo se você for o melhor guitarrista do mundo e o topo do ranking dos super-heróis da psicodelia peso-pesado do pop.

Isto é, pessoas *dizem* que ele é o melhor guitarrista do mundo – pessoas que sabem tocar guitarra; e até mesmo aquelas que não sabem, como eu, podem perceber que é preciso ser um homem de alma para lutar com uma e produzir no calor da batalha, um conjunto de emocionantes, e ao mesmo tempo perturbadores, blues pé-no-chão com eletrônicos dionisíacos. É uma coisa tocar guitarra, mas é outra coisa violentá-la. E Jimi Hendrix, fique avisado, apenas começou.

---

[4] Hendrix abandonou a Garfield High School no dia 31 de outubro de 1960, com dezessete anos.

Cada um de nós tem um talento especial, e não é nada fácil, por exemplo, amassar uma pilha de moedas de 25¢ com um martelo de cinco quilos (e acabar com mais dinheiro do que se tinha antes), que é frequentemente a experiência a que o Jimi Hendrix Experience me remete. O que é estranho nisso é que eu nunca ouvi o som de moedas sendo esmagadas, mas eu *já ouvi* o som de moedas (velhas) chacoalhando nas mãos – é bonito, e me parece uma pena destruí-las, assim como é uma pena ver Hendrix destruindo sua música para demonstrar um talento especial. Ele é um guitarrista talentoso de verdade. Ele sabe tocar riffs de blues, lampejos de melodias folk, a noite toda, muito provavelmente sem se repetir e fazendo tudo com uma mão nas costas. Seus ritmos evoluem com as reviravoltas, mortes inesperadas e explicações suspensas de um mistério policial, ele pula de tom em tom como um acrobata e raramente, ou nunca, tropeça. Ele tem, também, um entendimento intuitivo do melodrama eletrônico e tem toda a amplificação de que precisa para experimentá-la. O problema é que ele não sabe quando parar. Sua performance inteira presume que nada adquire tanto sucesso quanto o excesso. Ele sempre tem algum truque na manga, ou em cima do ombro, ou entre as pernas para adicionar e depois algo mais e as cordas fazem *zing* e a caixa faz *foom* e o pedal faz *wah-wah*, em um tipo de implacável e niilista destruição dos elementos. Para fazer justiça a ele, tudo isso ele faz com tremendo estilo e pompa. *"I'm gonna wave my freak flag high"*[5] canta ele, que não somente a trêmula a, digamos, treze quilômetros de altura, ele te envolve nela, te espanca com ela até que você se submeta, o tempo todo esperando que ele a deixe a meio-mastro de vez em quando.

Hendrix constrói círculos violentos de microfonia e distorção. Ele pisa em seu pedal de *fuzz* no chão e seis caixas acústicas e dois amplificadores de duzentos watts ameaçam explodir. Ele tem apenas que tocar o corpo da guitarra com seu anel e isso soa como se o próprio Big Ben estivesse desmoronando. Ele sopra pelas cordas e isso soa como um pequeno furacão se aproximando. Ele puxa uma alavanca e você juraria que alguém está tocando uma gaita de fole. Ele gira um botão e ela faz *quá* igual a um pato. Tudo isso e ele não está nem *tocando*. Quando ele ataca as cordas, o som é tão alto que você tem a sensação de que General Hershey está dizendo a verdade: o rock'n'roll de hoje pode muito

---

5   N. do T.: "Vou tremular alta minha bandeira de excêntrico/aberração"—verso de "If 6 Was 9" do disco Axis: Bold as Love.

bem estar destruindo a audição da geração. A canção, nesse ínterim, é esquecida. Está soterrada nos destroços. Destine-se um pensamento ao jovem Mitch Mitchell chicoteando seus tambores, tentando, em vão, fazer-se ouvir.

"Não estamos tocando tão alto quanto podemos", diz Hendrix. "E nós não tocamos todas as músicas muito alto. Você ouve muita microfonia em 'The Wind Cries Mary'?"

É verdade, há momentos mais suaves ao experimentar o Experience quando ele toca acordes saborosos e delicados e propõe dinâmicas doces, mas mesmo ali ele inclina-se a usar o pedal wah-wah só para dar uma chacoalhada nas coisas. (O pedal de wah-wah, se você não está familiarizado com ele, é simplesmente um pedal que faz a música fazer wah-wah.)

Mas Muhammad Ali, quando era Cassius Clay, não tinha muito boas maneiras também, e por isso ele se tornou o primeiro campeão do mundo a ter tanto carisma quanto coragem. Ele era um bom lutador porque sabia bater forte e pisar leve. Ele era um campeão de outro planeta porque ele era um exagerado. Ele saía dançando pela Broadway com Marianne Moore, inventava todos aqueles poemas fora do comum e era sexy. Jimi Hendrix, no entanto, poderia fazê-lo enrubescer. Jimi tem músculos, é tão mau quanto e é muito mais provocante. A razão pela qual eu poderia ter pedido 25 dólares no meu ingresso de 5 dólares e conseguido (como um jovem empreendedor atrás de mim na fila o fez), não é ele tocar guitarra tão bem, mas sim ele tocar guitarra tão absurdamente. E, mamãe, sabe, ele é tão bonitão.

Hendrix é um mestre de cerimônias. Ele flutua pelo palco, parecendo um Otelo bucaneiro vindo a Camelot em veludo e rendas e botas de couro espanhol, um chapéu de *bandito* mexicano na cabeça com uma pena na fivela de ouro, sua camisa de seda aberta até o umbigo, um medalhão de ouro reluzindo no peito, sua virilha ameaçadoramente delineada. Ele é a ovelha negra completamente envolvida em lã dourada. Uma vez eu vi Liberace, mas não é a mesma coisa. Hendrix não tem abotoaduras de diamante de dez mil dólares no formato de sua Fender Stratocaster; ele não sorri e canta, "Hey, olhe para mim". Liberace é vítima de seu próprio glamour. Hendrix é, simplesmente, bonito. E superlegal. Tem um cigarro pendurado no canto de sua boca. Noel Redding, o baixista, usa botas vermelhas, Mitch Mitchell, o baterista, tem um chapéu roxo, mas eles são simplesmente lindos. Eles são os duendes de Hendrix. A partir do momento que Hendrix tira o cigarro da boca e o prende na parte solta das cordas, perto das tarraxas, o Jimi Hendrix Experience é espetáculo psicodélico. É uma série de gestos e efeitos, teatralidades despudoradas, temperadas somente com um antigo sorriso maléfico, como que para dizer, "Curtiu *aquilo*? Agora curte *isso*." Ele começa devagar, passa as cordas pelo pedestal do microfone só para as ouvir estalar e faz alguns licks só com a mão direita apertando as cordas. (Hendrix é canhoto.) Ao passo que as canções vão passando, ele fica mais e mais estranho: ele toca a guitarra atrás das costas, em cima da cabeça, entre as pernas, pula ajoelhado e continua tocando. Ele toca alguns solos com os dentes, depois desponta sua virilha e sussurra, "Vem cá e s-s-s-soca para mim", e dá uma risada maléfica.

No final, ele troca para uma guitarra dispensável, anuncia "o hino internacional", aquele número vulgar "Wild Thing", e depois de trinta minutos de preliminares, ele corre com o Experience para o clímax.

Wild thing, I think I love you, ele canta, ameaça, apontando para uma desafortunada loirinha na primeira fila.

But I wanna know for sure...[6]

E ele sacode a língua para ela, sorri, cai de joelhos e começa a arrancar as cordas da guitarra. O jogo ainda continua, ele não está satisfeito. Ele corre para o amplificador e começa a bater e espancar com sua guitarra, e, finalmente, no momento ejaculatório supremo dos excessos do rock'n'roll, ele a arranca do pescoço e a atira contra a parede.

E o tempo todo, Mitch Mitchell está esmerilhando sua bateria, inaudível.

A coisa toda parece deixar Noel Redding um pouco tenso. Ele faz uma careta de vez em quando, e até mesmo para e cutuca os dentes. Uma vez, em Londres, Hendrix se empolgou tanto que pulou em Redding e o derrubou no chão. Isso foi uma vez, como outra no Monterey Pop Festival, quando ele ateou fogo de verdade à sua guitarra em um tipo de ritual de sacrifício no final. Ele é, afinal, o *Great Pretender*[7] do rock'n'roll burlesco. Ele é, sem desafiantes, o Cassius Clay do pop.

Aw, shucks, if my daddy could see me now ("Up from the Skies") [8].

---

6 N. do T.: "Wild thing, I think I love you/But I wanna know for sure"—"Coisa selvagem, eu acho que te amo/Mas quero saber com certeza"

7 N do T.: "The Great Pretender", grande sucesso do The Platters, pode ser traduzido como "O Grande Fingidor", mas pode também, no contexto, carregar o sentido de "aquele que almeja uma determinada posição, status".

8 N. do T.: "Aw, shucks, if my daddy could see me now"–"Ah, caramba, se meu papai pudesse me ver agora".

A experiência de ver o Experience é perturbadora. Mas é um espetáculo fabuloso. Depende totalmente da virtuose de Hendrix, seu atletismo erótico e sua pirotecnia exótica. Pode ser uma porção de bons truques, mas bons truques bem feitos são a própria mágica e Hendrix os tira da cartola, desculpe pela expressão, como um verdadeiro mágico, ou mais precisamente, como um bruxo. O teatro tem que ser um show e Hendrix é um showman fabuloso.

E não se esqueça: músicos, que sabem, dizem que ele é o melhor guitarrista do mundo.

Num show em uma faculdade em Long Island, eu vi garotos invadindo o palco no fim no tipo de frenesi que eu só havia visto em um show dos Stones, e eles eram caras da faculdade, não pré-adolescentes. Em um show na UCLA, marmanjos choravam, o público subia rastejando no palco e tentava beijar suas botas. Não era um público hippie também – eram estudantes de história e ciências que dão uns aos outros Aqua Velva no Natal. Em São Francisco, na semana após Hendrix bater todos os recordes no Fillmore, a cidade inteira estava em uma letargia sem fôlego, anticlimática. Em Estocolmo, recentemente, dezessete mil pessoas vieram vê-lo em uma noite. Ele rodou a Escandinávia três vezes e, a cada vez, quebrou os próprios recordes em cada casa em que tocou. Ele nunca teve um disco que chegasse ao nº 1, mas lançou três singles que chegaram ao nº2 na Inglaterra. Ambos os seus discos venderam um milhão de cópias por aqui. E o Jimi Hendrix Experience só está junto há um ano.

Em 1966, ele era apenas Jimmy (Jimi?) James, tocando guitarra no apertado Café Wha? no Greenwich Village.

A coisa toda, felizmente, tem muito a ver com uma transatlântica amada chamada Linda. Foi ela quem calhou de encontrar seu velho amigo Chas Chandler numa discoteca chamada Ondine e o levou para a rua MacDougal para ouvir Jimmy James tocar. Chandler estava de saco cheio depois de tocar baixo durante doze anos atrás de Eric Burdon e quatro anos de rodar o mundo com o Animals. ("Eu tinha chegado onde podia. Minha técnica não tinha melhorado uma nota em quatro anos.") Ele não gostou da banda do Café Wha?, The Blue Flames, mas ele gostou de Jimmy James. Ele gostou do jeito que ele tocava sua guitarra entre as pernas. Gostou tanto que o trouxe para casa, em Londres. Disse James, nascido Hendrix:

"Eu sabia que havia algo assim que eu queria fazer, mas ia esperar no Village até minha mente estar preparada para isso. Aí o Chas veio, toda noite, e nós conversamos e tal e coisa e coisa e tal. E, quero dizer, o resto... ah, por favor... Pegamos um avião para a Inglaterra."

Hendrix não cantava muito. Até agora ele é um tipo preguiçoso de vocalista – frequentemente só fala e ri pelo percurso todo. Naqueles dias, também, era quase sempre como o show de outra pessoa. Hendrix, antes de virar um Experience, passou cinco ou seis anos em bandas de apoio atrás de cantores de rhythm 'n' blues como os Isley Brothers, Jackie Wilson, Little Richard, Wilson Pickett, em excursões por todo o país, "cumprindo com a obrigação", pulando de um agito na Broadway para o próximo. O circuito do soul é duro. Há muitos grandes guitarristas que não chegam no fim do quarteirão. No circuito do soul não há como maquiar isso.

"Jimmy James, Maurice James, milhões de nomes, não me lembro agora. Não sei, cara, é muito estranho, eu não sei muito sobre isso... eu estava tocando nesse pacotão *top-40 r'n'b soul hit parade*, com sapato de couro sintético combinando com o penteado e me cansei de tocar 'Midnight Hour'".

Aqui e ali, vez ou outra, ele parava e montava uma banda própria, como a banda do Café Wha?. Não era exatamente o que ele tinha em mente quando ele pegou seu instrumento e saiu de Seattle por dois meses uns cinco anos antes. ("Eu não queria voltar até ter algo a mostrar, sabe.") Nos intervalos, ele tocava um monte de rock 'n' roll e rhythm 'n' blues, ouvia um monte de gente tocar um monte de rock 'n' roll e rhythm 'n' blues e também passou quatorze meses na 101ª Divisão Aerotransportada. Os paraquedistas.

"Eu simplesmente me alistei no exército, só isso. Eu só me alistei no exército. Eu queria fazer tudo que tinha que fazer antes de tentar entrar na carreira da música, para eles não me chamarem no meio de alguma coisa que estivesse acontecendo. Eu tinha dezesseis anos [sic]. Fui mandado para o Kentucky."

("Ninguém mais o queria", diz Noel Redding, do jeito que só um inglês conseguiria; e Hendrix, um homem paciente com uma frieza calculada, ri educadamente.)

"Eu estava pensando em tocar naquela época... eu estava *quase* tocando. Eu sabia umas quatro músicas na guitarra, sabe, o barulho normal. Eu escutava de tudo. Tudo desde Eddie Cochran a Elvin James, Chet Atkins, tudo. Chuck Berry, Jimmy Reed, B. B. King, Albert King... O primeiro guitarrista de que eu tomei conhecimento foi o Muddy Waters. Eu ouvi um disco dele quando era um menininho e morri de medo, porque eu ouvia todos aqueles sons. Uau, o que era *aquilo*? Era demais."

O circuito do soul acabou no Apollo Theater, no Harlem. Os frequentadores do Apollo eram aficionados por black music. Eles eram impiedosos e impacientes. Se eles captarem o mais suave cheiro de *jive*, eles não se acanham em mostrar a porta de saída para o artista antes que ele termine sua primeira música. É a arena do soul. Se eles gostarem de você no Apollo, eles te adorarão; se eles não gostarem, eles são capazes de destruí-lo para sempre. A resposta é honesta, violenta, sectária. Eles jogam limpo, mas não suportam tolices, não suportam por um momento a mais do que se leva para perceber que alguém deixou entrar um tolo. Um fracasso no Apollo é como um convite para uma decapitação. E nas quartas-feiras à noite, noites dos amadores, a responsabilidade pesa sobre aqueles ambiciosos, corajosos ou perseverantes o suficiente para entrar na arena e pode ficar feio se eles não têm muito mais a oferecer do que suas boas intenções. Se um número sair ruim, o público não se contenta em vaiar e assoviar. Eles jogam coisas. Quando tinha dezoito anos, Jimi Hendrix veio de Atlanta, tocou no concurso amador da quarta à noite e ganhou o primeiro lugar. E se o circuito do soul acaba no Apollo, ele começa lá também.

 Enquanto estava em Nova York, ele estava presente nos clubes da cidade. Ele tocou por um tempo na banda de Curtis Knight no velho Lighthouse na esquina da rua 76 com a Broadway. O Lighthouse está fechado agora, o que é uma pena, porque há poucos lugares em Nova York tão longe do paraíso e tão perto do *Desolation Row*.[9] Os perdedores, as prostitutas da Broadway e os viciados andavam com a cabeça o mais erguida possível no Lighthouse. Enfim, Curtis Knight é, sem dúvida, bom para seus amigos, mas ele é o tipo de cantor que não soa bem nem no chuveiro. Um disco realmente vergonhoso foi lançado este ano chamado "Get That Feeling", um disco de Curtis Knight, tirando o fato de que no alto está escrito, *"File Under: Jimi Hendrix"* [Arquivar na Seção: Jimi Hendrix]. Acho que se poderia usar a capa na cabeça como um chapeuzinho de festa, mas é quase impossível ouvir muito dele tocando. Em um momento Knight grita, "Toca alguma coisa, Jimi (Jimmy?)", e há alguns compassos de uma coisa rítmica bem editadinha, mas é como lançar algumas fitas do ensaio da Orquestra Sinfônica de Lincoln, Nebraska e dizer "Arquivar na Seção: Segundo Violinista da Quarta Fileira, Terceiro da Esquerda para a Direita". Ele está ali, mas é só isso.

---

9 N. do T.: "Desolation Row"–canção de Bob Dylan, do disco Highway 61 Revisited. O título pode ser traduzido livremente por "Corredor da Desolação".

Hendrix e Chandler retiraram o disco de circulação. Chandler deu duro para tirar Hendrix da quarta fileira para a linha de frente e ambos estão compreensivelmente ressentidos do oportunismo da Capitol.

Conceito brevemente relembrado de Camus: a qualidade de uma experiência é deduzida da quantidade de uma experiência.

Um orgulhoso e espalhafatoso camarada lambendo sua guitarra é uma coisa para se ver, mas a cada vez que você vê, remete à vez anterior e não parece mais tão divertido, e não era ainda mais divertido da vez anterior? Como qualquer experiência, você nunca esquece a primeira vez. Pode ser, talvez, que eu esteja ficando cansado, porque o resto do mundo não parece se satisfazer nunca com o Experience. Desde o primeiro show em Paris e do melodrama incendiário em Monterey, eles mal pararam para trocar as cordas. Hendrix deixou claro que a única coisa mais selvagem que Elvis Presley é um Elvis Presley negro.

Quando ele chegou pela primeira vez à Inglaterra, ele era cético quanto à qualidade dos músicos que poderia encontrar, apesar das afirmativas de Chandler. Mas cinco dias depois, com cinco músicas escritas, o casto Experience, corajosos como o amor[10], tocaram no maior teatro da Europa – o Olympia em Paris – e ninguém mais teve dúvidas. De fato, os dois anêmicos e magros ingleses em suas botininhas e seus cabelos altos e eletrizados – apesar de não parecerem ter força suficiente para esmagar um morango os dois juntos – ofereceram seus fortes, resistentes e às vezes brilhantes dois terços com toda a fúria do próprio Lobo Mau. O guitarrista Redding nunca havia tocado baixo antes de se juntar a Hendrix (ele havia chegado para fazer testes para o novo Animals de Eric Burdon, conheceu Chandler e trocou), e Mitchell veio do Georgie Fame's Blue Flames. Ele é um baterista com um estilo preciso, militar, um dos melhores bateristas do rock. Redding diz:

"Quando fomos a Paris, mal nos conhecíamos. Mitch era um grande jazzista, eu amava o rock'n'roll e Jimi estava tocando blues. Ah, foi engraçado. Mas nós só tínhamos que tocar três músicas, então estava tudo bem. Tocamos 'Everyone Needs Someone to Love', 'Have Mercy' e 'Hey Joe', eu acho".

Desde então, há dezoito meses, eles tocam sem parar… eles não tiveram tempo nem para cortar o cabelo, se tivessem vontade.

---

10 N. do T.: "corajosos como o amor": a expressão usada no texto em inglês é "bold as love", referência ao título do álbum do JHE.

"Sempre acreditei na ideia de pôr as mãos na grana quando puder", diz Chandler. Ele é um cara grande e bem humorado, com um brilho nos olhos.

"Não sabemos onde estamos, às vezes", diz Hendrix.

Ele não precisa se preocupar. Chas Chandler sabe. Ele é um profissional do rock'n'roll. Ele tocou em quase todos os auditórios, salões de baile e ginásios escolares do mundo, e ele tem uma boa ideia de como enchê-los de consumidores pagantes. Ele sabia que a América não estava pronta para cair aos pés de Jimi Hendrix antes que ele tivesse uma reputação. E ele sabia que a Inglaterra e a Europa eram os lugares para encontrá-la. Quando ele viu Hendrix pela primeira vez no Village, Jimi já tinha bastante intimidade com sua guitarra; ele já era um pouco exibido. Chandler fez dele um showman.

"Nós estávamos todos sentados lá atrás nos bastidores, era uma turnê na Inglaterra, monólitos como Engelbert Humperdinck estavam em cartaz e nós estávamos pensando no que Jimi poderia fazer para tirar o ego inchado das pessoas no meio artístico. E alguém disse, 'Por que você não queima sua guitarra?' Aí alguém foi buscar fluido de isqueiro..."

A Inglaterra é o país onde Otis Redding foi eleito o melhor cantor do mundo no ano passado; onde o Cream aprendeu a tocar blues; onde não há papas na língua. Quando eles viram Jimi Hendrix, não acreditaram na própria sorte. Ele era Real, era cheio de alma, e era deles. Loucos andam pelas ruas de Londres. É um lugar estranho, onde a estranheza não é somente respeitada, é adorada, e ainda mais no submundo Mod do pop. Bandas inglesas, talentosas como o The Who, e outras bizarras como Crazy World of Arthur Brown, brincam com a teatralidade em suas performances por anos (Arthur Brown tem um truque fantástico de chegar ao palco com um chapéu em chamas), mas o rock-virilha de Jimi Hendrix não é brincadeira. Além do mais, é o que todos tinham na cabeça desde o princípio. Ninguém teve a impertinência. Ele trouxe um pequeno e bem cuidado black power para os chiques e fechados clubes noturnos onde as damas e cavalheiros do pop vão para dançar. Ele chegou com um convite para um almoço nu.[11] A Inglaterra e a Europa comeram tudo como se fosse churrasco.

Seis meses depois, Hendrix chegou em casa para o Monterey com os melhores votos dos Beatles e dos Stones. Eu não estava lá, mas vi o filme algumas

---

11 N. do T.: Provável referência ao livro "Almoço Nu" de William Burroughs.

vezes e o Experience realmente dá show. Ele chega logo depois da fumaça de "My Generation" clarear e o Who ir lamber suas feridas. Era o primeiro show de Hendrix nos EUA e ele estava querendo sangue.

"Era um comportamento besta, um querendo fazer mais que o outro", diz Chandler. "Jimi e o The Who desafiavam um ao outro. Mas eu sabia que se Jimi queimasse a guitarra de novo, não poderíamos fingir que era outro acidente. Tinha que ser legal, como um sacrifício."

"Legal" talvez não seja a palavra. Parecia-me um fetiche. Hendrix realmente estava com o coração naquilo. Eu nunca o vi tão ávido para agradar. Ele bufava e soprava e pulava e bombava e gemia e grunhia por alguns dos versos de "Wild Thing", o tempo todo ameaçando explodir. Ele dava cambalhotas no palco, caía sobre os joelhos, levantava sua guitarra pintada à mão para sua tão familiar (e sempre tão apta) posição, passou a mão por ela algumas vezes, então espirrou fluido de isqueiro de uma lata que segurava no meio das pernas e soltou um único fósforo. Ele não parou nenhum momento de mascar sua goma. Nem quando ele lançou a guitarra flamejante por cima do pescoço e a despedaçou no chão. Foi cruel, mas foi tudo pela diversão, pela safadeza.

"Essa coisa de queimar, a gente não faz muito. Vejamos, é, eu fiz mais umas duas vezes, só pela diversão, porque a guitarra já devia estar quebrada mesmo. Teria durado mais uns cinco ou seis shows, então é melhor queimar logo, enquanto ainda funciona, assim ninguém acha que é falsa", diz Hendrix, sorrindo.

A experiência do Experience é exibida e excessiva, mas não é nada fingida.

"Eu não consigo fazer nada que eu não queira. Quando nos juntamos na Inglaterra, não dissemos, 'Certo, agora que nós vamos tocar essa música, eu acho que vou ajoelhar, e Mitch, você gira as baquetas ali, e Noel, você põe o baixo em cima da cabeça.' A gente não fez nada disso. A gente só foi posto junto, sem se conhecer, e essas coisas começaram a acontecer. Tipo, às vezes eu me empolgo muito, e eu gosto de me entreter, também."

Depois de Monterey, o Experience fez turnê com os Monkees. Parece ter sido um emparelhamento improvável, como a Chapeuzinho Vermelho com o Lobo Mau de cavalinho, mas Chandler não dá esse tipo de gafe. Depois de uma semana, o Experience se retirou, reclamando da pouca promoção. Todo mundo ouviu falar, como Chandler sabia que iriam. Houve rumores de mamães indignadas cobrindo os olhos de seus bebês durante o show do Experience. Outras saíam do público horrorizadas, diziam os rumores, o tipo de boatos que saem de escritórios de relações públicas.

"Eu não me lembro da turnê do Monkees, foi há uns mil anos, não consigo me lembrar. Ei, eu gosto dos Monkees; eles mesmos são demais. Nós nos divertimos demais com eles. Eu não sei nada da música deles, ainda não tive a oportunidade de *curtir*". Ele sorri seu sorriso maroto.

Apesar de toda a extravagância e afetação do Experience, de toda a conversa drogada de Hendrix, ele é foda na guitarra e há poucas coisas de que ele gosta mais do que tocar. Em Nova York e na Califórnia, ele e quem mais estiver na cidade, frequentemente alguns músicos da sua banda americana favorita, o Electric Flag, se juntam e fazem sessões de improviso até amanhecer. É aí que ele toca música mesmo. Como Cassius Clay, ele acerta.

"Tem milhões de guitarristas solo no mundo agora. Tipo, são uns solos deslizantes, bonitos, mas alguns deles estão esquecendo o ritmo. Não tem mais ritmos criativos e está ficando monótono de escutar – principalmente trios que não têm nenhum tipo de parte rítmica. Escuta, qualquer um sabe fazer acordes normais, mas é legal experimentar uma base criativa; você faz a base ser uma coisa nela mesma. Trios têm que sair disso e começar a fazer acordes bonitos. Eu estava fazendo uma jam com o Eric, uma vez, sabe, o Eric Clapton, ele é bem legal. Mas eu queria ouvi-lo mandar uns acordes... Tem uma banda que está rolando agora que é a melhor banda do mundo inteiro que você não conhece. É uma banda de improviso. Está espalhada pelos Estados Unidos. A qualquer chance que a gente tem, a gente faz uma jam. Isso que é tocar... quando você está tocando, criando música com outros músicos. É para isso que você vive. Não dá para se expressar tagarelando e falando o tempo inteiro. E metade das pessoas não sabe improvisar hoje em dia. Eles não tocam juntos. Eles não acham mesmo que podem ser belos músicos, mas eles não pensam na outra pessoa. Isso que é fazer uma jam, é tocar *com* todo mundo. Tipo, a gente tem o Buddy Miles e o Harvey Brooks (do Electric Flag) e o Steve Stills (do Buffalo Springfield) e o baixista dos McCoys. Nós temos uma multidãozinha, o que é legal. A gente queria trazer outros improvisadores, mas aí, depois de tocar um tempo, você sente o fluxo que passa pela música e você consegue seguir o outro, e no final você chega onde, improvisando, você pode estar mais entrosado do que num disco que você está produzindo há duas semanas. Tipo, mudanças de tom e tempo e pausas e, tipo, licks, pode ser uma das coisas mais bonitas se você tiver tempo de acertar. É isso que o Ravi Shankar está fazendo. Ele está lá improvisando. Ele vai criando na hora. Naturalmente, ele sabe os valores técnicos normais aqui e ali e o fluxo técnico e as batidas e os saltos, mas ele está improvisando lá no jeitinho profissional dele."

Hendrix não toca mais "Midnight Hour" esses dias. Ele escreve todas as suas músicas, blues como "If 6 Was 9", hard rock como "Foxey Lady", e, ultimamente, coisas mais melancólicas como "Little Wing".

As letras são esquisitas, pedaços de coisas carnais, daquele blues eu-gosto-desse-jeitinho das antigas, mudanças de assunto desastradas advindas de Bob Dylan. E, mais frequentemente, fábulas sombrias e de final aberto, como "Castles Made of Sand", na qual a garota na cadeira de rodas anda de novo quando vê o navio de asas douradas, mas não sem antes um bravo indiozinho ser morto durante seu sono. Ou como "Wait Until Tomorrow", na qual o pai de Dolly Mae atira e mata seu pretendente enquanto você assiste. Ele não é meu poeta favorito, mas de vez em quando ele solta uma frase, isola uma imagem limpa de adjetivos psicodélicos sem sentido:

"*Somewhere a queen is weeping,*
Somewhere a king has no wife,
And the wind cries Mary…"[12]

"Eu sou muito inconsistente, sabe. Tudo depende de como você se sente. Às vezes eu escrevo com pressa, mas as coisas que estou escrevendo agora demoram um pouco mais para dizer. Eu não saberia dizer o que estou fazendo, realmente não saberia. Pode ser algo mais primitivo, não sei. Talvez eu esteja tentando escrever algo grandioso, talvez não. Eu teria que dar uma olhada e ver o que está ao redor da casa."

Tenho esperanças de que ele tenha parado com essa tagarelice alucinógena--sexual, tipo "Are You Experienced?" *(Not necessarily stoned/Just beautiful)*.[13]

Enquanto isso, Noel Redding escreveu uma musiquinha: ela se chama "She's So Fine", e ele devia desistir enquanto há tempo.

---

12 N. do T.: "Somewhere a queen is weeping/Somewhere a king has no wife/And the wind cries Mary…" – "Em algum lugar uma rainha está chorando/Em algum lugar um rei não tem esposa/E o vento chora (ou grita) Mary"

13 N. do T.: "Not necessarily stoned/Just beautiful" – no texto em inglês consta esse trecho, representando a letra de "Are You Experienced?", "Não necessariamente chapada/Apenas bonita". No entanto, Hendrix diz no fim da canção "Not necessarily stoned/But beautiful", "Não necessariamente chapada/Mas bonita". Ambos os trechos em tradução livre.

Ambos os álbuns do Experience são desorganizados, frequentemente pretensiosos (há um certo trecho de comédia no começo de Axis: Bold as Love envolvendo um Sr. Paul [Caruso] que te dará calafrios) e, mais importante, eles se permitem muito pouco espaço para se mexer. Mas Hendrix tem planos para mudar tudo isso.

"Eu vou levar o Buddy Miles e o Paul [Caruso] para dentro do estúdio e Noel vai levar umas pessoas com ele, também, e vamos montar todas as nossas ideias mais cruas. Meu plano é ter mais instrumentais e faixas mais longas no próximo álbum, porque não dá para se expressar com dois minutos em toda música, sabe."

Não só a música do novo Jimi Hendrix será mais livre e, sem dúvida, um tanto mais enfeitiçadora, perturbadora e provavelmente estarrecedora; a experiência completa do Experience se tornará mais espetacular. A própria performance não será mais limitada a um show de trinta minutos, mas promete se desenvolver (ou se degenerar) como uma orgia ambiental, naturalmente.

"Estamos trabalhando em uma apresentação muito diferente do que estamos fazendo. Tipo, nós teremos algo como duas horas e meia de show e talvez usaremos outro grupo. Mas, veja bem, ninguém vai ser a estrela, todos estarão trabalhando juntos. Em outras palavras, cada música terá um arranjo de palco e uma montagem completamente diferente. E nós estamos usando filmes e alto falantes estéreo no fundo do auditório, em todos os lugares... ah, é difícil explicar... se qualquer música pedir por uma ampliação, nós teremos isso lá também, só que o cenário e os músicos serão parte do plano de fundo. Isso será em teatros, teatros de cortina, Broadway, onde tiver teatros. Vai ser muito natural, de um jeito ensaiado."

Natural, de um jeito ensaiado, é o estilo Jimi Hendrix de teatro rock'n'roll.

Há um teatro no Harlem, o Apollo, onde Hendrix ganhou o primeiro prêmio no concurso da noite de amadores de quarta-feira, quatro anos atrás, mas o Jimi Hendrix Experience não tocou lá. Eles tocaram em faculdades e salões do país inteiro. Hendrix faz para o público branco o que James Brown faz para o público negro. Ele faz os fluidos correrem. Mas ele não foi para o Harlem. Em seu shows há poucos negros.

"Eu quero que a gente toque lá uma vez, sim. Era para terem armado um show lá, mas eu acho que alguém ficou com medo. Não sei porquê." [...]

Ele dedica, sim, uma música para o indígena americano ("I Don't Live Today").

Disse uma jovem para a outra, em pé na fila do lado de fora do Hunter College, sacando um frasco de Seagram para afastar o vento frio:

"Eu só vim ver ele queimando a guitarra... lamber, queimar a guitarra, ele não faz isso?"

O Jimi Hendrix Experience é o mais famoso entretenimento lícito do rock'n'roll, mas Hendrix ainda não está satisfeito.

Quem precisa de um diploma da Garfield High School, quem precisa da chave de Seattle?

AUDIÊNCIA PRELIMINAR DE JIMI HENDRIX (1968)

Em outubro de 1965, Hendrix conheceu o cantor Curtis Knight, que lhe emprestou uma guitarra e o apresentou ao produtor nova-iorquino Ed Chalpin. Nove dias depois da primeira sessão de gravação com Knight, Chalpin assinou com Hendrix um contrato para três anos de exclusividade fonográfica.

Em 1967, depois de Hendrix tornar-se famoso, Chalpin lançou dois singles que Hendrix gravou com Knight pela Capitol Records. Ele emitiu documentos judiciais contra a Track Records, a Polydor Records, a Warner Brothers, e tentou pôr em prática o contrato de 1965.

Em 7 de março de 1968, Hendrix deu um depoimento preliminar na cidade de Nova York. Essa "entrevista" foi conduzida no meio da segunda turnê americana do JHE. Na verdade, na noite anterior, Hendrix estava em uma jam com os Hollies no Scene Club e retornou ao clube no dia seguinte para uma jam informal com um muito embriagado Jim Morrison, do The Doors.

Uma transcrição do interrogatório foi preparada para a Corte Distrital dos Estados Unidos, Distrito Sul de Nova York, por David Horn, um notário público do estado de Nova York. Aconteceu nos escritórios da Halperin, Morris, Granett & Cowan, em Nova York, e começou às 10:15 da manhã. Hendrix foi obviamente orientado por seu advogado previamente; ele usou a expressão "Não tenho certeza" 27 vezes, "Não me lembro" 65 vezes e "Não sei" 101 vezes.

Jimi Hendrix, também conhecido como Jimmy Hendrix, e Yameta Co., Ltda., foram os requerentes. Capitol Records, Inc.; PPX Enterprises, Inc.; Edward Chalpin; e Curtis Knight foram os réus. A seguir, excertos desse depoimento.

Jimi Hendrix, requerente aqui presente, tendo sido juramentado pelo notário público, foi interrogado e depôs como se segue. Interrogatório por Sr. [Elliott] Hoffman [advogado da PPX Enterprises]:
Elliott Hoffman: Sr. Hendrix, qual é o seu nome completo?
Jimi Hendrix: James Marshall Hendrix.

EH: Qual é o seu endereço?
JH: Meu endereço é em Londres. Rua Upper Barkley [sic] 43, W1, flat nº 9... Eu

[também] fiquei no Hyde Park Towers Hotel em Londres... Antes disso eu estava morando no Village.

EH: Qual era o seu endereço lá?
JH: Bom, se você quisesse entrar em contato comigo então teria que ser no Café Wha?, que era, eu acho, na Rua McDougal.

EH: O senhor é membro da Federação Americana de Músicos?
JH: Sim.

EH: Isso seria no Local 802?
JH: Sim.

EH: O senhor tem um cartão do sindicato que carrega com você?
JH: Não, que eu carrego comigo não, porque eu sempre perco a carteira; e eu quase nunca carrego nada tirando meu passaporte.

EH: Quando o senhor começou a tocar música profissionalmente?
JH: Deve ter sido quando eu tinha uns dezessete anos, dezesseis ou dezessete; semi-profissionalmente, mas por centavos... Meu instrumento principal [é] a guitarra... Bateria, um pouco de órgão, piano [também].

EH: O senhor teve algum treinamento formal com algum desses instrumentos?
JH: Não.

EH: O senhor lê música?
JH: Não.

EH: Como você compõe música se você não lê?
JH: É mais de memória; e se alguma coisa está na sua mente bem o suficiente, forte o suficiente, você se lembra... Eu escrevo as palavras e fico com a música na cabeça, só isso.

EH: Quem publica sua música?
JH: É uma empresa ligada a Chas Chandler e Mike Jeffery.

EH: Quando o senhor assinou o contrato de agenciamento [com Mike Jeffery]?
JH: Eu não assinei. É um contrato verbal; um acordo verbal.

EH: Quando o senhor fez esse acordo com Jeffery, havia um advogado presente?
JH: Não.

EH: Qual era a remuneração que ele recolheria?
JH: Eu não me lembro nada dos números... fosse o que fosse. Eu estava interessado em – tipo, eu queria ver como era a Inglaterra, sabe. E mais as coisas que ele me disse, eu acreditei mesmo, tipo, que eles iam gastar dinheiro comigo – a publicidade, mais as despesas, mais o equipamento. E eu tinha um salário por semana. Era tipo, as contas do hotel eram pagas, roupas, sabe. E isso indicou para mim que eu estava com uma coisa boa nas mãos, uma chance boa. E acreditei neles, tipo... eles compraram tanto equipamento... eu tinha umas dívidas pessoais que ele pagou... que dava algumas centenas de dólares... A qualquer momento que eu pedisse dinheiro eles me davam porque eu dizia que queria alguma coisa e eles me davam.

EH: Quando foi que o senhor conheceu Mike Jeffery?
JH: Eu estava tocando no Café Wha? no Village... Ele disse, "Eu gosto muito da banda". Ele voltou várias vezes... Ele estava me dizendo que gostava do show e que gostaria de falar mais comigo sobre o assunto... Ele me perguntou se eu tinha algum contrato ou se eu tinha assinado algum contrato ou alguma coisa. Eu disse para ele que era agenciado por uma empresa que trabalha com a Sue... Eu acredito que [se chamava] Copa.

CONTRATOS DE 1965

EH: Então o contrato da Sue Records, datado de 27 de julho de 1965, foi o primeiro contrato que o senhor assinou na sua vida inteira?
JH: Sim.

EH: O que [te contaram] sobre o contrato?
JH: Juggy Murray, [que] administra a Sue Records, explicou para mim [que] eu

seria um artista normal no meu próprio direito como Jimi Hendrix – tipo, ele iria ser meu empresário, sabe. E ele disse – e ele explicou a situação da grana para mim, que eu não me lembro agora, me desculpe. E ele explicou os termos do contrato. Ele disse – eu creio que foi algo como dois anos – sim, eu acho que foi uma opção de dois anos, com três opções de um ano cada. Em outras palavras, chegava a setembro de 1970. Eu não sei muito sobre as opções, essas coisas, mas ia até setembro de 1970... Eu tentei escrever minhas músicas para poder apresentar para ele, sabe, cantá-las para ele, [e eu levei] uma demo. É tipo quando você faz uma coisinha simples, e eu fiz.

EH: Ele te deu uma cópia do contrato na época?
JH: Não, porque eu sou muito ruim em guardar as coisas.

EH: O senhor o leu? Voltou no dia seguinte para olhar de novo?
JH: Não. Foi minha culpa, sabe. Eu devo ter ido dormir tarde, ou algo assim.

EH: Que outros contratos o senhor assinou na vida, a qualquer momento da vida?
JH: Eu assinei acordos com a PPX [em outubro de 1965]... um contrato de grupo com a RSVP em junho de 1966.

EH: Quando o senhor conheceu Ed Chalpin?
JH: Eu o conheci por intermédio de Curtis Knight.

EH: Há quanto tempo o senhor conhecia Curtis Knight quando ele te apresentou para Ed Chalpin?
JH: Acho que foi na manhã seguinte, depois de conhecer Curtis Knight, quando fomos ao estúdio.

EH: O senhor cantou alguma coisa em alguma das faixas da PPX?
JH: Na faixa "How Would You Feel". Eu cantei o backing vocal com uns três outros caras, ou dois outros caras, ou um, ou dois. Não me lembro.[14]

---

14 N. do T.: Uma foto desta sessão de 1965 mostra Hendrix, Knight e Johnny Star cantando o que aparenta ser uma faixa de backing vocal.

EH: É possível que o senhor tenha cantado em outras faixas da PPX?
JH: Pode ter acontecido... porque eu não tinha confiança para cantar, sabe.

17 DE JULHO DE 1967, SESSÕES DA PPX

EH: Enquanto esteve aqui em Nova York, o senhor se encontrou com Ed Chalpin?
JH: ... Foi durante o tempo que eu fui até o estúdio.

EH: Foi até os estúdios da PPX...
JH: Sim... Nós batemos na porta. Tinha alguém tocando então a gente esperou abaixar antes de alguém deixar a gente entrar. Eu me sentei no sofá e nós começamos a conversar. E eu acho que comecei a conversar com o Ed Chalpin. Nós estávamos falando dos tempos antigos, essas coisas, sabe. E nesse tempo eles estavam dando uma pausa, ou algo assim, mas o Bugs ainda estava no estúdio, brincando com o baixo. Então eu entrei lá; e além disso, eu estava com o meu – por acaso eu estava com esse baixo [Hagstrom] de oito cordas que era um tipo completamente novo de instrumento, veja só, um tipo novo de contrabaixo. E eu ia passar na casa dele, porque ele tinha uns negócios lá para a gente poder ligar. E eu queria que ele ouvisse o som do baixo. Aí, não teve muita oportunidade de testar ali no estúdio. Então a gente ficou brincando com os instrumentos. E aí acabou virando uma jam, tipo, músicos tocando livremente, sabe.

EH: Havia microfones por perto?
JH: Ah, sim... microfones em todo lugar... Tipo, nós estávamos tocando e eu fiquei – sabe, eu comecei a pensar depois de um tempo que a gente estava sendo gravado. Mas eu nem pensei nada quanto a isso porque – sabe o que eu quero dizer, era uma jam session...

EH: Como o senhor sabia que estava sendo gravado?
JH: Eu não me lembro. Tipo, eu acho que a Rosalind entrou e me disse – ela falou, "Você sabe, você tá sendo gravado." E foi isso. Mas eu não fiquei assustado, porque, tipo, eu estava me sentindo muito bem. E você faz isso no país inteiro, sabe, qualquer hora, qualquer lugar que tiver uma chance, você simplesmente toca com outros músicos.

EH: O senhor tocou junto com as fitas quando elas estavam sendo tocadas para o senhor?
JH: Talvez na hora da improvisação. Mas pelo que eu sei, sabe, tocar mesmo junto, tocar por cima delas, não. Eu não me lembro de ter feito isso intencionalmente, não.

EH: O senhor não cantou naquele dia, nem um pouco?
JH: Eles tentaram me fazer cantar, mas eu simplesmente não consegui porque não estava com vontade.

EH: Quanto tempo o senhor ficou na PPX aquele dia?
JH: Aproximadamente duas horas, duas horas e meia.

EH: Depois, aonde o senhor foi?
JH: Deixe-me ver. Eu acho – não tenho certeza se foi no mesmo dia, mas eu acho que eles nos convidaram para um café da manhã, ou algo assim... [Chalpin] estava me fazendo várias perguntas. Ele disse, primeiro de tudo, tipo, ele disse, "É bom para você ir bem lá na Inglaterra", dizendo que a gente estava indo bem lá na Inglaterra. Eu disse, "Sim, a gente está indo legal, sabe". E aí ele disse – espera, tem mais uma coisa. Ah, sim, eu perguntei para ele – eu disse "O que é esse lance", eu pensei na carta. Tinha uma certa carta que eu recebi um tempão atrás e eu nunca tinha pensado nela. Eu disse, "Sobre o que que é esse lance", sabe, porque eu estava ouvindo coisas, sabe. Eles estavam tentando fazer o disco tocar na Inglaterra, sabe, o disco "How Would You Feel". Eu creio que era, eu acho, um disco chamado "How Would You Feel".

EH: Sobre o que era a carta de que o senhor estava falando?
JH: [...] Quando eu voltei de uma turnê uma vez eu achei uma carta da [...] eu acho que era da PPX [...] Eu acho que tinha sido enviada para mim. [...] Eu achei que era algo que eu tinha que entregar para o meu empresário. E imediatamente eu entreguei para ele.

EH: O senhor sabia que estava envolvido em algum tipo de disputa quanto ao contrato fonográfico?
JH: Eu não sabia nada do contrato fonográfico. Eu achei que era sobre um disco chamado "How Would You Feel"; o lançamento dele, sabe.

AGOSTO DE 1967, SESSÃO DA PPX

[Hoffman pergunta a Hendrix sobre a segunda vez que ele havia retornado aos estúdios da PPX, em 1967.]

JH: Foi bem tarde, porque a gente tocou em um clube.[15] E assim que a gente saiu do táxi para ir para o lugar que a gente ia tocar, sabe, o Curtis – eu acho que foi o Curtis ou alguém – me abordou, ficou me pedindo, sabe, para vir para essa sessão e, "A gente te dá 200 dólares". Ele disse algo sobre ganhar 200 dólares. "Você gostaria de ganhar 200 dólares?" Eu disse, "Fazendo o quê?" Ele disse, "Tipo, gravar". Aí eu não queria nada de 200 dólares, ganhar 200 dólares sem razão nenhuma; e mais, eu tinha outras coisas para fazer. Eu estava muito ocupado e queria fazer outras coisas, porque a gente ia embora na manhã seguinte e eu ia ficar muito cansado[16] [...] durante a sessão, sabe, no fim das contas eu disse, "Tá bom, sim", sabe, foi gravado, tinha sido gravado. Mas era uma jam session e eu não me importo mesmo, porque uma jam, sabe, você não leva a sério de verdade. Você só está tocando com os amigos. E eu só disse, "Já que é assim, sabe, eu não quero que meu nome seja mencionado em lugar nenhum dessas fitas". Primeiro de tudo, eu disse que não queria que eles usassem as fitas, sabe. E aí depois, eu disse, "Sim, vocês podem usar se quiserem, mas, sabe, sem meu nome" [...] Todo mundo ouviu que eu disse isso umas dez vezes; eu fiquei falando repetidas e repetidas vezes.[17]

EH: O senhor sabia que estava sendo gravado?
JH: Deixa eu pensar. Sim. Eu acho, quer saber, eu estou confundindo essas duas [sessões da PPX, no verão de 1967]. Eu acho que dessa vez que a Rosalind veio, alguém veio e me falou, sabe... Primeiro de tudo eu disse, "O que quer que vocês façam, não usem essa fita relacionada ao meu nome". Eu disse, "Vocês podem usar, mas não usem meu nome nessas coisas".

---

15 A data em questão é 17 de julho de 1967—o dia após o último show do Monkees em Nova York.
16 O JHE tocou no Salvation Club em Nova York no dia 8 de agosto.
17 Uma gravação da sessão de julho de 1967 para "Gloomy Monday" apareceu nos anos 80. Ela respaldava a afirmação de Hendrix. Ele claramente diz para Ed Chalpin na cabine de gravação: "Edward, você consegue me ouvir? [...] Você não pode usar meu nome para nada disso ... certo?"

EH: Ed Chalpin te deu algum dinheiro aquela noite?
JH: Não, eles tentaram. Eu não sei se foi naquela noite ou na outra... Eles tinham até um cheque e tudo, e eles tentaram. Para falar a verdade, no dia seguinte ou logo depois, eu estava do outro lado da rua, sabe, comprando discos numa loja. E tipo, o Curtis e o Ed estavam lá e estavam tentando me dar um cheque. E eu disse, "Cara, eu não quero".

EH: Por que o senhor não quis o cheque?
JH: Porque eu me diverti fazendo o que eu fiz, tipo tocar e tal. Como, por exemplo, os Beatles não pedem dinheiro para os Stones quando eles estão improvisando desse jeito.

EH: Quando o senhor esteve presente na sessão de agosto na PPX, o senhor sabia que Ed Chalpin estava te processando?
JH: Eu não sabia exatamente o que estava acontecendo. Como eu disse antes, eu achei que ele estava tentando – o jeito que ele explicou para mim, eu achei que ele estava tentando só conseguir lançar um certo disco, sabe, na Inglaterra, mas com uns créditos estranhos, sabe... com os créditos para Jimi Hendrix e Curtis Knight.[18]

---

18   O depoimento de Hendrix foi concluído às 13:45. Depois, no dia 24 de julho de 1968, a Variety anunciou que o processo da PPX contra Hendrix estava resolvido: "Nos termos do acordo, definido perante o Juiz Dudley Bonsai, na Corte Federal de Nova York na semana passada, os direitos referentes ao acordo de três anos com Hendrix, assinado em 1965, foram vendidos integralmente para a WB-Seven Arts. Chalpin participará financeiramente até 1972 em todas as empreitadas fonográficas de Hendrix, passadas e futuras... Como parte do acordo, o atual álbum de Hendrix e Curtis Knight será seguido de uma segunda prensagem. Haverá também um terceiro álbum do grupo Jimi Hendrix Experience no selo da Capitol."

Parte IV

JULHO DE 1968 - DEZEMBRO DE 1968

EM 25 DE JULHO DE 1968, O JHE RETORNOU a Nova York após uma breve turnê pela Europa e iniciou uma turnê americana cinco dias depois. Ainda que o cronograma da turnê fosse frenético, Hendrix arrumou tempo para sessões de improvisação com Eric Burdon, Larry Coryell, e outros.

A revista *Look* enviou um repórter à Califórnia em setembro para entender a visão de Hendrix sobre a questão racial. Hendrix falou sobre um professor branco que o pressionou a abandonar a escola por conta de um caso que teve com uma garota branca. A caminho do show no Oakland Coliseum, Hendrix mencionou que raça não era um problema em seu mundo, ainda assim, a *Look* comentou que o público dos shows diminuiu dramaticamente após notícias da prisão de Huey Newton (líder dos Panteras Negras) começarem a se espalhar.

O JHE voltou ao estúdio em Outubro para gravar uma sequência para *Electric Ladyland*. Os músicos Jack Casady, Lee Michaels, Robert Wyatt, Buddy Miles e Andy Summers tiveram a chance de se juntar.

Próximo ao fim do ano, o grupo falou sobre formar bandas paralelas mas mantendo a *Experience* viva. Mitchell pensou no nome Mind Octopus para sua banda, enquanto Redding foi mais sério com sua escolha, Fat Mattress. Hendrix disse à *Melody Maker* em Novembro que o grupo provavelmente terminaria no ano novo.

"SENTI QUE ESTÁVAMOS CORRENDO O RISCO DE VIRAR O DAVE DEE DOS EUA"

ALAN WALSH / MELODY MAKER, 20 DE JULHO DE 1968

O JHE passou a maior parte do primeiro semestre de 1968 em turnê e gravando nos Estados Unidos. No dia 4 de julho, o grupo voltou à Inglaterra para tocar no Woburn Festival of Music, patrocinado pela MELODY MAKER. Dois dias depois do festival, ele foi entrevistado pela publicação.

O cabelo eletrizado foi um pouco encurtado, mas ainda é, sem dúvida, Jimi Hendrix. Ele andou a passos largos para dentro do escritório de seu agente na Rua Gerrard, deu um sorriso malandro, apertou as mãos de todo mundo, uniu-se à última edição da MM, aceitou uma goma de mascar e se ajeitou confortavelmente em uma cadeira do escritório.

Jimi, mágico, criador de empolgação e de música psico-expansiva, estava de volta à cidade, ainda que brevemente. "Tenho um voo de volta para Nova York hoje à noite", disse ele, "deixei algumas gravações lá que serão nosso próximo single e um álbum – não, um álbum duplo – e eu tenho que escutar de novo e mixar de novo algumas faixas".

Hendrix voou de volta dos Estados Unidos para a Inglaterra especialmente para o Woburn Festival of Music da MM ("Foi, na verdade, só uma jam, porque a gente não tocava fazia tanto tempo", disse ele) e ele também estava aqui para visitar Mallorca ("É melhor ser um show, senão eu não vou"), mas conseguimos mantê-lo aqui tempo suficiente para pôr o papo em dia com o homem do Experience.

E o mundo imediato, para Jimi, um dos homens aparentemente mais ferozes mas, no entanto, benignos, era o próximo single do grupo.

Ele espera tê-lo para lançamento dentro de duas semanas – uma ótima notícia para os fãs do Experience que esperam há tanto tempo desde *Axis: Bold as Love*.

Mas a demora foi proposital. Eles sentiram que o grupo estava sendo orientado demais pelo pop. "As pessoas estavam começando a nos tratar de forma ingrata, abusar de nós. Era uma cena tipo qual-cereal-para-o-café-da-manhã. Escravidão do pop, mesmo."

CANSADO

"Senti que estávamos correndo o risco de nos tornarmos a versão americana de Dave Dee – nada contra, mas não é a nossa praia.

"Decidimos acabar com isso e fazer nosso próprio esquema. Eu estava cansado da visão de fãs que te pagaram uma casa e um carro e agora esperam que você trabalhe do jeito que eles querem para o resto da vida.

"Mas a gente não podia dizer simplesmente 'Danem-se', porque eles têm os direitos deles também, então nós decidimos que o melhor jeito seria apenas esfriar o ritmo das gravações até estarmos prontos com alguma coisa que quiséssemos que todos escutassem. Eu quero que as pessoas nos escutem, o que estamos fazendo agora e tentem apreciar onde chegamos."

O que Jimi, Mitch e Noel querem que todos escutem são as faixas que gravaram em um estúdio de Nova York. "É o Record Plant, um estúdio novo. É novo e nós estamos todos aprendendo ao mesmo tempo."

As faixas incluem três das quais o próximo single será escolhido. Uma é intitulada "Crosstown Traffic", a outra é "House Burning Down", e qualquer uma pode ser o single.

O Experience também gravou material suficiente para um álbum duplo. Ele provavelmente será chamado *The Electric Ladyland* e contará com um total de 17 peças, ao invés de canções, em dois discos. "Todas as faixas são muito pessoais... elas são a gente."

PINTURA

"É por isso que queremos lançá-las o mais breve possível, porque isso é o que somos... agora! Quero que sejam ouvidas antes que a gente mude". O álbum começará com uma "pintura sonora" de 90 segundos, que Jimi disse ser uma tentativa de uma pintura dos céus.

"É diferente de tudo que já fizemos antes. Eu sei que é o tipo de coisa que as pessoas vão pular em cima para criticar então estamos colocando bem no começo para acabar logo com isso."

A faixa é chamada "And The Gods Made Love" – que exemplifica o que acontece quando os deuses fazem amor "ou o que quer que seja que eles passem o tempo fazendo", disse Jimi.

"O álbum é muito pessoal porque tirando alguma ajuda de pessoas como Steve Winwood e Buddy Miles do Electric Flag, é inteiro feito por nós. Nós escrevemos as músicas, gravamos e produzimos.

"Eu não digo que é grandioso, mas é o Experience. Tem um *feeling* áspero, duro em algumas das faixas. Algumas das coisas no disco são famintas".

Uma certa fonte de descontentamento dos fãs do Experience é o fato de Jimi passar tanto tempo na América ultimamente. Mas Jimi discorda.

"Eu sou americano", ele diz, simplesmente. "Eu quero que as pessoas lá me vejam. Eu também queria ver se conseguiríamos fazer sucesso nos Estados Unidos. Eu curto a Inglaterra, mas eu não tenho um lar em lugar nenhum. A terra é o meu lar. Eu nunca tive casa aqui. Eu não quero enraizar caso eu fique irrequieto e queira ir embora. Eu só vou querer esse esquema de casa quando eu tiver certeza de que não vou querer me mudar de novo.

"A outra razão para trabalhar nos Estados Unidos é que lá nós ganhamos 20 vezes mais dinheiro. E não há problema nisso... Nós temos que comer como todo mundo. O país é tão grande, também; quando você trabalha regularmente na Grã-Bretanha, acaba indo para os mesmos lugares. Isso não acontece nos Estados Unidos."

Ele não acha irônico que teve que vir para a Inglaterra para obter sucesso nos Estados Unidos. Ele disse que a Inglaterra veio primeiro porque foi aqui que seus empresários Chas Chandler e Mike [Jeffery] acreditavam ser o melhor lugar para começar. "Eu quero ser conhecido em todo lugar", disse ele.

SORTUDO

Jimi é, no entanto, um nativo americano, apesar de não se identificar, diz ele, tão de perto com os problemas daquele país. "Eu só quero fazer o que eu faço sem me envolver em assuntos raciais ou políticos. Eu sei que tenho sorte de poder fazer isso... Muitas pessoas não podem."

Ele tem, entretanto, conhecimento dos problemas e vontade de ajudar.

Ele enviou um cheque de 5.000 dólares para o fundo do Memorial de Martin Luther King porque achou que isso era o melhor que poderia fazer para ajudar.

Ele estava ocupado trabalhando e pensou vagamente que a participação ativa poderia trazer à causa mais danos que benefícios de uma maneira invertida, por causa de sua conexão com a música pop.[1]

Ele expressou infelicidade ao saber que o Cream havia decidido se separar no fim do ano. Mas não expressou temores de que seu próprio grupo possa fazer o mesmo.

"Nós tivemos sorte. Quando começamos, nós fomos jogados juntos, mas conseguimos criar um lance pessoal, bem como uma apreciação musical.

"Mas se alguém saísse, não ia ter obstáculo, seria amigável, porque é tipo uma família. Se o Noel ou o Mitch saíssem, eu desejaria o melhor para eles porque seria como um irmão mudando para algo melhor. Eu ficaria feliz por eles. O único sentimento ruim estaria nas mentes do fãs egoístas.

"Eu gostaria de ver o Mitch e o Noel entrando nas coisas que os fazem felizes. Noel gosta da cena pop e do hard rock inglês e está escrevendo umas músicas boas ultimamente. Mitch está se tornando um monstrinho na bateria. Ele está envolvido no lance de Elvin Jones dele.

"Ele eu teria medo de perder. Ele está ficando tão pesado atrás de mim que ele me assusta!"

---

[1] No dia 28 de junho, Hendrix compareceu ao show memorial Soul Together em homenagem a Martin Luther King Jr. no Madison Square Garden. Ele recebeu uma longa salva de palmas quando sua contribuição foi anunciada.

"JIMI HENDRIX: UMA EXPERIÊNCIA, UMA IMAGEM, UM GRANDE TALENTO"

MARGARET ROBIN / BLACK MUSIC REVIEW, JANEIRO DE 1969

No dia 22 de julho de 1968, a jornalista Margaret Robin entrevistou Hendrix em Londres para um artigo que acabou aparecendo na efêmera revista BLACK MUSIC REVIEW.

Nos comentários iniciais da edição de estreia da revista, o editor Richard Robinson argumentou que a música de Hendrix não tinha fronteiras de cor: "Hendrix conseguiu fazer o que nenhum artista negro antes dele considerava possível: encontrar-se com o público branco em seu próprio território e apresentá-los à herança musical negra de seu país. Com certeza, Jimi tem seu próprio estilo, seu método único de apresentar seu estilo de vida por meio da música, mas embaixo disso tudo está uma fundação sólida da música que fez do rock o que ele é hoje: uma base firme para um mundo em metamorfose."

Quando você escuta bandas como o Jimi Hendrix Experience, muitas vezes você se pergunta qual é a deles. Que tipo de indivíduos compõem o grupo e o que está rolando com o próprio Jimi Hendrix. O Experience está agitando a cena pop inglesa e todo mundo parece curtir o grupo.

Na última vez que eu estive na Inglaterra, tive a chance de conversar com o próprio Jimi para tentar descobrir o que "faz seu mundo girar". Muitas vezes quando você vai entrevistar um artista, você tem as perguntas definidas na sua mente, o que você quer saber, um certo formato. Mas, por outro lado, há muitos artistas que simplesmente te desligam e vão para outra direção apenas com suas personalidades. Devo admitir, depois de tudo que havia ouvido sobre Jimi e de ter escutado algumas de suas gravações e mesmo de ter visto alguns dos shows, eu realmente não estava preparada para a personalidade com a qual me encontrei confrontada.

Margaret Robin: Jimi, você havia considerado formar um trio ou um grupo antes de vir à Inglaterra?
Jimi Hendrix: Não. Eu estava pensando na menor combinação possível com o

impacto mais forte. Se precisasse de dois, vinte ou dez, sabe. Mas virou um trio, o que é muito bom.

MR: Você pode nos contar um pouco sobre sua composição? Quer dizer, as palavras e letras parecem tão experimentais. Você planeja escrever dessa maneira pelo efeito ou é só o que acontece quando você se senta para escrever?
JH: Bom, muitas vezes você tem uma ideia de alguma coisa que você pode ter visto. E aí você pode escrever do jeito que você queria que tivesse acontecido, sabe. Por exemplo, tipo… não consigo pensar em uma música que eu escrevi. [Risos]

MR: "Bold as Love", por exemplo. Você colocou um bocado de sentimento nessa música.
JH: Tipo, alguns sentimentos te fazem pensar em cores diferentes. Ciúme é roxo – estou roxo de fúria ou roxo de ódio – e verde é inveja, tudo isso. Isso é como explicar suas emoções diferentes com cores para uma certa garota que tem todas as cores do mundo, sabe. Em outras palavras, eu não acho que você tem que se desfazer dessas emoções. Mas você está disposto a tentar.

MR: O que te instigou a escrever "If 6 Was 9"?
JH: É só como você se sente na hora. Sabe, sem rodeios.

Jimmy [sic] tem um jeito especial, principalmente quando você o questiona sobre seu talento e o talento de outros. Ele nunca quer pôr ninguém para baixo.

MR: O que você acha do Bo Diddley? Eu ouvi dizer que você curte muito.
JH: Gosto muito do Bo Diddley e acho que ele deu uma grande contribuição para o rock.

MR: E os outros músicos na sua banda, Noel e Mitch? Como eles se comparam a você, e você gosta do estilo pessoal deles?
JH: Olhe para o Noel e para o Mitch, minha guitarra está lá e todo mundo fala dela, mas Noel e Mitch estão oferecendo o mesmo valor musical que eu.

Hendrix parece reconhecer o fato de que é capaz de seguir como artista solo, mas afirma: "Claro que pessoas diferentes poderiam estar no Experience, mas só porque Noel e Mitch são talentosos o bastante para fazer o que eles têm o desejo de fazer".

MR: Jimi, vamos falar um pouco sobre seus shows: como a plateia te faz sentir lá em cima e como você acha que eles se sentem sobre a sua "performance"? Algumas pessoas já te chamaram até de obsceno.
JH: Bom, primeiro, eu amo fazer música para as pessoas e eu acho que as pessoas vêm porque elas curtem música, sabe. Eu me sinto ótimo com as plateias, principalmente quando elas se envolvem com você.
Sobre a obscenidade, bom, eu não acho que exista nada de vulgar em nada disso. Eu tenho feito as mesmas coisas desde que chegamos à Inglaterra. Eu só não sei de onde as pessoas tiram que é uma performance obscena.

Hendrix é mesmo um espetáculo à parte. Mas musicalmente ou verbalmente, ele é capaz de expressar o que quiser, e não vai se descontrolar – selvagem ou não – porque não faz parte de sua natureza. Ele toca guitarra há oito anos. Ele faz a maior parte de seu trabalho em uma Fender Stratocaster e ocasionalmente troca para uma Gibson. Ele é canhoto, o que limita as opções.
Hendrix, na verdade, é quieto e fala suavemente. Ele nunca para de se mexer. Se ele se senta, é apenas por um momento. E então se levanta novamente, acendendo um cigarro ou colocando um disco para tocar. Ele usa suas mãos quando está falando ou ouvindo e, obviamente, nunca está tão à vontade quanto quando está tocando uma guitarra.

"EXPERIÊNCIA"
DON SPEICHER / GREAT SPECKLED BIRD, 30 DE AGOSTO-12 DE SETEMBRO DE 1968

O JHE tinha acabado de voar de Columbia (Maryland) para Atlanta (Georgia) e estava exausto. Dois shows foram marcados no Auditório Municipal no dia 17 de agosto e esse show seria o primeiro a ter a banda Vanilla Fudge adicionada ao cartaz. Para a primeira performance, fãs assistiram a quatro bandas antes do JHE tocar. O GREAT SPECKLED BIRD, jornal de contracultura do underground de Atlanta, visitou Hendrix mais tarde em seu hotel para uma entrevista.

Há um concerto – um concerto de rock com várias bandas novas e sérias, com uma propaganda que anunciou somente a baba top-40 que alguns dos grupos produzem: o controle da WQXI prevalece! Cinco grupos tocam no show da tarde – o Heir Apparent[2] [sic] abre o show; o Soft Machine faz um longo e poderoso riff com um baterista que rouba a cena; o Amboy Dukes entra de cabeça e rouba o concerto inteiro; o Vanilla Fudge entra dando show, faz música boa e ganha o apoio de muitos críticos; o Jimi Hendrix Experience deixa a maior parte do público fria, a plateia deixa Hendrix frio, ele termina o show.

O show da noite é quase a mesma coisa, exceto pelos Amboy Dukes não aparecerem. Dizem-nos que foi por considerações ao tempo. Os rumores voam, Hendrix foi ofuscado mais cedo, então garantem que isso não aconteça novamente à noite: nada de Amboy Dukes. Hendrix toca mais uma vez, e novamente muitas pessoas ficam desapontadas, não sem razão. Ele não estava se esforçando; cara, e só Atlanta, na Georgia; onde é isso, o que é isso? No entanto, ele toca para cacete em "Red House", um lance blues diferente das canções que o fizeram famoso. Nada esquisito, só música boa. Ele recebe um educado aplauso de Atlanta. Ele faz "Purple Haze" e o público fica feliz; ele toca "Wild Thing", "The Star-Spangled Banner", destrói sua guitarra e amplificador e sai do palco com o público tendo pelo menos alguns minutos daquilo que parecia querer.

---

2 Eire Apparent.

E então há uma entrevista – Hendrix senta-se no 21º andar do Regency Hyatt House e não quer ser entrevistado enquanto assiste a Joe Pyne[3] surtar na televisão. Começamos devagar, telefones tocam, portas são abertas, o resto da banda entra e eles são boa gente, em humor melhor que o de Hendrix, nós chapamos, usamos latas de spray, realmente acabamos devagar com o rosto de Hubert Humphrey vermelho e azul na TV a cores. Fomos embora passando por cima de quatro ou cinco garotos negros sentados no corredor perto da porta da estrela – estranho –, mas os elevadores foram uma diversão. Paramos em todos os andares e surtamos com os hóspedes do Regency. O que se segue está no passado.

Don Speicher: Bom, você tem que fazer turnê para as coisas continuarem andando?
Jimi Hendrix: Não, cara, isso é só outro obstáculo, outra coisa que eu tenho que pensar. É ótimo tocar, mas quando você chega em coisas reais assim, pessoas vindo e dizendo, "Bem, você tem que ser um artista, então você tem que ser isso para nós e nós estamos comprando seus discos e estamos fazendo isso e aquilo para você". Eles acham que nos têm para o resto da vida. Quem quer passar por isso?

DS: Como foi o show da tarde?
JH: Eu realmente não me senti à altura, porque nós estávamos muito cansados. Muito, muito cansados, para dizer a verdade. Saímos direto do avião e viemos para cá [e] tivemos tempo livre por uma hora e meia, mais ou menos. É como ter intervalo na escola. O primeiro show foi um tédio, uma chatice. As pessoas estavam esperando fogo, ou algo assim, e eu estava tentando chegar nelas por uma via musical.

[O próximo comentário segue imediatamente após o anterior; qualquer que seja a pergunta – provavelmente sobre como Hendrix se sente quando fãs o pedem para queimar sua guitarra – não foi impressa no artigo.]

JH: Sim, certo, e é isso que estamos tentando evitar. É isso que deixa as coisas tensas. Eu gosto de ver qualquer pessoa que venha para o show, mas que não

---

3 Joe Pyne era um apresentador de talk-shows de rádio e de TV muito conservador que apoiava a Guerra do Vietnã e ridicularizava hippies, homossexuais e feministas.

se esqueça do que estamos tentando passar. Quem quer sentar num avião oito dias por semana e aterrissar e ver o rosto das pessoas dizendo "Você vai queimar sua guitarra hoje?" Que porra é essa? Só porque a gente fez isso três vezes em trezentos shows.

DS: Quem são as pessoas que você curte agora?
JH: Eu curto coisas diferentes, sabe. Eu estava curtindo algumas coisas que o Cream estava fazendo e curtindo umas coisas desse cara E. Power Biggs[4] no cravo e umas coisas do Muddy Waters. Curto qualquer coisa que prenda minha atenção, sabe.

DS: Você acha que essas viagens constantes estão fazendo mal para sua música?
JH: Certeza. Com certeza está. Está fazendo mal para o nosso novo LP, para falar a verdade. Essa é a razão pela qual ele ainda não foi lançado. Era para ser lançado dia 21 de julho.

DS: Como você começou? Você tocou com o B. B. King?
JH: Nós fizemos umas jam sessions e eu fiz alguns shows e turnês com ele. Eu gostaria que vocês se aprofundassem nos outros caras também. Vocês não vão ser como o resto deles, vão? Vocês deviam estar lá embaixo no quarto do Noel e no quarto do Mitch. Espalhar, como a gente tenta fazer nas nossas músicas.

DS: Como você se sentiu tendo que ir para a Inglaterra para começar?
JH: Eu não tive que ir. Isso é só mais outro lixo que você escuta por aí. É só uma coisa que aconteceu. Eu só percebi que diabo eu estava fazendo tocando atrás de outras pessoas, então eu juntei meu próprio grupo no Village e quase imediatamente a gente recebeu ofertas da Epic e da CBS. E aí, eu simplesmente calhei de querer ir para a Inglaterra. Eu nunca tinha ido, e fiquei feliz de ter ido, porque o grupo que eu tinha aqui não é nem metade do que a gente tem agora. Então, eu fui para a Inglaterra e a gente fez uma jam e o Mitch apareceu. Tinha uns vinte bateristas lá e, tipo, a gente fez uma sessão de improviso num clube. O Noel apareceu com uma guitarra para fazer teste para o novo Animals, alguém pediu para ele tocar baixo e ele toca baixo desde então e, tipo, a gente montou nossa bandinha.

---

4   E. Power Biggs (Edward George Power Biggs) era um organista de concertos e artista de estúdio da Inglaterra.

DS: Você entra muito no que está acontecendo com os negros?

JH: Eu nem tenho oportunidade, cara. Eu não estou pensando nas pessoas negras nem nas pessoas brancas. Eu estou pensando no obsoleto e no novo. Algumas pessoas não foram feitas para viverem juntas, de qualquer maneira. E tem mais coisas, mais pessoas que vêm à tona nos protestos, frustrações e tal. Está tão cagado. Todo mundo é tipo ovelha agora, quase, nos Estados Unidos.

DS: Que tipo de coisas estarão no seu novo disco?

JH: Bom, vejamos. Não sei. É o que eles chamam de funk melódico. É quase um funk elétrico de vez em quando, vai para o blues, entra no hard rock e entra no completo oposto em algumas músicas, fantasia completa, sabe, que é a coisa mais fácil de escrever. Contar as coisas do jeito que você gostaria de vê-las.

DS: Você gosta de coisas como "Red House" mais do que das coisas cabeça?

JH: Tudo depende, cara. Eu gosto de ouvir qualquer coisa que me prenda a atenção, portanto nós gostamos de tocar coisas que prendem nossa atenção. Blues não dá a noite inteira ou rock não dá a noite inteira.

DS: Quem fez a composição no álbum novo?

JH: O Noel vai colocar umas duas músicas no disco e a gente vai fazer uma do Dylan, e o resto são as coisas que eu escrevi.

DS: Qual é a do Dylan?

JH: É "All Along the Watchtower". Acho que vai ser um single. Vai ser lançado assim que possível.

DS: Você fala ou se encontra muito com o Dylan?

JH: Eu só o vi uma vez e a gente estava muito chapado, muito louco, então, você sabe.

DS: Você já fez uma jam com o [Al] Kooper?

JH: Já. Ele vai estar em uma das nossas músicas, também. Ele vai estar em uma, mas o piano dele está quase todo abafado. Foi desse jeito porque o piano está ali para ser sentido e não ouvido.

DS: Você curte as capas dos seus álbuns?
JH: Tudo isso está no passado, completamente no passado.

DS: O que você vai fazer no novo?
JH: Bom, a gente tem uma foto da gente sentado na Alice no País das Maravilhas, uma estátua de bronze dela no Central Park, e tem umas crianças e tal. Primeiro eu queria aquela mulher linda, uns dois metros e cinco – Veruschka –, ela é tão sexy que você só quer *hmmm*. Enfim, nós queríamos tê-la nos levando pelo deserto e a gente teria umas correntes na gente, mas a gente não conseguiu achar um deserto porque a gente estava trabalhando e a gente não conseguiu fechar com ela porque ela estava em Roma.

DS: Muita gente não tem certeza do que pensar sobre aquela coisa de entrevista no segundo álbum, aquela entrevista espacial.[5]
JH: A gente só teve vontade de dizer aquilo. Você vai ficar muito decepcionado quando ouvir a primeira faixa do nosso LP novo, porque é tipo "Quando os Deuses Fizeram Amor,"[6] e é, sabe, talvez eu devesse pôr para tocar. Posso mostrar para você?

---

5 O entrevistador se referia à primeira faixa de Axis: Bold as Love, chamada "EXP", na qual Hendrix faz um alienígena sendo entrevistado pelo rádio.
6 Hendrix estava se referindo à faixa "And the Gods Made Love".

ENTREVISTA COM JIMI HENDRIX
GUS GOSSERT / GRAVAÇÃO ORIGINAL DE ENTREVISTA, 1968

O JHE fez seis shows de 10 a 12 de outubro no Winterland Auditorium de São Francisco. A KMPX, a lendária estação de rádio "underground" local, enviou Gus Gossert para entrevistar Hendrix no *backstage* durante o percurso dos seis shows.

Gus Gossert: Aqui é Gus Gossert na KMPX e nós estamos falando com Jimi Hendrix. Você pode se apresentar? Diga, "Aqui é o Jimi Hendrix na KMPX". A gente usa numa fita produzida. *[Gossert passa o microfone para Hendrix.]*
Jimi Hendrix: Mas você acabou de dizer. Você consegue montar de algum jeito, eu sei.

GG: Eu estava falando outro dia com o Buddy [Miles] sobre os rumos que a música está tomando... O que você acha?
JH: É o nascimento do que está para acontecer mais para frente, talvez. Quando essa geração crescer ouvindo esse tipo de coisa no rádio... é como uma raiz, o que você pode chamar de blues primordial. Isso é provavelmente a mesma coisa... está tomando milhões de direções. Muitas pessoas ficam imaginando o que aconteceu com a poesia dos tempos modernos. A maior parte disso está nos discos hoje em dia, de qualquer maneira. Algumas pessoas têm a mente aberta para combinar o som com as palavras... Eu estou tocando uma coisa mais madura agora. Eu escrevo música o tempo todo e eu tenho as palavras na minha cabeça para as músicas. Se eu tenho uma fé pessoal em uma música, eu passo para [o grupo] no estúdio. Mas às vezes eu não faço isso. A gente brinca e vê o que aparece... eu tenho uma ideia básica de como eu quero que seja... às vezes a gente improvisa com os amigos e ouve interpretações diferentes da coisa.

GG: Quando você começou a tocar, você tocava guitarra de blues?
JH: Eu estava curtindo tudo, tipo, Billy Butler, que tocava com o Bill Doggett... tudo até o Muddy Waters e Eddie Cochran *[risos]*... para trazer todo mundo para a roda.

GG: Você esteve uma época com o Curtis Knight.
JH: Sim, isso foi só um lance... um dos caras com quem eu tocava, mas há milhões de Curtis Knights por aí... Eles tentam capitalizar em cima do seu nome, o que é muito vergonhoso porque a gente tenta não pensar nessas coisas. Caso contrário, você desperdiça muito tempo e não tem tempo de arrumar sua música... e aí ele chega com essa cena toda... é por isso que está tudo acertado por aqui. Quase nenhuma daquelas fitas em que eu estava tocando... tem uma fita em que eu toquei uns três segundos e eles editaram... e jogaram umas palavras aqui e ali... e colocaram meu nome, é muito embaraçoso.

GG: E os álbuns têm você estampado na capa.
JH: É, isso mostra o que está acontecendo ali mesmo. Nem mesmo os nossos LPs não passam por esse lance.

GG: Quanto tempo demorou para você terminar o disco *Electric Ladyland*?
JH: A gente trabalhou nele por três meses... indo e voltando, porque a gente estava fazendo shows e turnês ao mesmo tempo e é muito difícil montar qualquer coisa desse jeito. Então é por isso que eu disse que a gente podia ir em frente e fazer um lance funkeado mesmo, ou algo assim – um funk elétrico, música elétrica de igreja.

GG: Você começou em São Francisco, certo?
JH: Não, eu comecei em todos os lugares... eu vim para cá antes. Sim. Eu toquei no Fillmore com o Ike e a Tina e o Little Richard uns quatro ou cinco anos atrás.

GG: Para onde você acha que as pessoas estão indo?
JH: Eu desisti das pessoas como grupo. São, na verdade, as pessoas que têm sentimento por si mesmas e fé em si mesmas que nós tentamos ajudar do melhor jeito possível. Às vezes eu me sinto como um mensageiro. Eu não consigo, necessariamente, ajeitar minhas coisas pessoais, mas [eu] tento dar paz de espírito para as outras pessoas... talvez eu possa fazer isso. Já que nós fomos notados, pela música, pelo menos nós podemos usar isso. Talvez você possa vir ao show e lavar a alma com eletricidade... e aí dissecar depois, mais tarde... quando chegar em casa.

GG: Como a cena em São Francisco... Tipo, a cena lá no Haight, agora, por exemplo... Você acha que as drogas mudaram a cabeça, ou você acha que as cabeças das pessoas podem ser alteradas tanto sem tomar ácido? Pode levar um tempo a mais...
JH: Ácido nem deveria entrar na questão das pessoas se encontrarem ... eu uso como entretenimento. Eu fico entediado sentado num cinema então eu vou lá e tomo. Isso é o meu lance pessoal e outras pessoas deveriam cuidar da sua própria vida independentemente do que as massas possam fazer. É ruim demais basear sua vida toda em uma droga que você encontre por aí e realmente ame. É tipo uma garota.

GG: Você acha que a imagem do homem está mudando?
JH: Não sei. É por isso que estamos fazendo todas essas coisas sobrenaturais para saber exatamente onde está o homem. Você se lembra como Muddy Waters costumava entrar em "Hoochie Coochie Man"? Tipo o que eles chamavam de blues negro naquela época, era trazer o negro para cima ... encorajamento ... tipo você ter o Ulisses e todas as coisas tipo mitológicas... Bom, eu gosto de fazer uma representação do homem como nosso amigo ... é um lance meio um-a-cada-cinco.

"MANCHETE DUPLA PARA JIMI HENDRIX"
JACOBA ATLAS / HULLABALOO, FEVEREIRO DE 1969

Depois dos shows do Winterland em São Francisco, o JHE voou para Los Angeles e passou duas semanas de outubro no estúdio gravando a sequência de ELECTRIC LADYLAND.

Jacoba Atlas era uma estudante da UCLA e trabalhou como jornalista para uma série de revistas de música quando entrevistou Hendrix. Sua longa entrevista foi dividida entre a HULLABALOO e a TEENSET.

O Jimi Hendrix Experience acabou de passar seis semanas em Los Angeles em uma agitada casa no Benedict Canyon que foi outrora ocupada pelos Beatles. Se alguma casa pode ser uma celebridade, então é essa. Os Beatles moraram ali durante uma parte da loucura chamada Beatlemania – o verão de 1966. Foi essa casa, guardada por cercas e policiais elétricos, que foi invadida pelo alto por um helicóptero alugado.

Hoje, as coisas são diferentes na "Casa Beatle". O portão, antes fechado hermeticamente, agora está aberto; a polícia está longe, a atmosfera é hospitaleira. Quando me aproximo do refúgio temporário de Hendrix, o produtor da turnê do Experience, Jerry[7] [sic] (esqueci o sobrenome), abre a porta e me conduz para dentro da espaçosa sala de estar, confortavelmente mobiliada no estilo da revista *House Beautiful*.

Noel Redding, Mitch Mitchell e várias outras pessoas sentam-se por ali, mas não assistindo à TV. Eles comem frango entregue em domicílio e jogam os ossos numa grande lareira que – estranhamente – está acesa no calor de 27 graus de outubro. Uma placa na porta da cozinha manda os hóspedes manterem-se do lado de fora.

Jimi está no quarto, repassando algumas fitas da performance "ao vivo" do Winterland em São Francisco. Ele finalmente sai, vestido de verde e turquesa, e nós nos retiramos para a sala de jantar para a entrevista. Ele parece reticente de início – as respostas são curtas, resguardadas – mas o humor muda rapidamente quando as perguntas passam pelas controvérsias de hoje em dia.

---

7 O produtor da turnê do JHE era Gerry Stickells.

Jacoba Atlas: Por que você acha que não toca muito nas rádios de rhythm and blues?
Jimi Hendrix: Só leva tempo. Não fomos muito expostos nessa área como fomos expostos nas outras. Mas estamos abertos a ela, assim como estamos para qualquer outra coisa.

JA: Mas por que não os vemos nas paradas de R&B?
JH: Bom, está tudo bem. Nossa música pode não ser R&B para eles; pode não ser o que eles acham que é R&B. Não me incomoda. Todo mundo tem sua chance.

JA: Você acha que as pessoas são muito ligadas a categorias musicais e não escutam os discos de vocês por causa dos rótulos?
JH: Sim. Mas às vezes elas não escutam alguma coisa porque é algo completamente estranho a elas e ao que elas estão acostumadas. É como uma atriz negra querendo fazer sucesso em Hollywood, ela tem que ser duas vezes melhor. É assim com a gente: a gente tem que ser 10 vezes melhor para o pessoal do soul nos ouvir.

JA: Por que você decidiu usar músicos adicionais em *Electric Ladyland*?
JH: Eles estão só em duas faixas.

JA: Você diz então que eles entraram uma vez nas sessões e você achou que seria bom usá-los numa faixa em especial?
JH: Sim, tipo isso. Al Kooper está numa faixa. Steve Winwood em outra. Simplesmente aconteceu. Teve também uns outros caras do Kansas[8] que ficavam lá no estúdio enquanto a gente gravava e eu usei eles também.

JA: Você sente alguma limitação com uma banda de três caras?
JH: Não, não é assim. Você *tem* que trabalhar muito mais. Eu posso querer adicionar algumas pessoas depois de um tempo, mas não como uma coisa permanente. Eu adiciono quando precisar.

---

8 Hendrix se referia ao organista Mike Finnegan, que participou do Electric Ladyland. A banda de Finnegan se chamava The Serfs; eles eram de Wichita, Kansas, e estavam gravando no Record Plant quando Hendrix estava lá.

JA: Você planeja fazer cortes nas turnês?

JH: Não – porque, antes de mais nada, eu amo tocar. Como eu disse antes, muita gente ainda não entende completamente a gente, e se a gente parar a turnê, eles nunca entenderiam. Ninguém nos ouviria.

JA: Você acha difícil produzir os próprios discos?

JH: Não. Na verdade, é bem o contrário. Não é nada difícil porque eu sei exatamente o que quero fazer. Eu sei exatamente o que quero ouvir. Antes, às vezes eu terminava uma coisa e alguém chegava e zoava – na masterização ou na prensagem –, cagavam tudo. Agora, eu quero lançar uma masterização especial para as rádios de R&B. Quero lançar "House Burning Down".

JA: Vocês gravaram um álbum "ao vivo" no Winterland. Como foi isso?

JH: Foi demais. Mas eu desafinei algumas vezes. A gente vai usar uma ou duas das coisas, talvez três.

JA: Quais são alguns dos problemas de se fazer um álbum ao vivo?

JH: Bom, a gente sabe tocar, mas eu desafino na maior parte do tempo. Quer dizer, talvez você nem note. Tipo, nós começamos a tocar, mas com o jeito que eu toco guitarra, eu posso pular pra fora do tom, então eu tenho que tirar uns 30% do que eu toco para deixar a guitarra afinada de novo e continuar tocando certo. Mas é natural, sabe. É legal assim porque você consegue chegar mais nas pessoas.

JA: A resposta do público influencia o jeito que você toca?

JH: Bem, com certeza. Naturalmente, você tenta tocar melhor quando vem um sentimento bom do público. Eu tenho que me segurar às vezes, porque eu fico tão empolgado – não, não empolgado: *envolvido.*

JA: A gravação é muito diferente em Londres?

JH: Em Londres eles têm menos equipamentos e não são tão bons quanto os daqui. Portanto, eles trabalham duas vezes mais. Até os engenheiros estão envolvidos em tentar extrair o melhor para você. O que é bom. Eles têm mais imaginação lá. É legal. Mesmo as limitações são bonitas porque elas fazem as pessoas *realmente* ouvirem – e as pessoas lá são muito, muito, muito boas. Eles são quase os próprios críticos. É tudo muito positivo. Lá, o engenheiro só faz o lance dele. Ele é uma máquina completa, tipo o gravador que ele está mexendo. Mas isso é só em alguns momentos. A gente tem um cara bom. Ele é o cara.

JA: Percebo que a atmosfera em Londres é em geral mais livre.
JH: Sim, é isso que é – a atmosfera *e* a engenharia, tudo. Quando você está com o engenheiro lá, você está com um ser humano. Está com alguém que está fazendo seu trabalho. Aqui, você sente que o ser humano está em falta, que o estúdio não está interessado em nada além da conta, $123 por hora. Não tem atmosfera, não tem nada. Ainda não gravamos nada sério aqui. Mas a gente fez "Burning of the Midnight Lamp" e o *Electric Ladyland* em Nova York. E o engenheiro era bem decente.

JA: Por que você gravou em Nova York?
JH: Bom, porque a gente estava fazendo uns shows por lá. Nós estávamos em turnê e coincidiu de estarmos em Nova York.

JA: *Electric Ladyland* demorou um pouco para terminar, né? Seis semanas atrás, eu me lembro de te perguntar quando seria finalizado e você disse, "Constantemente". Qual foi o problema?
JH: Foi porque a gente estava em turnê, porque a gente estava trabalhando ao mesmo tempo. É difícil – porque você quer fazer o seu melhor num LP, você quer tocar e cantar no melhor do seu talento natural e da sua habilidade natural. Você tem que ter tempo. Você não pode apressar as coisas.

JA: Se você pudesse trabalhar com músicos adicionais agora, quem seriam?
JH: Roland Kirk, Lee Michaels. Mas eu só improvisaria. Eu não ia querer tocar com ninguém por muito tempo. A gente faz jams em todo lugar. Não é para mostrar que a gente sabe tocar, mas é uma comunicação entre os músicos. Só é legal tocar com outras pessoas. Como eu disse antes, não estamos tentando seguir nenhuma direção em particular. Não estamos presos a nós mesmos. Por isso que a gente toca com outros músicos, por isso que a gente faz outro tipo de música. Porque é divertido, sabe.

JA: Como você entrou na música eletrônica?
JH: Não sei. *[Rindo]* Com a microfonia do amplificador e o pedal de wah-wah.

JA: Você quer fazer mais desse tipo de coisa?
JH: Não sei. Eu faço o que a música pedir.

JA: Você tem algum interesse por música computadorizada?
JH: Não necessariamente, não. Eu gosto de música de instrumento.

"JIMI HENDRIX, BLACK POWER E DINHEIRO"
JACOBA ATLAS / TEENSET, JANEIRO DE 1969

A segunda metade da entrevista de Jacoba Atlas com Hendrix apareceu na revista TEENSET. A capa controversa mostrava Grace Slick do Jefferson Airplane em *blackface* fazendo uma saudação Black Power de luvas, similar àquela feita pelos atletas afro-americanos Tommie Smith e John Carlos nas Olimpíadas de Verão de 1968.

Jimi Hendrix, como a maioria dos artistas negros que estouraram no mundo branco, há muito tempo enfrenta acusações de deserção de sua raça. Mitch Mitchell e Noel Redding, o baterista e o baixista do Experience, respectivamente, são não somente brancos, mas também ingleses. Hendrix, portanto, duas vezes deserdou sua raça: primeiro ao escolher a Inglaterra e segundo ao escolher seus parceiros. Negros neste país vêm ignorando o trabalho de Hendrix e ignorando suas tentativas de ajudar vários programas assistencialistas. Hendrix não tem alma, eles dizem. Ele não é o James Brown, *baby*.

Mas o problema de comunicação entre a comunidade negra e Jimi Hendrix não é só da cor, mas também de localidade. Produtores de shows corretamente veem pouco lucro ao promoverem eventos em teatros de comunidades negras pobres e concentram em vizinhanças brancas ricas e de classe média. Os garotos que vêm assistir aos shows de Hendrix não são os mesmos que apoiam Sam and Dave, The Temptations, ou Gladys Knight and the Pips. Hendrix se importa com a falta de rostos negros em seus shows?

A resposta deve ser sim. No evento SOUL TOGETHER em Nova York, Hendrix doou seis mil dólares[9] [sic] para uma bolsa de estudos para estudantes pobres. Ele planeja um show no famoso Apollo Theatre – um lugar ao qual poucos brancos compareceriam. Quando informado sobre o Watts Summer Festival (organizado todo ano desde os protestos de 65) Hendrix comprometeu-se imediatamente a participar no ano seguinte.

Quando acusado de deserdar sua raça, Hendrix mistura humor com exasperação, explicando que ele próprio é uma mistura de quase toda raça e, portanto, não poderia deserdar ninguém. Negros debochados levaram Hendrix ao desconforto e geraram ações mais diretas. Quando fizeram piada sobre Jimi "tocar guitarra com

---

9 O montante real que Hendrix doou foi cinco mil dólares.

os dentes", Hendrix cortou essa teatralidade de sua performance. Quando militantes insistiram que brancos não sabiam tocar blues, Jimi forçou alguns "irmãos" a se sentarem e ouvirem um disco do Cream. A reação? Os negros simplesmente não conseguiam acreditar que três garotos brancos conseguiam fazer tudo aquilo.

Hendrix estava em Los Angeles para terminar seu álbum, *Electric Ladyland*, quando se sentou comigo em sua casa alugada no Benedict Canyon (já chamada de Casa Beatle) e falou sobre raça, pobreza e se arrumar na vida. Ele queria que as pessoas soubessem, ouvissem o que estava na cabeça dele. Lamento que os garotos do Harlem e de Watts não leiam isso, não saibam como se sente o homem.

"Não tocamos em rádios de R&B porque leva tempo. Não fomos expostos nesta área tanto quanto fomos nas outras. Estamos abertos tanto para isso quanto para qualquer outra coisa, mas talvez a publicidade não tenha sido tão competente quanto poderia. Eu curto tocar no Apollo Theatre ... queremos fazer um show grátis lá.

"As pessoas se ligam demais a categorias musicais, não escutam alguma coisa porque parece totalmente estranho ao que elas estão acostumadas, ou algo assim. Portanto, demora duas vezes, três vezes mais. É tipo quando uma atriz de cor quer fazer sucesso em Hollywood e ela tem que ser dez vezes melhor, como nós. Nós temos que ser dez vezes melhores para o pessoal do soul ao menos nos notar. Não bonzinhos, mais ou menos, estou falando realmente, naturalmente bons. Mas isso vem com o tempo, desenvolvendo seu próprio lance. Tipo, o nosso próximo passo na música pode ser os problemas de hoje – sabe, o que quer que esteja acontecendo hoje em dia. Será simples e basicamente o que eu vejo acontecer hoje. Não exatamente um protesto.

"Tem uma música que eu estou escrevendo agora que é dedicada aos Panteras Negras (um grupo paramilitar negro) e é por esse tipo de coisa que podemos nos interessar, não relativo à raça, mas relativo ao ... tipo, simbolismo e as coisas de hoje e o que está acontecendo.[10] Quando começarmos a fazer o novo álbum, o presidente terá sido eleito. Planejamos fazer uma coisa completamente diferente independente de quem for eleito.

"Tipo, eu estava curtindo muito os Estados Unidos até ir para lá (Inglaterra) e voltar, ir para lá de novo, passar pela Europa inteira e voltar para cá para ver

---

10 Hendrix pode ter se referido à canção "Machine Gun", que também foi inspirada na Guerra do Vietnã. No álbum Live at the Fillmore East, Hendrix apresenta "Voodoo Child (Slight Return)" como o hino nacional dos Panteras Negras.

por que as pessoas [falam mal dos EUA]. Ela [a América] tem tanta coisa boa, mas tem também tanta maldade, sabe, e é porque ela se baseia no dinheiro em sua maior parte. E isso é muito doentio. Eu ainda a amo, naturalmente, mas eu vejo porque as pessoas [falam mal] dela.

"Agora, as pessoas estão perdendo a paz de espírito e estão tão perdidas nessas regras e leis e uniformes. Por exemplo, Nova York: quer dizer, como uma cidade está perdida completamente, desmoralizada, como Pompeia. Nada de errado, no entanto. É só o que acontece quando as pessoas se perdem ... Mudança dos tempos. É o que acontece quando os humanos se perdem, quando não há mais tempo para 'obrigado' ou 'sim, por favor' e 'como vai'.

"Se as pessoas tirassem pelo menos três ou cinco minutos por dia completamente sozinhas pela paz de espírito, para descobrir o que elas querem fazer e por que, e aí, como eu digo, todo dia ... você teria algo novo no fim da semana.

"Se as pessoas parassem de pôr a culpa nos outros – você pode ver o quão frustrante é isso, você pega a pessoa negra que argumenta ter sido maltratada pelos últimos 200 anos pela pessoa branca, mas agora é hora de consertar isso ao invés de falar do passado. Nós sabemos que o passado é todo fodido, e então ao invés de falar sobre o passado, deviam consertar tudo de novo. E aí o homem branco vai argumentar outra coisa, mas isso é tudo brincadeira de criança. Briguinhas ... isso é para criança, você sabe onde está a verdade. A verdade é que é hora de consertar tudo agora! Por exemplo, eles dizem que no passado não havia trabalho para todo mundo, o trabalho é arrumar as vizinhanças pobres. Você põe as pessoas lá para fazerem seu próprio esquema. Não necessariamente as coisas antigas ... o governo poderia dar as ferramentas; poderia juntar a grana para ajudar com esse problema ... se eles não quisessem mais esse problema.

"Veja bem, o Estados Unidos têm esse lance do dinheiro e tal, o que é uma mentira descarada enquanto não se liga a mínima para ajudar as pessoas. Eu acho que os Estados Unidos têm na cabeça a ideia de deixar outros grupos sofrerem muito e depois descartá-los em algum lugar. É muito doentio, mas é o que eu acho que está rolando. Algumas pessoas por aqui são naturalmente doentes da cabeça mesmo. E metade dessas pessoas estão administrando as coisas. É baseado nas leis, e você pode dizer, bem, o que eu posso fazer para consertar isso, mas você pode começar com a música, tipo, ter bandas misturadas.

"E eles podem ter pequenos comitês nos bairros que assinam as petições pelos problemas e mandam alguém para o governo para tentar conseguir que as coisas sejam feitas, e se não acontecer, é tentar de novo, ter paciência. Faz isso três ou quatro vezes e aí, se não acontecer, então pega os seus Panteras Negras e os seus grupos armados, não para matar ninguém, mas para assustar. É difícil dizer ... eu sei que parece guerra, mas é o que vai ter que acontecer. Tem que ser uma guerra se ninguém vai fazer de forma pacífica. Tipo, naturalmente você diz 'faça amor, não faça guerra' e todas essas outras coisas, mas quando você volta para a realidade e tem gente ruim querendo que você seja passivo e fraco e pacífico para poder te dominar completamente.

"É bom ser passivo e tudo mais, mas tem essa gente do outro lado, como eu disse antes, que quer que você faça essas coisas para se foder no final, você e eu, sem ressalvas. Então você tem que fazer alguma coisa para rebater. Algumas pessoas têm que ficar assustadas. Você tem que combater fogo com fogo.

"Você tem que fazer alguma coisa – não frustrada, tipo jogar garrafas, sabe, aqui e ali, quebrando vitrines. Isso não é nada, principalmente no seu próprio bairro. Você tem que ter pessoas tipo os Panteras Negras, que são treinados, têm comando, só que unidos, tipo a Guarda nacional – não para lutar, talvez, mas para encher o saco. Quer dizer, tipo como eles, que têm a Ku Klux Klan em todo lugar. Você tem que ter a vantagem de se manter bem física e mentalmente. Tipo, pode ser que existam pessoas brancas que estão do seu lado e você as acaba matando, o que machuca muito, principalmente quando se luta em nome da paz de espírito.

"O que eu estou dizendo é que se você quiser só sentar e conversar sobre isso, você pode continuar para sempre ... para o resto da vida. É isso que eu estou tentando dizer. Alguém tem que se mexer. Os outros estão só esperando você virar geleia para te tirar do jogo, sabe, te lavar da calçada como se fosse geleia. Alguém tem que fazer alguma coisa e nós somos as pessoas mais prejudicadas quanto à paz de espírito e a vida.

"Talvez se você assustar metade das pessoas, só o senso comum. Não dizendo sim ou não, só a verdade. Você senta grudado na TV e vê o lado fantasioso da vida, mas os problemas ainda estão lá. Lá fora, na rua, ainda estão lá.

"Estou fazendo o melhor que eu posso. Todo mundo vai ter que se levantar. Tudo que eu posso dizer é senso comum. Vamos usar nossa música o quanto pudermos. Vamos começar se as pessoas começarem a nos escutar."

"MANCHETE DUPLA PARA JIMI HENDRIX"
TONY GLOVER / HULLABALOO, FEVEREIRO DE 1969

No dia 2 de novembro, o JHE tocou junto do Cat Mother & the All-Night Newsboys no Minneapolis Auditorium. O jornalista Tony Glover entrevistou Hendrix antes e depois do show. A parte 1 foi publicada na HULLABALOO.

Não faz muito mais que dois anos que Jimi Hendrix era Jimmy James, tocando no Café Wha?, no Village. Chas Chandler, baixista do Animals, o ouviu e o convenceu a ir para a Inglaterra. Em janeiro de 1967, "Hey Joe", seu primeiro single, estava nas paradas inglesas, e no fim da primavera, ele era uma estrela em plena ascensão. Seu primeiro LP, *Are You Experienced*, foi lançado no início do verão, e o Jimi Hendrix Experience retornou aos Estados Unidos para o Monterey Pop Festival e uma turnê. Desde então, claro, vocês todos sabem o que tem acontecido (dá para dizer pelo formato que sua cabeça tem tomado, no mínimo).

Neste outono, no começo de sua quinta turnê americana, Jimi e o Experience tocaram em Minneapolis e eu marquei de encontrá-los. Chegamos à casa de shows a tempo de pegar parte do show de abertura, Cat Mother & the All-Night Newsboys, um grupo de hard rock com pitadas de folk que Hendrix vai produzir (eles provavelmente já terão gravado quando você ler isto). Nos bastidores do auditório estava a equipe de sempre, produtores, amigos, roadies com cara de tédio – e Albert B. Grossman, super-agente, que havia passado alguns dias viajando com a turnê. Dez minutos antes de subir ao palco, o Experience chegou: Noel, calmo e confortável, andando perto de sua garota; Mitch, sorrindo para todo mundo; e Jimi, vestido com tons esbranquiçados de cor-de-rosa, super-descolado.

De tudo que eu havia ouvido e lido, estava preparado para o pior. Esperava que Hendrix fosse um egocêntrico de difícil conversa, mas quando as apresentações foram feitas e depois de batermos um breve papo, tive que mudar de ideia: em todos os meus anos com e ao redor de músicos, ele é um dos mais legais e cooperativos caras que eu já conheci. (O mesmo serve para Noel e Mitch.) Nós nos dirigimos para um camarim separado por uma cortina, no fim dos bastidores, mas estava muito barulhento lá, e Jimi, preocupando-se com a qualidade do resultado da minha fita, sugeriu que fôssemos para o terceiro andar (e nós fomos). Hendrix folheou algumas revistas, Glover ligou o gravador e foi assim.

Tony Glover: Como vai a turnê?
Jimi Hendrix: Animal – está muito boa, sabe. Estamos alcançando várias pessoas que normalmente não alcançaríamos se não estivéssemos em turnê.

TG: O que você acha das plateias daqui em comparação às da Inglaterra e da Europa?
JH: Elas são a mesma coisa, se você se acostumar. À primeira vista é uma surpresa, mas a gente supera isso depois. E a maior parte da galera já gosta da gente de cara porque já ouviram nosso som antes. É legal tocar para as pessoas que escutam – a resposta vem *depois*; eles mostram a admiração de jeitos legais. Você consegue sentir no palco, mesmo que não consiga ver a plateia.

TG: Você produziu a maior parte do *Electric Ladyland* e fez a mixagem, certo?
JH: Sim, nós fizemos tudo.

TG: A mixagem está muito boa.
JH: Obrigado. Como eu disse antes, tivemos um probleminha. Estávamos gravando enquanto fazíamos turnê e é muito difícil se concentrar nas duas coisas. Então um pouco da mixagem ficou abafada – não exatamente abafada, mas com muito grave. Nós mixamos e produzimos e toda aquela bagunça, mas quando chegou a hora de prensar, naturalmente, cagaram tudo, porque não sabiam o que a gente queria. Tem uns sons 3D sendo usados que mal dá para apreciar porque não souberam masterizar direito. Eles acharam que estava fora de fase.

TG: Onde foi gravada a faixa com Jack Casady e Steve Winwood?
JH: Tirando "All Along The Watchtower" e "Burning of the Midnight Lamp", tudo foi gravado no Record Plant Studios em Nova York. O que a gente fez foi abrir o estúdio para os nossos amigos, que vieram, tipo, atrás de uma jam session. Nós queríamos improvisar em algum lugar, então fomos para o estúdio – é um lugar legal. E nós trouxemos tipo uns 50 amigos.

TG: O que você achou do Record Plant? É um estúdio de 12 canais, não é?
JH: É demais, sim, eu curti. Todo mundo me disse que era para ser considerado obsoleto porque não se adaptava aos números de hoje em dia. Não sei, mas para o que a gente queria passar, foi perfeito.

TG: Como se preenchem 12 canais?
JH: Você não tem que preenchê-los. Tipo, por exemplo, em "Voodoo Child (Slight Return)", eu estava tocando a guitarra solo, Mitch a bateria, Noel o baixo, e aí eu adicionei mais umas duas coisas. Nós colocamos a bateria em uns três canais separados e às vezes o vocal em dois para espalhar. Quantos canais dá isso?

TG: A coisa do estéreo é legal. Eu tenho fones de ouvido e parece fluir através da sua cabeça.
JH: Sim, às vezes a gente faz, como chama, "*pan* no eco"[11], e é aí que você precisa das 12 faixas. Você pode pôr o eco em uma faixa separada sozinha. Não se usam sempre todas as 12 faixas. Naturalmente, o som fica maior quando não se usa.

TG: Você vai fazer mais coisas do Dylan?
JH: Sim, se eu tiver vontade, sim. Tem outras duas músicas dele que eu queria muito fazer. Eu consigo senti-las, mesmo, senti-las como se eu tivesse escrito ... um tempão atrás ou algo assim.

TG: Quais?
JH: "Like a Rolling Stone" é uma delas – essa é a terceira, na verdade. Para falar a verdade verdadeira mesmo, eu não consigo me lembrar dos nomes das outras duas. Elas estão numa fita que não saiu ainda.

TG: A fita com a "The Band". (*Essa é uma fita que Dylan gravou na casa apelidada Big Pink para que outros artistas pudessem ouvir um pouco de seu novo material e decidisse se queriam gravar alguma coisa. Não foi gravado para lançamento comercial.*) Sim, é muito boa.

---

11 [N. do T. – "Pan" é um controle de mesas de som que determina para que lado do som estéreo, direita ou esquerda, se direciona o som controlado. No caso, o som direcionado pelo controle pan é apenas o eco. Com o controle pan, pode-se passar um som da direita para a esquerda durante a música—com fones de ouvido as alterações são mais perceptíveis.]

JH: Tem uma música que é mesmo de outro mundo. Acho que a gente conseguiria tocá-la muito bem.

TG: Eu gostei do jeito que vocês fizeram "Watchtower". A guitarra base fazendo as mudanças básicas e o resto das coisas por cima. Dá para ver a estrutura.
JH: O que a gente usou nessa foi tipo uma guitarra solo com uns quatro tipos diferentes de sons – tipo, uma como slide, depois como wah-wah e depois limpa.

TG: Você foi o primeiro guitarrista a usar o pedal de wah-wah, não foi?
JH: Eu acho que sim, mas não ligo pra isso. Nós usamos em "I Don't Live Today", no *Are You Experienced*.

TG: Você vai fazer mais coisas de blues? Algumas das faixas que eu mais gosto são blues.
JH: Com certeza. Tem lados diferentes dessa história, milhões de lados que ainda nem vimos, e isso levaria, tipo, mais uns cinco LPs antes de podermos fazer mesmo. Mas o que nós estamos fazendo agora é pegar essa banda de três peças e extrair tudo que é possível. Vamos usá-la até não conseguirmos mais tirar o que queremos dela em algum tempo específico.

TG: E aí fazer quê? Aumentar?
JH: Sim, mas só quando a gente sentir necessidade. Mas o blues, cara, eu escrevi milhões deles. Se formos usar todos eles, o próximo disco inteiro seria só de blues. Vamos lançar outro álbum duplo.

TG: Todo de blues?
JH: Não necessariamente. Vai ter provavelmente umas sete faixas de blues. Vamos tentar fazer umas 26 faixas.

TG: Como você se sente sobre ter que ter ido para a Inglaterra para fazer sucesso?
JH: Nenhum sentimento sobre isso. É só que eu nunca tinha ido para a Inglaterra antes, então decidi ir para lá. Antes disso, eu tinha um grupo no Village com o Randy California, que é guitarrista do Spirit agora, e a gente recebeu ofertas da Columbia, da Epic, sabe, da cena toda das gravadoras. Mas eu não achava que a

gente estava completamente preparado como um grupo, então eu simplesmente fui para a Inglaterra. Esses caras me pediram para ir para lá.

TG: O que o Chandler está fazendo esses dias?
JH: Ele quer pegar leve. Ele está casado, e esse é o lance dele.

Neste ponto, [Gerry Stickels], o produtor da turnê de Hendrix, entrou para dizer que era hora do show. O grupo foi ao palco para afinar atrás das cortinas e nós fomos para a frente, onde o ar estava cheio de expectativa. Jimi chegou agitando (com uma bandeira confederada amarrada no braço esquerdo), e ele e o Experience tocaram 10 músicas, em sua maior parte do *Are You Experienced* e *Axis: Bold as Love*. Foi durante "Are You Experienced?" (que Hendrix dedicou aos "policiais da divisão de narcóticos e à paisana e qualquer outro babaca que estiver na plateia") que o público, ou pelo menos um segmento mais jovem, correu em direção ao palco em frenesi. As pessoas recebiam cotoveladas, pisões e empurrões. Uma garota desmaiou e outra se cortou feio numa grade. O chefe da brigada de incêndio ameaçou parar o show e as luzes da casa foram acesas. O mestre de cerimônias, um DJ local "underground", pediu para os garotos voltarem para seus assentos para que o show pudesse continuar. Mas assim que Hendrix apontou para uma garota e mostrou a língua para ela, a loucura começou de novo.

Jimi, então, tocou "Red House", um blues do primeiro LP inglês, em uma versão de 15 minutos, que evocou aplausos da plateia a cada solo. Ele certamente provou ser um mestre da guitarra elétrica e mandou um som realmente pesado. Depois, o grupo tocou "The Sunshine of Your Love" como instrumental e fecharam com "um riff do hino nacional" (soou da maneira que deveria ter soado em Chicago, e se o Nixon for legal, ele terá Hendrix na inauguração – mas, obviamente, ele não é), o que logo se transformou em "Purple Haze". Acabou com uma espessa chuva de microfonia e a cortina caiu com o público pedindo mais. Voltei para o andar de cima e nós continuamos a entrevista.

TG: Te incomoda quando o público corre para o palco?
JH: Não, cara. Eu fazia isso com o Fats Domino. E eu não ia me sentar só porque alguém me mandava!

TG: Tem sido muito assim ultimamente?

JH: Sim, nesses últimos dias. Ah, você está falando das pessoas. *(Jimi teve problemas com os amplificadores a noite toda e, num determinado momento, saiu do palco desgostoso enquanto os homens do equipamento faziam ajustes frenéticos. Eles não conseguiram consertar completamente.)* Não necessariamente. Não julgamos somente pelas pessoas, só julgamos por quão bem conseguimos passar nossa música, sabe. Se não estamos conseguindo fazer nada e eles estão gritando e achando que somos bons, isso me faz sentir mal. Eu não toquei tão bem esta noite. *(Tony Glover discorda!)* Como eu disse, o que eu estava tocando estava saindo em só três alto-falantes. Droga!

TG: Ouvi dizer que você vai produzir o Cat Mother.
JH: Sim. Você ouviu hoje?

TG: Só um terço do repertório.
JH: Eles são muito sólidos. Mal posso esperar. Estou orgulhoso de produzi-los. Neste momento, estou produzindo o Eire Apparent, um grupo irlandês de hard rock. Tem uma pitada de folk – folk irlandês – mas é hard rock.

TG: Você vai seguir produzindo?
JH: Sim, adoraria.

TG: Mais do que tocando?
JH: Não, não mais do que tocando. Eu gosto de fazer isso só quando eu posso, quando tenho a oportunidade.

A limusine estava esperando e era hora de ir para os porões do prédio onde uma garagem (lembra da Batcaverna?) estava escondida. Combinei com Noel de encontrá-lo no hotel e, mais tarde, tive um papo bom, relaxado com ele. (Mas isso é outra história. Talvez você leia sobre ela na HULLABALOO.)

Hendrix é um *showman*. Ele provavelmente sabe tocar guitarra embaixo d'água – se ele quiser, e com certeza ele vai querer – mas não se esqueça que além de ser um artista malucão e um mestre dos sons assustadores, ele também é um músico bom para cacete. Ele sabe *tocar*, e Mitch e Noel também.

Mais uma coisa, dita melhor por uma garota que eu conheço, depois do show. "Mick Jagger é um garotinho sexy, mas *Hendrix*, ele é um homem!"

"HENDRIX"
TONY GLOVER / CIRCUS, MARÇO DE 1969.

Quando a HULLABALOO fechou e virou a CIRCUS em março de 1969, a revista publicou a segunda parte da entrevista de Tony Glover com Hendrix em 1968.

A Parte Dois do meu papo com Jimi Hendrix foi concluída logo antes das eleições de Novembro. É interessante comparar os conceito de Hendrix sobre os Estados Unidos com os de Noel Redding.

Tony Glover: Em que você está trabalhando agora?
Jimi Hendrix: Tem uma música que eu estou escrevendo que é dedicada aos Panteras Negras e é nesse tipo de onda que a gente pode entrar. Não é relacionada só à raça, mas ao simbolismo e as coisas de hoje e às coisas que acontecem hoje. Nesse ínterim o presidente terá sido eleito.

TG: Isso significará muitas mudanças ou absolutamente nenhuma mudança.
JH: Bom, nós planejamos fazer uma coisa inteiramente nova, *independentemente* de quem seja eleito.

TG: Morando em Londres, você tem uma perspectiva diferente dos Estados Unidos?
JH: Eu estava curtindo muito os Estados Unidos até ir para lá (Inglaterra) e voltar, ir para lá de novo, passar pela Europa inteira e voltar para cá para ver por que as pessoas falam mal deste país. Eu ainda amo os Estados Unidos – naturalmente – mas entendo porque as pessoas falam mal. Tem tanta coisa boa, mas tem também tanta maldade, sabe, e é porque muita coisa aqui é baseada no dinheiro. E isso é muito doente. As pessoas estão perdendo a paz de espírito – estão tão perdidas em todas essas regras, leis e uniformes que estão perdendo a paz de espírito. Se as pessoas tirassem pelo menos três ou cinco minutos por dia para ficarem consigo mesmas e pensarem no que realmente querem fazer, no fim da semana teriam alguma coisa. Se as pessoas parassem de *atribuir culpa*. Você pode ver o quão frustrante é isso, você pega a pessoa negra que argumenta ter sido maltratada pelos últimos 200 anos pela pessoa branca. Bom, ela foi – mas agora é hora de consertar

isso ao invés de falar do passado. Nós *sabemos* que o passado é todo fodido, e então ao invés de falar sobre o passado, deviam consertar tudo agora. Mas isso é brincadeira de criança. Você sabe onde está a verdade. Naturalmente se pode dizer "Faça amor, não faça guerra" e todas essas coisas, mas aí você volta à realidade, tem uns caras maus por aí, querendo que você seja passivo e fraco e pacífico para poder te dominar completamente. Você tem que combater fogo com fogo. Quer dizer, estou me centrando pessoalmente através da música – e das coisas que eu vou fazer.

Queria que nosso próximo álbum fosse duplo de novo e tivesse umas vinte faixas. Algumas faixas estão ficando muito longas, por isso que só dá para ter mais ou menos vinte faixas – nosso tipo de faixa, pelo menos – nos dois discos. Mas, veja bem, nossa música não se relaciona só a uma coisa. Só acontece dos brancos curtirem tão repentinamente porque ela é muito louca e tem uma imaginação diferente quanto aos sons. Eu amo sons diferentes contanto que eles se relacionem com o que estamos tentando dizer – ou se eles me tocam de alguma maneira. Não gosto quando eles parecem truques ou são só diferentes por serem diferentes.

Tudo vai se resolver logo, mas do jeito que os Estados Unidos estão agora, está tudo meio perdido. Aqueles três ou cinco minutos de contemplação que eu estava falando, esse é o jeito que você pode se centrar e se tornar amigo dos seus vizinhos, talvez até dizer oi e ver se você consegue derrubar todos esses complexos. Você tem que descer numa cena muito ruim mesmo antes de vir para a luz de novo. É como a morte e o renascimento. Depois de passar por todo o inferno da morte, você tem que descobrir – e enfrentar – os fatos para começar um renascimento nacional. Mas eu não sou político, você vê. Tudo que eu posso dizer é o que eu tenho visto: senso comum.

TG: Mas as massas estão dizendo exatamente o contrário.
JH: Sabe quem está *realmente* vivendo na terra da fantasia? São as malditas massas. *As massas.* O ponto crucial é *quem* está errado e *quem* está certo. *Esse* é o ponto crucial – não quantas pessoas.

TG: Mas o mais impressionante é que as massas acham que nós somos os que vivemos na terra da fantasia, que nós somos os doentes...
JH: É isso que eu estou dizendo. Se você quiser sentar e falar disso, você pode continuar para o resto da vida. O que eu estou tentando dizer é que alguém tem

que tomar uma atitude. Os outros só estão esperando você virar geleia. E aí eles te tiram da jogada.

TG: Quanto contato você teve com os Panteras Negras?
JH: Não muito. Eles vêm aos shows e eu meio que sinto eles ali – não é uma coisa física ou um raio mental, sabe. É uma coisa espiritual. Mas eu não ligo se as pessoas são brancas – deixa eu te dizer uma coisa, eu não ligo, contanto que as pessoas estejam fazendo seus trabalhos, é isso. Nosso lance é completamente aberto. Eu sou pelas massas e pelos excluídos, mas não por tentar fazer os excluídos fazerem isso ou fazerem aquilo – porque eu já tentei isso aí antes e me ferrei muito milhões de vezes. Então agora eu sou a favor de qualquer um que possa fazer o trabalho.

TG: As coisas terão sido destruídas antes de termos alcançado um mundo melhor?
JH: Muito naturalmente, você tem que destruir os guetos. Tem que destruir. Fisicamente.

TG: E as barreiras mentais?
JH: Talvez nós possamos só assustar metade das pessoas com senso comum. Olha o câncer e o cigarro na TV – não falamos sim nem não, só falamos a verdade. Você cega a sua cabeça com a TV o tempo todo assistindo a algum programa deprimente – o *verdadeiro* lado fantasioso da vida! – e aí diz, "eu vou só pegar um baseado e fazer isso". Mas o problema ainda está ali. Quando você volta, está ali, a rua está ali.

TG: Mas quem vai fazer tudo isso?
JH: Eu não sei, cara. Estou fazendo o melhor que eu posso. Todo mundo vai ter que se levantar. Tudo que eu posso dizer é só senso comum. Nós vamos usar nossa música o quanto pudermos. Nós vamos começar, se as pessoas começarem a escutar. Algumas coisas podem não vir ainda – mas elas virão.

TG: Foi mais fácil para você na Europa?
JH: Bom, todo mundo tem problemas. Na Europa, as pessoas têm um pouco mais de contato umas com as outras. Há um pouco mais de comunicação e as

coisas não são surtadas. Só em dizer olá e tchau, há mais calor. Mas eu moro em todo lugar, então nenhum lugar é meu lar mesmo.

TG: Quando você quer relaxar, que tipo de música você escuta?
JH: Eu curto qualquer coisa que prenda minha atenção.

TG: Obrigado pela entrevista fascinante.
JH: O prazer foi meu.

Parte V

JANEIRO DE 1969 - JUNHO DE 1969

COM O COMEÇO DO ANO NOVO, as frustrações de Hendrix com as limitações do JHE eram claras. Ele queria expandir o trio, trocar os membros e tocar materiais que não caíam na categoria pop.

Em 4 de janeiro de 1969, o JHE agendou a performance de duas músicas no programa de TV da BBC *Happening for Lulu*. Hendrix faria um dueto com a apresentadora-cantora Lulu. Inesperadamente, Hendrix encurtou "Hey Joe" e declarou à plateia que queria "parar de tocar essa porcaria." Técnicos, câmeras e acima de tudo Lulu estavam confusos. Hendrix então dedicou *Sunshine of Your love* ao recentemente desfeito Cream, o diretor do show balançou os braços furiosamente e ameaçou puxar os cabos. Como resultado do incidente, o jornal das cinco da BBC atrasou pela primeira vez, e o JHE foi punido, sendo banido para sempre de aparecer na BBC.

Hendrix continuou a expandir suas colaborações musicais gravando com o *Eire Apparent* e o *Cat Mother & the All-night Newsboys*, mas o mais notável foi o contato com Billy Cox, um baixista e velho amigo, para discutir a formação de uma nova banda.

Todos os planos foram interrompidos em 3 de maio, quando um agente da alfândega de Toronto encontrou drogas na bagagem de mão de Hendrix. Ele foi mais tarde liberado sob fiança e a turnê foi retomada – mas o guitarrista mundialmente famoso teria que retornar a Toronto para dar depoimentos no tribunal e para o julgamento.

Em 29 de junho, o JHE fez seu último show no Denver Pop Festival. A violência na plateia interrompeu o show e a polícia utilizou gás lacrimogêneo para acabar com o tumulto. O trio original jamais tocaria junto novamente. Redding e Mitchell voltaram à Inglaterra enquanto Hendrix formava um novo grupo.

"HENDRIX: NA EXPERIÊNCIA DE JANE DE MENDELSSOHN"

JANE DE MENDELSSOHN / IT, 28 DE MARÇO A 10 DE ABRIL DE 1969

Esta entrevista foi feita para o famoso jornal underground inglês INTERNATIONAL TIMES. Ela foi conduzida em um período de dois dias em algum ponto do intervalo entre 27 de fevereiro e 12 de março no apartamento de Hendrix, na Rua Brook.

De Mendelssohn, depois, disse que grande parte da entrevista foi conduzida com Hendrix na cama enquanto ela se sentava ao lado. Hendrix ofereceu haxixe, maconha, nitrito de amila e pílulas, bem como Bourbon e uísque. De Mendelssohn foi convidada de volta no dia seguinte quando o nível de coerência da conversa decaiu.

Jane De Mendelssohn: Conte-me sobre sua herança indígena (nativa americana).
Jimi Hendrix: Bom, minha avó é 100% indígena, é isso. Ela costumava fazer roupas para mim. E todo mundo costumava rir de mim quando eu ia para a escola, sabe, a velha história triste. E aí, é ... sim, ela é, ela é 100% Cherokee [risos].

JDM: E ela ainda está por aí?
JH: Sim. Lá em Seattle, Vancouver, British Columbia agora.

JDM: E ela vive numa reserva?
JH: Não, ela mora num apartamento legal. Ela tem uma televisão, um rádio e coisas assim. Mas ela ainda tem o cabelo comprido, prateado.

JDM: Você pode me contar algo sobre toda essa coisa da herança indígena? Eu não sei muito sobre isso.
JH: É só mais uma parte da nossa família, é isso. Não tem muito o que saber. Tem muita gente em Seattle que tem muito de índio misturado.

JDM: Você ainda toma peiote?
JH: Ah, sim. Ele está em todo lugar. Principalmente no sudeste e tal, perto das

áreas do deserto. Mas você sabe que todos os índios têm tipos diferentes de estimulantes, seus próprios passos na direção de Deus, formas espirituais, ou sei lá o quê... isso deve ser mantido, nada além de um passo, veja bem.

JDM: O que eu realmente queria perguntar é... bem, você é muito grande esses dias, você se tornou um verdadeiro gigante do pop...
JH: Ah, não me fala essas coisas [risos].

JDM: Todo mundo está escrevendo sobre você, falando de você, você ganhou o prêmio de Artista do Ano da revista *Rolling Stone*. Queria saber como tudo isso te afeta como ser humano.
JH: Bom, eu estou tentando não me deixar afetar de jeito nenhum. Não é nada além de uma marca, é o jeito que o público me identifica, provavelmente, com eles, mas eu não penso desse jeito e sou como qualquer um, só calhei de ter a chance de ser ouvido.

JDM: Isso te comove?
JH: Sim, isso me comove e tal.

JDM: Você sente que isso te isola de algum jeito?
JH: Sim, muitas vezes. Eu não posso me divertir como qualquer um. Eu costumava poder ir a qualquer lugar, lá no Wimpy, ou algo assim, sabe, antes, mas na maior parte do tempo, se eu vou para lá, tem sempre alguém pedindo autógrafos, alguém me olhando muito estranho, sabe, sussurrando e coisas assim. Então, naturalmente, você fica complexado com isso... Minha cabeça está numa posição que eu preciso descansar, senão eu vou surtar completamente logo logo, nas próximas horas, ou dias... [risos]

JDM: Você acha que é verdade que as adolescentes não estão com você tanto quanto as cabeças mais sofisticadas?
JH: Eu descobri só olhando por mim mesmo, sabe, que você encontra quase qualquer um no nosso público. Você vê alguém de nove anos e você vê outra [pessoa] de noventa – todas as idades. Costumavam ser mais os jovens, os jovens adultos, sabe, tipo em volta do Fillmore e do Forum e tal, qualquer lugar que a gente to-

que, mas agora é qualquer um, quase, você encontra qualquer tipo de pessoa lá. Você encontra muita gente corretinha lá, então por isso a gente toca duas vezes mais alto só para ver onde eles estão, e eles curtem, quanto mais alto melhor, eles só não se ligam que isso tudo te embriaga mesmo se você deixar ... te levar, sabe.

JDM: Você é incomodado toda hora por pessoas querendo pão e batendo na sua porta?
JH: Ah, constantemente, sim. Eu tento tratar todo mundo de forma justa, mas se eu tratasse mesmo, não conseguiria comprar outra guitarra. Portanto, eu não saio muito, tirando quando encontro algum lance rolando e vou lá se quiser ir a algum lugar. Mas fico na cama na maior parte do tempo, ou vou ao parque, ou a algum lugar. É aí que eu escrevo algumas das minhas melhores músicas – na cama, só deitado. Eu estava deitado lá pensando em algumas quando você chegou. Uma música muito boa que estou montando para um LP que eu gostaria de fazer com esse cara chamado Al Brown[1] no fim do verão, nos Estados Unidos. Vai se chamar "The [sic] First Ray [sic] of the New Rising Sun", e ela dá o meu próprio ... sabe, qualquer um pode fazer um protesto por exemplo, tipo, em discos ou qualquer coisa em que você use música, qualquer um pode protestar, mas quase ninguém dá um tipo de solução decente, pelo menos uma solução provisória, sabe.

JDM: Você tem uma reputação de mal-humorado. Quase fiquei com medo de vir.
JH: Mal-humorado? Ah, isso é besteira, você caiu na mesma ... [risos] eu não devia dizer isso. É isso que você deve pensar... O sistema, ele projeta uma certa imagem e se ela funciona, eles ganharam. Eles batem em alguém, por exemplo, você sabe, tipo dizer que eu sou mal-humorado, ou sei lá, mau, ou dizer que fulano de tal é um maníaco ou algo assim, para todo mundo ter medo de me conhecer de verdade. Então isso é parte do joguinho do sistema.

JDM: Você foi citado no *Mirror* de domingo dizendo que era hora de uma mudança das músicas bonitinhas que os Beatles faziam, hora de outra coisa.
JH: Ah, eu não sei se disse isso. Que jornal foi esse? O *Mirror* de domingo. Bom, a maior parte desses jornais é uma merda mesmo, eles vêm aqui e fazem entrevistas, nós chapamos com os caras, sabe, damos vinho e essas coisas e quando eles

---

[1] Al Brown foi um músico próximo de Hendrix; ele ofereceu a Hendrix seu apartamento na Rua 57 como retiro enquanto ele estava em Nova York.

vão para casa, estão tão chapados que não sabem nem o que estão escrevendo. Não, eu não diria nada assim. Eu não diria. Não tem motivo para isso.

JDM: O que você acha dos Beatles?
JH: Acho que eles são excelentes, escritores fantásticos e músicos e tudo mais, sabe.

JDM: Você acha que a era deles de enorme influência já passou? Você acha que outra grande influência está por vir?
JH: Bom ... sim, as pessoas estão começando a ficar mais antenadas na música hoje em dia. Não é mais tão fácil só jogar a lavagem dos porcos para alguém. Os Beatles estão fazendo o lance deles. Eu acho que eles estão indo em direção ao passado, um pouco mais. Tipo, por exemplo, o último LP deles foi ... eu considero um inventário dos últimos dez anos, sabe. Tem muita gente que está esperando outra coisa acontecer agora, de qualquer maneira.

JDM: Você não acha que é você? Eu tenho essa sensação.
JH: Eu? [Risos]

JDM: Bom, parece que tudo está indo para um lado mais animalesco, e é isso que você é. Os Beatles não são animalescos.
JH: Os Beatles são parte do sistema. Eles estão começando a se desfazer nisso também. Precisamos ficar espertos. É tipo como um cara jovem protestando na escola, por exemplo, dizendo, "Isso não está certo, aquilo não está certo", aí ele sai e diz alguma coisa sobre aquilo e todo mundo diz, "É, cara, é isso aí mesmo, estamos com você". Assim que ele chega nos seus vinte e cinco anos e começa a entrar no sistema, sabe, ele tem o diploma e tudo mais, e agora ele é advogado, ou o que quer que seja, e todo esse sentimento por todo mundo, ele mesmo se esquece porque agora está confortável, ele está bem, está gordo, tem seu showzinho, então ele se esquece dos mais jovens, de todos os amigos, o que costumava dizer quando estava na escola e se funde a uma parte do sistema. E isso não é falar mal de uma pessoa, são só as fases da vida da pessoa. Compare isso à música dos Beatles, é assim que eu enxergo. É como uma pessoa que começa com um negócio pegando fogo, sabe ... mas agora eles ainda são bons, na verdade são melhores do que eram antes, sabe, mas eles pareciam um pouco ... mais próxi-

mos do público antes. Agora eles estão fazendo coisas, por exemplo, "Happiness is a Warm Gun", *bang bang shoot shoot*, e todas aquelas musiquinhas.

JDM: Você gostou disso?
JH: Não necessariamente, não.

JDM: E quanto à violência?
JH: Eu não curto muito isso, não. É melhor ter violência no palco e assistir pela TV do que fazer isso você mesmo. Então o que a gente faz, a gente sobe lá e, tipo, eu descobri que funciona de duas maneiras; a gente faz nosso lance, sabe, as pessoas curtem, ficam animadas mesmo com o lance, e não incomodam tanto a patroa quando chegam em casa. Eles não batem mais tanto na patroa [risos] porque não tem mais nada daquilo sobrando neles. Nós tentamos esvaziar o organismo deles de toda violência. É para isso que você assiste à luta livre e aos jogos de futebol, você tira do seu sistema, a não ser que você queira fazer você mesmo, aí você seria uma pessoa violenta. Isso é ruim. Ruim.

JDM: Bom, e quanto à tendência à violência nos Estados Unidos hoje, a cena Black Power dizendo "nós tentamos de tudo e agora a gente vai acabar com você, *baby*"...
JH: Bom, é isso que o sistema está esperando, as pessoas começarem a brigar contra si mesmas, tipo, por exemplo, o negro contra o branco, o amarelo contra o cor-de-rosa e tudo mais. Mas isso não é a ideia da coisa, a ideia é o novo contra o antigo, e o sistema causa isso com esses joguinhos, colocando as cores diferentes contra as outras para fazer a nova geração enfraquecer. Então o que eles fazem é te deixar brigar, eles deixam você ir para as ruas se revoltar e tudo mais, mas eles vão te pôr na cadeia...

JDM: Na verdade o sistema parece estar assustado com essa violência nos Estados Unidos porque...
JH: Propaganda, propaganda, todo mundo tem seu próprio estilo de propaganda...

JDM: Ainda parece que se você queimar alguns armazéns nos EUA hoje...
JH: Ah, eu acho que deveriam queimar mais.

JDM: Certo! Isso que eu estava perguntando!
JH: Eles tinham que queimar a área toda.

JDM: O que você faria se estivesse lá?
JH: Bom, se eu não fosse guitarrista, eu provavelmente faria isso, sim. Eu provavelmente estaria na cadeia, porque ... eu sou muito teimoso, tipo, com a polícia. Eu costumava entrar em discussões com ela milhões de vezes. Eles mandavam eu ficar quieto e eu simplesmente não consigo ficar quieto, não tem razão para eu ficar, principalmente se tenho algo a dizer. Então provavelmente acabaria sendo morto. Mas tenho que sentir essas coisas. Eu escuto falar da violência e tudo mais, mas para mim, dizer alguma coisa sobre isso ... eu não posso entrar na onda porque isso pode estar acontecendo hoje. Porque, por exemplo, como eles exploram e prostituem as *groupies*, sabe, isso é uma cena violenta, é a mesma coisa.

JDM: Mas você deve ter uma quantidade enorme de energia e se não estivesse saindo pela sua música, talvez fosse muito violento.
JH: Bem, eu sou muito violento mesmo, em minha defesa, sabe.

JDM: Quão emancipado você acha que é?
JH: Você quer dizer livre? Não sei. É difícil dizer. Na música a gente acaba fazendo qualquer coisa que a gente queira fazer. Mas eu fico restrito quando estou perto de muita gente, às vezes, ou mesmo com uma pessoa só por muito tempo.

JDM: Como, tipo, na cabeça?
JH: É, tipo, por exemplo, numa coisa de amor. Se eu ficar muito tempo com uma pessoa, se eu me sentir mais numa obrigação do que numa satisfação, isso me faz, como se diz, tenho que sair dessa. Então não sei quão livre me sentir assim pode ser se toda vez que você pisca você pode estar com alguém. Tipo quando você está escrevendo uma música, ou algo assim, e você quer fazer a letra ou você está pensando em alguma coisa e, de repente, essas pessoas aparecem ... não estou falando de você, porque eu estou curtindo essa entrevista. E pelo menos é um rosto diferente. [Risos]

JDM: Foi surpreendentemente fácil conseguir uma entrevista com você. Quer dizer, se fosse com o Paul McCartney demoraria semanas para marcar.
JH: Bom, talvez porque eu não seja o Paul McCartney. Você consegue muito ... ah, não, eu não devo dizer isso.

JDM: Por que não?
JH: Tem muitas coisas que eu não devo dizer. Mas você tem tempo, não tem? Ótimo, podemos entrar em um monte de assuntos. Tem esse negócio que eu estava escrevendo, notas de encarte para um dos nossos LPs. Temos uns três enfileirados agora. Agora, queremos lançar, mas as pessoas querem que sejamos as estrelas e tal, então vamos ter que fazer um filme, tipo lá para agosto ou algo assim, e aí antes disso vamos ter que fazer uma turnê americana – abril e maio – e teremos só algumas semanas para editar essas coisas que gravamos. Posso colocar para tocar algumas dessas do Albert Hall para você? Posso? Tudo bem? Qual era a pergunta? Esqueci. Do que a gente estava falando? Ah, sim, sobre a dificuldade de ver o pessoal e tal. Isso é bobagem, "Ah, não posso ver você hoje, muita coisa, amanhã, *baby*..."

JDM: Todas as suas músicas parecem direcionadas a garotas. Isso vem de uma experiência pessoal? Por exemplo, tem uma frase, *"I wanna make you mine"* ["Quero fazer você minha"]. O que quer dizer?
JH: Ah, só o cara que quer fazer amor com você, só isso, qualquer pessoa que esteja cantando, sabe.

JDM: Você o vê como outra pessoa, fora de você?
JH: Bom, às vezes. Eu não vejo como eu mesmo cantando as músicas, eu vejo como qualquer um cantando. É difícil dizer. Eu só não me ponho nessas posições todas porque eu já estive em todas elas, todas as coisas que eu gosto de me meter pessoalmente, mas nesse meio-tempo eu posso escrever sobre outras experiências, sim, você está certa, como você disse. Mas eu não necessariamente uso aquelas palavras diretas quando estou falando com alguém [risos]. Eu não digo "quero fazer você minha".

JDM: Quando você escreve músicas, é a melodia que você escuta, antes das palavras?
JH: Às vezes, tudo depende. Muitas vezes eu escrevo um monte de palavras em

todo lugar, qualquer lugar, caixa de fósforos, ou guardanapos, e aí se a música aparece para mim quando eu estou sentado, fazendo nada, e aí a música pode me fazer pensar em algumas palavras que eu posso ter escrito, sabe, então eu volto para aquelas palavras, se conseguir encontrá-las e sabe, só monto. Às vezes acontece tudo ao mesmo tempo. Tudo depende do que você quer dizer. Dos diferentes estados de espírito que você pode ter...

JDM: Mas você se senta e pensa "eu quero dizer isso a eles" e aí compõe a música em volta do que você quer dizer?
JH: Sim, com certeza. Às vezes, tem coisas que eu gostaria de dizer. Muitas músicas são músicas fantasiosas, que as pessoas acham que você não sabe o que está falando de jeito nenhum, mas depende também de que faixa veio antes ou depois. Tipo, você pode dizer algo duro, mas não quer ser uma personalidade completamente durona na mente deles e ser conhecido por tudo aquilo porque há outros lados de você mesmo e às vezes eles vazam para o disco também, sabe, e é aí que entram as músicas fantásticas. Tipo, por exemplo, "1983" – é uma coisa para manter sua mente longe do que está acontecendo hoje, mas não necessariamente completamente escondida de tudo, como fazem algumas pessoas com algumas drogas e tal.

JDM: Mas essa consciência existe mesmo quando você escreve a música, ou você escreve, escuta e aí percebe o que te motivou depois?
JH: Bom, juro por Deus que no primeiro LP eu não sabia o que estava escrevendo. A maioria das músicas, tipo "Purple Haze" e "[The] Wind Cries Mary", tinha umas dez páginas, mas aí a gente tem uma restrição a um certo limite de tempo então tive que cortá-las, então, assim que eu cortava, não sabia se seriam compreendidas ou não. Talvez alguns dos significados tenham se perdido nesse corte, que eu não faço mais. É muito chato.

JDM: Suas canções não tendem a ser analisadas e intelectualizadas pelos críticos como as dos Beatles.
JH: Mmm, o que é meio bom, porque as nossas músicas são um diário pessoal.

JDM: Bom, é só essa simplicidade na sua música que me faz te ver como um inovador musical de uma nova era.

JH: Sim, mas é assim que deveria ser em qualquer cena, na verdade. Como eu falei sobre o carpinteiro, se ele realmente curte o que faz, ele tem que ir de todo coração naquilo, se tiver que ir estudar ou fazer qualquer outra coisa. E na música, você tem que dizer algo real o mais rápido possível. Eu só falo o que sinto, sabe, o que *eu* sinto, e depois deixo os outros brigarem por isso, se for interessante o bastante. Mas essa é a ideia da coisa: fazer bem básico. Durante uma certa época que passou há não muito tempo, começaram a ficar muito superficiais e a música começou a ficar muito complicada. Para entrar nessa você tem que ser muito verdadeiro consigo mesmo e nenhum desses caras estava fazendo isso, eles só põem uns sons aqui, outros ali.

Não parece que eu sou uma pessoa ocupada porque só fico sentado aqui, mas, afinal, estar ocupado pode ser só ficar sentado aqui nesse tipo de cena, sabe. Eu não tive nenhum tempo para mim mesmo desde que eu entrei nessa ... e qualquer coisa que não tenha a ver com música, eu não penso muito, tipo camisas e coisas. As pessoas me deixam tão tenso às vezes, mas não posso deixar transparecer o tempo todo porque não é, na verdade, uma boa influência para ninguém. Ah, não, não tira foto agora porque o meu cabelo está todo bagunçado. Odeio fotos. Sempre voltam contra mim depois. As pessoas estão sempre dizendo "Lembra daquela foto que estava na tal-e-tal?" e eu digo "Não, eu não lembro de porra nenhuma" ... Tem música tão merda hoje em dia e é por isso que tantas bandas boas estão indo para o lado do sistema. Porque lá é confortável, você não tem que ficar brigando pro resto da vida. Eu não conseguiria nem juntar uma grana e ir para as montanhas, porque sempre tem algum problema, algum obstáculo. A maioria das pessoas gostaria de se aposentar e simplesmente desaparecer da cena, o que eu adoraria fazer, mas aí tem coisas que eu ainda gostaria de dizer. Queria que não fosse tão importante para mim, queria poder só desligar minha mente, sabe, esquecer a cena. Mas tem tanto lixo passando por aí e, para nós, tentando fazer nosso lance, tanto lixo sendo dito de nós. Eu gostaria de colocar as coisas em pratos limpos nessa entrevista. Eu passo a maior parte do meu tempo escrevendo música e tal, e não fazendo contato com as pessoas porque elas simplesmente não sabem agir. Elas agem como ... os porcos que mandam nesses lugares, sabe ... os países. Eles baseiam tudo na coisa do status. É por isso que tem tanta gente passando fome, porque os humanos não estão com as prioridades certas. Eu não tenho vontade de conversar com a maioria das pessoas porque elas só falam merda, não sabem nem a diferença entre nós e o Cream, por exemplo, ou o Blue Cheer.

JDM: Você ainda toma ácido?
JH: Não necessariamente, não. Eu não tenho oportunidade de fazer isso tudo porque eu estou escrevendo música e tal. De qualquer maneira, só usei para algumas coisas, como um passo para ver as coisas das duas maneiras, se você quiser.

JDM: Você se sente bem no palco?
JH: Ah, sim, eu amo estar no palco – não necessariamente no palco, mas eu amo tocar e é por isso que toco tão alto, porque, enfim, faz a gente se sentir bem.

JDM: A atmosfera no público te afeta a ponto de mudar o jeito que você toca?
JH: Nunca me afeta a ponto de me dar um sentimento negativo. Eu simplesmente ignoro o sentimento negativo porque sei exatamente o que eu estou fazendo quando a gente está no palco, sabe. E se o público não curte, enfim, eu não sei, não tem nada que a gente possa fazer. Como você diz, a música que é o ponto, não nós três enfrentando quinze mil pessoas, são os sons que a gente faz que são importantes. Ah, não sei explicar, você sabe o que é, você não é boba.

JDM: Bom, eu sei o que é para mim. Sua música é o meio entre nós, um intermédio entre os seres humanos e quanto mais legal a música, mais rápida a comunicação.
JH: É tudo espiritual. Exceto pela parte dos tímpanos [risos].

JDM: Você consegue sair de si mesmo o suficiente para ver a imagem que as outras pessoas devem ver?
JH: Sim, consigo fazer isso muitas vezes. É isso que me faz ficar longe delas, porque a maioria tem a mente suja, de qualquer maneira. O que eu vejo é muito inútil. Conversei com um monte de senhoras idosas uma vez, vendo exatamente como elas veem, e uau, as impressões delas devem ser muito estranhas.

JDM: Você gosta de crianças?
JH: Sim, gosto de crianças. Acho que gosto delas em qualquer idade. É chato

crescer porque você não está crescendo de verdade, só perdendo. Você só é tão velho quanto pensa que é, contanto que a sua mente consiga funcionar abertamente, você ainda é jovem.

JDM: Você se incomoda de ficar mais velho?
JH: Não, de jeito nenhum.

JDM: Você consegue se imaginar aos oitenta?
JH: Não, não tanto. Não acho que estarei por aqui aos oitenta. Tem outras coisas para fazer além de sentar e esperar os oitenta chegarem, então eu não penso muito nisso.

JDM: E a morte, te preocupa?
JH: Não, de jeito nenhum. Isso é só uma coisa que a gente atravessa aqui, você nem se classifica como homem ainda. Seu corpo é só um veículo para te carregar de um lugar para o outro sem ter muito problema. Então você tem esse corpo jogado em você para você carregar e amar e proteger e tal, mas mesmo esse corpo se esgota, então você entra em outros lances, que são maiores. Isso não é nada além de brincadeira de criança – esses supostos adultos. Crianças não ficam de brincadeira. Bem, elas ficam, mas os adultos brincam com as coisas sérias, que matam as pessoas sem razão alguma. Pessoas que têm medo da morte – é um caso completo de insegurança. Por isso que o mundo está fodido hoje, porque as pessoas baseiam as coisas muito no que elas veem e não no que elas sentem.

JDM: Elas nem sabem o que sentem.
JH: Certo. Bom, está na hora de um direcionamento.

JDM: E você tinha essa consciência antes de fazer sucesso ou o dinheiro fez alguma diferença?
JH: Bom, escuta, eu poderia ter ficado em casa. Poderia ter ficado em Los Angeles, mas não conseguia ficar num lugar só por muito tempo porque eu queria ver outras coisas. Por isso que fui antes para o exército, quando tinha dezesseis anos [sic], para poder tirar essa bagunça do caminho e me concentrar na música que eu toco, que pede que eu viaje por todo lugar do meu próprio jeito. Eu

viajo para todo lugar quase sem dinheiro, na verdade. Então quando entra o dinheiro, bom, é só outra parte da vida, realmente. Eu não curto o jeito que o mundo está ultimamente, mas é legal tirar uma experiência dele. Isso é o dinheiro, é isso que considero riqueza.

JDM: E você acredita que consegue mudar alguma coisa, ou alguém?
JH: Bom, a ideia é tentar. Mas eu vou só fazer, se funcionar, ótimo!

JDM: Está tudo realmente nas mãos da sua música, não é?
JH: Sim, está, é disso que estamos falando. Música. Falar não é o meu lance. Tocar sim. Há certas pessoas nessa Terra que têm o poder de fazer coisas diferentes, por exemplo, no movimento Black Power, estão fazendo errado. Mas no movimento musical, você não pode chamar aquilo de fazer errado porque é um talento natural. O protesto já deu o que tinha que dar. É a solução que todo mundo quer agora, não só o protesto. Os Beatles poderiam fazer isso, eles poderiam virar o mundo de cabeça para baixo, ou pelo menos tentar. Mas, veja você, essa posição pode fazê-los ficarem desconfortáveis. Mas eu, eu não ligo para a minha posição. O que eu tenho a dizer, eu fico feliz em dizer. Veja só, isso aparece na minha música, e aí você tem que passar por coisas como lançar um LP e você não pode lançar um por mês, e não pode fazer isso e não pode fazer aquilo. E o lance da imagem pública... para mim isso não deveria ser coisa que vai para frente. As pessoas deviam se desligar da imagem e isso tudo e começar a se dedicar mais ao seu próprio show, dar o melhor de si, com sua bagagem, sabe. Ao invés de sentar e curtir alguém dizendo "Oh, uau! Oh, uau! Olha isso! Que imagens!" e essa merda toda. Isso que me fez cortar o cabelo, por causa desse lance de ser escravo do público e tal, sabe... Eu costumava curtir essa cena das roupas e do cabelo e tal, mas as pessoas começaram a usar isso errado, como a nossa imagem e tudo mais – que é o que é, mas não é tópico de discussão, é só o jeito que eu resolvi aparecer de acordo com o meu gosto pessoal. Mas as pessoas começam a prostituir essa ideia, e isso se torna um obstáculo. Você se vê quase fugindo. Você tem que se segurar firme. As pessoas, elas não me dão inspiração, a não ser má inspiração, para escrever músicas como "Crosstown Traffic" e tal, porque é assim que elas se põem na minha frente, que elas se apresentam.

"JIMI HENDRIX EXPERIENCE: DIMINUINDO A VELOCIDADE E AUMENTANDO EM TAMANHO"

JOHN LOMBARDI / DISTANT DRUMMER, 17 A 23 DE ABRIL DE 1969

O JHE voltou para os EUA em meados de março. Depois de uma série de sessões de gravação e de improviso, sua turnê americana começou em 11 de abril de 1969. No dia seguinte, o jornal underground da Filadélfia enviou seu editor-assistente para entrevistar Hendrix.

Ajoelhado daquele jeito, próximo das cores craqueladas dos impessoalmente desenhados carpetes e paredes do Holiday Inn, Jimi Hendrix não parecia nem um pouco com o Superspade[2]. Sua voz, macia, mas correndo as sílabas e fins de frases atropeladas como conjuntos de notas no clímax de um riff de guitarra, não soava como o touro negro que excitava as massas de emergentes garotinhas brancas com o livre anúncio que fazia pinicar o collant:

"*Move over Rover / and let Jimi take over.*" ("Mova-se, Rover / e deixe Jimi tomar conta")

Foi-se a enorme coroa capilar que, além dos similarmente penteados parceiros Noel Redding e Mitch Mitchell, mudou o estilo das cabeleiras dos mais descolados no país do liso-Beatle e do crespo-Dylan para o elétrico pós-Frankenstein, transcendendo o vão histórico da Era Eduardiana e do faroeste de Bret Harte; trazendo para casa a guitarra elétrica, *baby*. As "raízes" de Jimi não vão mais fundo do que as frases do saxofonista de Joe Turner e isso é, sabe, OK. Mas o cabelo havia ido embora e a voz suave, de joelhos, perto do chão, pedia para o garoto do serviço de quarto do Holiday Inn levar embora a louça suja. Mitch Mitchell, com seu cabelo louro não mais eletricamente amplificado, chegava das compras na Rua Chestnut, carregando um fino livro de Hieronymus Bosch, e mesmo Noel Redding, dando seu usual sorriso maléfico atrás de seus óculos vermelhos, estava levemente abatido. Redding estava com suas calças boca-de-sino de camurça, mas não se via sua camiseta da Plaster Caster em lugar nenhum.

"Olá, e aí", disse Hendrix. "Tô meio cansado".

O Experience estava em sua quinta [sic] parada em uma turnê de 19 cidades

---

2 N. do T.: "Superspade" é uma expressão antiga atribuída a celebridades afro-americanas, como atletas e artistas, que eram excepcionalmente talentosas em suas áreas.

e tinha acabado de fazer um bate-e-volta em Raleigh, Carolina do Norte. ("A gente deixou as gatinhas molhadinhas", brincou Redding mais tarde.) Eles já estavam em turnê havia mais ou menos dois anos. O show do dia seria no Spectrum, no sul da Filadélfia, uma arena de esportes com acústica tosca, mas grande capacidade para assentos, e começaria em apenas quatro horas, às 20:00. A banda chegou apenas 15 minutos antes dos primeiros repórteres.

"Você se importa de tirar algumas fotos?", perguntaram para Hendrix.

"Não, a mesma merda todo dia, mesmo, então foda-se", disse ele, indiferente.

Ele estava usando uma roupa toda preta, com cintos indígenas, pulseiras e grandes anéis. Em pé, ele parecia ter um metro e oitenta e era magro – magro e muito cansado.

"Meu cabelo? Eu cortei em protesto. Tem muita gente de cabelo comprido por aí com a cabeça em lugar nenhum". (Ele olhou para mim um tanto demoradamente, achei.) Então, passando os dedos por seu penteado aparentemente ressecado, adicionou: "Mas eu acho que vou deixar crescer de novo".

As questões padrão para se perguntar quando entrevistando um superstar do rock têm a ver com a evolução do rock e o estilo de vida que isso representa, e onde a pessoa em particular com quem se está falando se encaixa. A reputação de Hendrix como o maior pirocudo do mundo da música pop é lendária, reforçada por histórias internas, pôsteres nus, outras fotos e mais recentemente por artigos na *Rolling Stone* e na *Realist* que mostram seu membro como o maior em uma fileira de cinco, "engessado" (chupado e depois moldado em massa corrida) pelas famosas Plaster Casters de Chicago. A capa de seu LP mais recente, *Electric Ladyland*, lançado na Inglaterra, mas banido nos EUA, mostra um grupo de mais ou menos 20 senhoritas totalmente nuas curvando-se. O famoso boá de plumas de Hendrix e as frequentemente andróginas posturas de Mitch Mitchell contribuem para a imagem. Parecia então que o visual era um bom lugar para começar.

"Muitos músicos do rock foram influenciados pelo seu estilo, mas você concordaria que seu enorme sucesso (os álbuns de Hendrix sempre vendem de 300.000 a 400.000 cópias) talvez não seja baseado realmente na música, mas sim naquilo que você representa?"

Ele se sentou na cama, depois levantou-se e foi para um sofá, parecendo sentir alguma dor:

"Eu não me considero um sucesso. Eu ainda nem comecei. A cena te faz passar por várias transformações ... você se envolve com as imagens. Eu não tive nada a ver com aquela capa de disco idiota que eles lançaram, e eu não quero nem falar disso ... é quase tudo mentira, mesmo".

"Bom, e quanto à sua performance no palco? Tocar fogo na guitarra, fazer os movimentos de sexo?"

"A gente fazia essas coisas porque costumava ser divertido ... elas simplesmente saíam da gente. Mas a música ainda era a coisa principal. Aí, o que aconteceu, o público começou a querer mais isso do que a música. Essas coisinhas que eram só adicionais, como uma cobertura, sabe, viraram o mais importante. As coisas viraram ao contrário. A gente não faz mais tanto essas coisas".

Perguntei sobre o recente incidente com Jim Morrison em Miami Beach,[3] se Hendrix achava que os Doors tinham talvez exagerado.

"Bom, se aconteceu, é loucura, mas eu só ouvi relatos. Acho que você deveria perguntar ao Morrison sobre isso. Eu não quero falar sobre isso. Sabe, nós costumávamos tentar nos defender contra uma parte dessa publicidade, mas a gente não faz mais isso. Só ignoram o que você diz mesmo. E as pessoas que sabem o que você pensa já sabem sem fazer perguntas. Eles sabem por causa da música ... eu curto música."

"Escuta", disse ele, "você quer conversar sobre música? É disso que eu sei de verdade. Eu não quero falar nada sobre comparações com as outras bandas porque se você faz isso, você se coloca em uma posição superior ou inferior a elas e isso é o mesmo velho ciclo. Nossa música está num estado muito sólido agora. Não tecnicamente, só no sentido de que dá para sentir o contorno da música e entrar melhor nas coisas. Nós não temos nenhuma resposta dessa vez, mas nós adoraríamos mostrar para todo mundo tudo que nós sabemos ... nós sabemos, por exemplo, que Jesus estava conseguindo pôr as coisas em ordem de um jeito legal, mas aquele negócio de 10 mandamentos era uma chateação. O bicho-papão não vai vir te pegar se você não amarrar os sapatos. Você não tem que ficar com medo de fazer amor com uma das esposas do seu amigo. Religiões com nome de marca tipo Budismo e Zen são só problemas. A

---

3 Depois de um show do Doors no dia 1 de março de 1969, a cidade de Miami emitiu seis mandados de prisão para Jim Morrison: uma acusação pelo crime de comportamento lascivo e obsceno e cinco contravenções, que incluíam duas acusações de atentado ao pudor, duas de profanação pública e uma de embriaguez pública.

Igreja Católica está se espalhando e vomitando no mundo. A Igreja Anglicana é a maior proprietária de terras na Inglaterra. Seu lar não é os Estados Unidos, é a terra, mas as coisas estão precárias, cara. Os Estados Unidos podem começar a se ajeitar e a China ou a Rússia podiam chegar e nós seríamos escravos mais pesados ainda. Você conhece a minha música '*I don't live today, maybe tomorrow?*' (N. do T.: "Eu não vivo hoje, talvez amanhã") É aí que está.

"Mas eu quero falar de música. As coisas estavam ficando muito pretensiosas, complicadas demais. 'Stone Free', sabe essa? Essa é muito mais simples. Isso é blues e rock e o que quer que aconteça, acontece. As pessoas estavam cantando sobre o próprio ácido, cara. As coisas começam a te dominar. Imagens. Drogas. Todo mundo esquece o que aconteceu com Deus.

"Sabe, quando se é jovem, a maioria das pessoas tem uma coisa que queima, mas aí você consegue o seu diploma de advogado e vai para sua jaulinha de celofane. Você não tem que ser artista ou nada disso para ser bem-sucedido. Você pode fazer o lance da família. Eu já quis fazer isso algumas vezes ... Eu já quis ir para as montanhas às vezes, mas eu fiquei. Algumas pessoas têm que ficar e carregar mensagens ..."

"Você se vê como um mensageiro?"

A pergunta ofendeu Hendrix.

"Não, cara, nada disso". Ele pausou, arranhando o acetato de sua camisa preta com as unhas. "Eu não queria fazer essa entrevista porque eu estava cansado e nunca tenho tempo para mim mesmo. Queria relaxar, escrever uma música. Mas como você pode dizer algo assim para alguém?"

Gerry Stickels, produtor da turnê do Experience, entrou no quarto. "Você tem que se aprontar daqui a pouco". Jimi fez que sim com a cabeça.

"Escuta, eu estou cansado, mas é isso que estou tentando dizer. Se você prostituir a sua coisa ... não dá para fazer. A gente estava se divertindo muito com as coisas que a gente costumava fazer, mas quanto mais a imprensa inflasse isso e quanto mais as pessoas quisessem, mais a gente se afastava dessas coisas. Você vê onde tudo isso se encaixa?

"Quando estou no palco, tocando guitarra, eu não penso em sexo. Eu não consigo fazer amor quando um disco bonito começa a tocar. Quando estava no Havaí, eu vi uma coisa linda ... um milagre. Tinha vários anéis ao redor da lua e todos os anéis eram rostos de mulheres".

Hendrix estava olhando fixo em direção à janela, por sobre as cabeças das pessoas no quarto. Seu olhar voltou relutantemente.

"Eu gostaria de poder dizer para alguém".

Ali perto, Neil Landon, Jimmy Leverton e Eric Dillon, membros do Fat Mattress, o grupo de Noel Redding, estavam começando a se preparar para a performance da noite. O Mattress antecederia o Jimi Hendrix Experience no Spectrum. Os três garotos, um pouco mais jovens que Mitchell, Redding e Hendrix, pareciam saudáveis, brincando muito. Eles não estavam em turnê há tanto tempo quanto o Experience. Redding, magro como um lápis, com sotaque de Kent e um olhar apertado de James Dean, sentou-se numa cama, passando por alguns dos pontos que Jimi havia se negado a comentar:

"A gente se juntou uns dois anos atrás quando o Chas [Chandler] trouxe o Jimi dos Estados Unidos. Eu estava fazendo testes para o Animals e nós começamos a conversar e fazer uma jam. Ele me perguntou se eu sabia tocar baixo, eu disse que não. Ele me mostrou umas coisas e no dia seguinte a gente estava tocando. Eu pego rápido as coisas.

"Foi muito divertido no começo. A gente fazia muita loucura e rolava no chão, claro. Mas começa a ficar chato quando você vai para uma cidade e as pessoas começam a esperar coisas de você, não fica? Quando eles param de ouvir a música?

"A minha banda nova é mais comercial que o Experience. O quê? Claro que é foda fazer dois repertórios na mesma turnê, mas a gente vai estar no meio da turnê quando o Experience terminar essa viagem e o Experience não está trabalhando tanto assim, de qualquer maneira. Impostos e tal. Além disso, eu não gosto muito de ficar parado e faço qualquer coisa se estiver bêbado o suficiente". Um brilho do velho Experience acendeu os olhos de Redding, atrás dos óculos vermelhos.

Na outra sala, o humor de Hendrix havia mudado. Ele estava falando com uma bela garota negra e ela o estava convencendo a ligar para uma de suas amigas. A amiga, uma garota chamada "Beefy", estava no hospital, ela disse, e era simplesmente louca por Jimi Hendrix. Ele pegou o telefone e falou suave e silenciosamente por vinte minutos.

A pista do Spectrum estava lotada às 20:00. As garotinhas do lado nordeste e do extremo sul da cidade todas rindo em suas túnicas compradas na Ward's

Folly. As risadinhas mudaram para gritos quando, às 20:15, as bocas-de-sino de couro do Sr. Noel Redding deslizaram pela saída do ginásio entrando no palco circular. Elas continuaram gritando, por todo o show do Fat Mattress até começar o de Hendrix, que chegou com uma faixa na cabeça, que disfarçava o cabelo curto.

Ele tocou "Let Me Stand Inside [sic] Your Fire" e "Red House", depois deixou todo mundo maluco com "Foxey Lady" e "I Don't Live Today".

Mas então, com todas as garotinhas bufando e esperando, ele anuncia uma canção para "Beefy, no hospital", e era um blues lento – "Hear My Train A Comin'" – e aquilo foi completamente fora de contexto. Ela quebrou as correntezas sexy, e apesar de Jimi tocar com os dentes e cair de joelhos nos números seguintes, ele não "comeu" sua guitarra ou qualquer outra das coisas que os garotos vieram ver.

Quando acabou, tentaram arrancar sua faixa, de qualquer maneira, mas os policiais tiveram relativa facilidade em tirá-lo de lá.

"Não foi como no ano passado", uma pequena querubim disse para a outra enquanto ajeitavam a sombra dos olhos em uma placa da cerveja Schlitz perto da sala de imprensa. "Queria que o Doors viesse para cá".

Ambas as garotas tinham passado pela *experiência* e estavam, como qualquer um no mundo, crescendo.

"O EGO DE JIMI HENDRIX"

JIM BRODEY / SAN DIEGO FREE PRESS, 13 A 27 DE JUNHO DE 1969

O JHE tocou no International Sports Arena em San Diego, Califórnia, no dia 24 de maio para um público muito baderneiro. Depois de duzentos fãs quebrarem as portas de vidro do Sports Arena e entrarem sem pagar, a polícia prendeu dezoito adultos e doze menores e cuidou dos seguranças que foram pisoteados na correria. No meio da confusão, Hendrix deu uma entrevista pré-show para um jornal underground.

James Marshall Hendrix, completando dois meses de shows nos EUA, deu à *Free Press* uma entrevista exclusiva na semana passada. Jimi, que foi recentemente flagrado em Toronto em "posse ilegal de narcóticos", vai a julgamento em duas semanas. O flagrante canadense foi feito pela Real Polícia Montada do Canadá que vasculhou sua bagagem e descobriu vários pequenos embrulhos em um frasco. As circunstâncias que levaram à prisão podem indicar uma armação. O New Musical Express havia relatado que Jimi estava entrando de férias por um ano. Isso e o flagrante foram alguns dos tópicos discutidos em um pequeno camarim na parte de trás do Sports Arena antes de sua apresentação.

Free Press: Conte-me sobre o flagrante em Toronto.
Jimi Hendrix: Eu não posso dizer muito porque meu advogado disse para eu não falar nada. Enfim, sou inocente, completamente inocente.

FP: Você acha que foi uma armação?
JH: Deve ter sido, ou então foi alguma coisa muito ruim, porque não foi nada do que parece. Mas, de qualquer maneira, não posso falar muito sobre isso agora.

FP: E o seu retiro? Entendi que você vai...
JH: Ah, veja bem, isso é o que o povo negativo está tentando te dizer. Isso é o que o sistema está te dizendo. Eles estão tentando inflar nosso ego e nos dar prêmios e tudo mais só para nos colocar de lado, mas a gente não está aqui para receber prêmios, sabe, a gente está aqui para pôr as pessoas no caminho certo

porque tem coisas muito estranhas aparecendo... Ei, eu não consigo fazer isso aqui com outras pessoas na sala.

FP: Você quer dizer então do boato de você passar um ano de férias...
JH: Não, não acho que vai demorar tanto assim porque agora é a hora que um ano de retiro seria um completo desperdício, sabe, no ritmo que as coisas estão indo agora.

FP: Que objetivo você tem? Só tipo juntar seus pedaços de novo?
JH: Não, não, não de novo. Tem outros movimentos que eu preciso fazer agora, sabe. Um pouco mais direcionado ao nível espiritual através da música. Não é a ideia de se basear em diferentes religiões e tal. Não existe isso, na verdade. Isso é tudo joguinho que as pessoas jogam consigo mesmas, mas, sabe, o chato nisso é que tem muita gente boa que sabe dos joguinhos que estão sendo feitos. Elas jogam como os outros, mas não estão fazendo nada a respeito, sabe, para si mesmas. Não necessariamente tomando maneiras violentas; isso é só outro jogo. É isso que querem que você faça. Eles querem você extra fraco. Lutar entre si – para que eles possam ter todo o controle, sabe...

Algumas das vibrações que as pessoas dizem estar tendo agora são verdadeiras considerando o fato que a Terra está passando por uma verdadeira, como eu posso chamar, transformação física em breve. Uma mudança física, basicamente. Quer dizer, tipo, já que as pessoas são parte da Terra, elas vão sentir isso também. De muitas maneiras, elas são boa parte do motivo por causá-la.

Há outras pessoas no sistema solar, sabe, e elas têm os mesmos sentimentos, também, não necessariamente sentimentos ruins, mas veja, isso atrapalha sua maneira de viver, por exemplo, e elas são muito mais pesadas do que nós. E não é um jogo de guerra porque elas todas mantém seus mesmos lugares. Mas, tipo, o sistema solar vai passar por uma transformação em breve que vai afetar a Terra em uns 30 anos, sabe. E não estou falando desse cômodo, estou falando da própria Terra. Este cômodo é só uma migalha da crosta da torta. E, tipo, não tem como mudar de um lugar para o outro para escapar disso...

Então eu acho que a pessoa deveria tentar conseguir seu próprio lance porque ela deve ter uma certa fé com uma conexão. Tem um monte de outras religiões. Só uma conexão porque tem apenas algumas pessoas escolhidas que vão atravessar isso; essas pessoas escolhidas, no processo, estão agora distraídas e estão se afogando. Então, portanto, elas têm que descansar. Não descansar, mas dar uma pausa das pessoas. Para poder salvá-las direito, elas têm que dar uma pausa das pessoas. Não existe gente boa ou ruim, está tudo achado e perdido, na verdade. Esse é o x da questão. Tem um monte de gente perdida por aí e, tipo, só tem líderes em tempos de crises, mas é isso que está rolando agora. Não é só uma modinha que está passando; é muito sério.

Se você reverter o tempo, tem o Egito. É só poeira agora, mas costumava ser verde. É que eles tiveram um grande dilúvio e o mundo costumava ser plano, eles diziam, quer dizer, você sabe. E tipo, eles acharam memorandos na lua, mas sem saber quando eles vão para lá, mas quando forem, vão achar memorandos de outras civilizações que estiveram lá antes e nem vão pensar nada do porquê da lua estar lá, para começo de conversa.

Quer dizer, é difícil dizer rapidamente, mas tudo que podem fazer ... a única resposta que podem achar agora é pela música. Não é ruim nem bom, é a verdade. Elas têm que encarar a completa e constante verdade. A música está num estado agora em que está se livrando de todo o lixo, e para fazer essas coisas, em grande parte, os músicos que estão aqui por um propósito não saem tentando satisfazer a si mesmos porque, nesse caso, é aí que eles se distraem com a fama, com a imagem e todas essas coisas. Na verdade, isso é quando os garotos ficam mais distraídos tentando seguir as mudanças pelas quais passam um músico porque eles se parecem com aquela pessoa. Tipo como quando eles vêm aqui ver a gente, o que é errado. É isso que a gente está tentando passar. É muito fácil agora porque, como dizem, eu ainda não tive esse tempo para me retirar ainda.

FP: Você vai mesmo ficar ausente da cena do rock?

JH: Eu não vejo as coisas como a cena do rock ou a cena do folk. Eu não ligo mesmo para esses termos. Mas, portanto, nada pode explicar o que vou fazer depois. Vou ter que usar algum tipo de nome artístico. Então, tipo, acho que eu vou chamar de cena espiritual. Mas não é uma coisa nebulosa de frustração ou amargura que eu estou tentando criar. É do que está me direcionando. O que eu estou aqui para fazer, em primeiro lugar. Isso quer dizer que eu vou me livrar da minha identidade porque essa não é a minha única identidade. Foi besteira cortar meu cabelo, mas foi parte de um passo do aprendizado de entender para que eu estou aqui. Eu vejo milagres todos os dias, agora. Eu costumava ter consciência deles talvez uma ou duas vezes por semana, mas alguns são tão drásticos que eu não conseguiria explicar para ninguém ou provavelmente já estaria trancafiado a essa hora.

FP: Por que meios você vê esses milagres?
JH: De todos os jeitos diferentes porque você pode não necessariamente ser um dos escolhidos para ajudar. Não pode ser todo mundo ou senão não haveria nada além de cada pessoa com sua própria religião e logo elas acabariam brigando e nós voltaríamos para a mesma coisa de novo. Eu não sou melhor do que você nesse sentido. É só que talvez eu não diga nada até que um número maior de pessoas enxergue. É um pensamento universal; não é uma coisa preta e branca nem uma coisa verde e dourada.

FP: Pode ser usada como um veículo...
JH: Sim, eu gostaria de dizer, para fechar, há algumas pessoas que estão aqui para ajudar a tirar as pessoas desse tipo de dormência em que elas estão. Tem gente passeando por aí de cabelo comprido pregando a palavra "amor", e elas não sabem que porra estão falando porque não existe amor enquanto a verdade e a compreensão não aparecerem. Tudo que eles estão fazendo é se tornar cada vez mais fracos até que seus negativos venham e os levem embora. E é isso que vai acontecer. E aí você não vai ter mundo para viver. O sistema vai ruir de qualquer maneira. Isso só acontece quando a pessoa tem a sua própria coisa. Se ele é um carpinteiro, por exemplo, ou sei lá, ele tem que trabalhar com o que ele realmente curte. Tipo, alguém vai ter que voltar à infância e pensar no que realmente sentiu, realmente queria antes das impressões digitais dos pais e mães os dominarem ou antes das manchas da escola ou do progresso... A maioria é rebanho. O que não é uma má ideia. É a verdade, não é? É por isso que temos rebanho lutando em forma de Panteras Negras e rebanho sob a Ku Klux Klan. Eles são todos rebanho e no começo estavam seguindo um certo caminho.

FP: Mas você acha que os Panteras Negras são necessários?
JH: Sim, só pela palavra "necessários". Sabe, no fundo da mente deles, eles deveriam estar trabalhando em direção a conseguir sua própria coisa. Eles deveriam ser um símbolo somente para os olhos do sistema. Tinha que ser uma coisa lendária.

FP: É necessário como um passo para a libertação e a liberdade?
JH: Tudo depende do que significa liberdade. Algumas pessoas nem sabem o que significa.

FP: E quanto a cada indivíduo que está envolvido com os Panteras Negras?
JH: Não, veja, a maior parte disso vem de qualquer tipo de grupo agressivo assim. É bom quando você começa a adicionar pensamentos universais, e isso é bom naquele segundo. O resto deveria ser uma figura lendária. Em um, como se chama, um símbolo, ou algo assim. Então o que eles estão fazendo agora é lutar contra seus eus individuais. Não há nada que possamos explicar para eles. Isso vem, em sua maior parte, da amargura. Não é mais uma questão de cor. Não há preto e branco. É muito pequeno. É como animais lutando uns contra os outros – e então os animais grandes virão e levarão tudo embora.

FP: Mas alguém que está avariado há anos?
JH: Outras pessoas não têm pernas, lutaram em guerras e não têm visão.

FP: Psicologicamente avariadas.
JH: Certo, é disso que estamos falando. Elas têm que relaxar e esperar para ir pelo sentimento. Se você vai pelo psicológico, você tem que ir pelo sentimento psicológico. Se você começa a pensar negativamente, isso se transforma em amargura, agressão, ódio, ou qualquer coisa assim.

Neste ponto, a entrevista foi interrompida por promotores e uma pessoa com um medalhão de "amor". A rádio KCBQ havia patrocinado um concurso no qual os participantes que fizessem o "medalhão do amor mais legal" ganhariam uma entrada grátis para o show e apresentariam seu colar do amor para Hendrix pessoalmente. Jimi, que não sabia do concurso, recusou-se a fazer média com a gaguejante KCBQ e não falou com os vencedores.

Depois, na mesma noite, no salão do Hilton Inn, Hendrix discutiu mais sobre suas filosofias de vida. O salão parecia simbolizar tudo dentro do sistema, contra o qual Hendrix tanto se posicionava. Talvez a visão de Hendrix sobre a vida seja diferente da nossa; certamente, de sua posição, ele tem uma vista diferente. Fama, dinheiro e sucesso podem inserir emoções estranhas na cabeça de alguém e Hendrix cai nessa categoria. Ele é parte do jogo, com certeza. Mas duvido que ele seja o líder que pensa que é; duvido que a música seja uma força tão poderosa quanto ele gostaria que nós acreditássemos.

O que acontece com o Experience agora não parece exato. A possibilidade de mudanças nos membros não é improvável. Um novo álbum será lançado antes do fim do verão e antes das "férias" acontecerem. Material ao vivo será usado no álbum. (O show de sábado foi gravado, mas é mais provável que não seja usado.) [4]

---

4 O show de San Diego em 1969 foi lançado depois como parte de uma coleção chamada Stages em 1991.

"ENTREVISTA COM JIMI HENDRIX"

NANCY CARTER / TRECHOS DA GRAVAÇÃO ORIGINAL DE 1969

Nancy Carter não era repórter – na verdade, era uma estudante fazendo seu mestrado na University of Southern California e queria incorporar Hendrix e a cena contracultural de Los Angeles à sua tese. A entrevista aconteceu no dia 15 de junho no Beverly Rodeo Hotel. O JHE tinha apenas mais dois shows para tocar antes de se separarem no dia 29 de junho. O que se segue é um trecho da entrevista de Carter.

Nancy Carter: Se você tivesse a chance de comunicar uma ideia geral ao público americano, qual seria?
Jimi Hendrix: Acho que seria a compreensão e a comunicação entre as diferentes faixas etárias. Não existe faixa etária; não na minha cabeça, porque uma pessoa não tem uma idade baseada em números de anos, mas em quantos quilômetros ela rodou, sabe? Como ela mantém sua mente ativa e criativa. E acho que essa é uma ideia geral. Mas há milhões delas...

NC: Que implicações sociais você acha que o rock trouxe para a sua geração?
JH: Os mais jovens ... as mentes deles são mais afiadas e eles conseguem entender. Já que eles não conseguem se libertar e ser respeitados pelos mais velhos eles entram nessas outras coisas, e a música fica mais alta e fica mais rebelde porque está começando a formar uma nova religião. Você não vai encontrar isso na igreja. Muitos garotos não encontram nada na igreja. Eu me lembro quando fui expulso da igreja porque estava usando roupas inadequadas. Eu estava de tênis e de terno e eles disseram, "Bom, isso não é adequado". Eu disse, "Nós não temos nenhum dinheiro para comprar outra coisa". E aí fui expulso da igreja mesmo assim. Não é nada além de uma instituição. Eles não vão encontrar nada lá.

NC: Na sua opinião, qual é o futuro da música pop?
JH: Em primeiro lugar, eu não gosto da palavra "pop". Tudo que ela significa para mim é *pilgrimage of peace*. (N. do T.: **p**ilgrimage **o**f **p**eace: peregrinação da paz.)

NC: Bom, qual você acha que vai ser o som do futuro, então?

JH: Eu não sei... Eu gostaria de entrar mais nas coisas sinfônicas, para que os garotos possam respeitar ... [música] tradicional, como os clássicos. Eu gostaria de misturar isso no chamado rock de hoje em dia. Mas isso está sempre mudando de acordo com a postura das pessoas.

"JIMI HENDRIX, O SOL CIGANO"
RITCHIE YORKE / HIT PARADER, JANEIRO DE 1969

No dia 19 de junho, Hendrix compareceu ao Tribunal de Toronto, o Toronto Courthouse, para dar depoimentos preliminares relacionados ao seu recente flagrante em posse de drogas. Uma data para o julgamento foi determinada para 8 de dezembro. Antes de voltar para Los Angeles, Hendrix deu uma entrevista otimista e expressou suas previsões sobre o futuro de sua carreira.

Jimi Hendrix está prestes a compartilhar um pouco de sua Experiência. Seus próximos três álbuns não contarão mais com o baixista Noel Redding nem com o baterista Mitch Mitchell. Ele continuará, no entanto, a apresentar-se com o Experience em todos os shows ao vivo.

Em uma entrevista recente – a primeira que Hendrix concordou em fazer em 1969 [sic] – o mestre da guitarra de 26 anos nascido em Seattle disse: "O grupo não vai se separar porque nós vamos continuar a fazer shows juntos."

Hendrix estava de bom humor e parecia feliz em conversar sobre qualquer coisa que mencionássemos durante a entrevista. Ele disse que estava passando o tempo pensando, sonhando acordado, fazendo amor, sendo amado, fazendo música e curtindo cada pôr-do-sol.

"Meu plano é usar pessoas diferentes nas minhas sessões a partir de agora; os nomes não são importantes. Você não conheceria, de qualquer maneira. Isso me incomoda, cara, que tem tanta gente boa passando fome, músicos que são duas vezes melhores do que os grandes nomes. Eu quero tentar fazer alguma coisa quanto a isso.

"Eu me sinto culpado quando as pessoas dizem que sou o melhor guitarrista da cena. O que é bom ou ruim não me importa; o que importa é o sentir e o não sentir. Se pelo menos as pessoas tivessem uma visão mais verdadeira e pensassem em termos de sentimento. Seu nome não significa merda nenhuma, é o seu talento e o seu sentimento que importam. Você tem que saber mais do que o aspecto técnico das notas, você tem que conhecer os sons e o que vai entre as notas".

Hendrix deixou absolutamente claro que está de saco cheio de pessoas constantemente esperando coisas dele. "Eu não tento mais corresponder às expectativas de ninguém", disse ele, rindo de sua recém-descoberta liberdade. "Eu estava sempre tentando fugir disso. No começo, quando você estoura, as exigências em cima de você são muito grandes. Para algumas pessoas, elas são simplesmente pesadas demais. Você pode só relaxar, gordo e satisfeito.

"Todo mundo tem uma tendência e você tem que passar por muitas mudanças para sair dela.

"Realmente eu sou só um ator – a única diferença entre mim e aqueles caras em Hollywood é que eu escrevo meu próprio roteiro. Eu me considero primeiramente um músico. Meu sucesso inicial foi um passo na direção certa, mas foi só um passo, só uma mudança. Foi só parte da coisa toda. Meu plano é entrar em muitas outras coisas."

O atual conflito entre corpo e ritmo estava fadado a chegar à carreira colorida e erótica de Hendrix. O Hendrix que todos nós vimos pela primeira vez – todo elegante, devastador e insolente – era o sonho de um criador de imagens. Pelo jeito que ele se apresentava, parecia que cada contorção das agitadas sobrancelhas, cada impulso do joelho de veludo e cada sacudida do cabelo bagunçado havia sido meticulosamente formulada por um bando de relações públicas e produtores variados. Seu show, com a mordida nas cordas e o completo ofuscamento de seus antecessores no rock, era preciso como a contagem regressiva de um míssil. Ele chicoteava o público até o frenesi e os deixava amolecidos como rosas em um escaldante dia de verão.

Inicialmente, não era tanto o fato de ele ser um guitarrista habilidoso. Ninguém parecia realmente notar, estavam ocupados demais curtindo sua aura maluca quase ilegal e sua presença de palco selvagem.

Em sua turnê mais recente pela América do Norte, Hendrix tentou em vão levar suas plateias através das mesmas mudanças pelas quais havia passado. Ele fez alguns dos hinos – "Hey Joe", "Purple Haze", "Foxey Lady" – mas ele também tentou trabalhar nas coisas mais complexas e intrincadas do *Electric Ladyland*. Contudo, em muitos casos as plateias ficaram apáticas quanto à ginástica guitarrística.

"Sim", disse Hendrix quando eu toquei no assunto. "Mas ao invés de ficarmos bravos, precisamos falar um pouco mais, às vezes um pouco mais do que realmente queremos.

"Tudo se resume ao fato de que álbuns são nada mais que diários pessoais. Quando se escuta alguém fazendo música, você vê alguém desnudando uma parte de sua alma para você. O álbum *Are You Experienced* foi um dos mais diretos que fizemos. O que ele dizia era, 'Deixe-nos passar pela parede, cara, queremos que você curta isso aqui'. Mas depois, quando entramos em outras coisas, as pessoas não conseguiram entender as mudanças. O problema é que sou esquizofrênico de uns doze jeitos diferentes e as pessoas não conseguem [se acostumar] com isso.

"Claro, os álbuns ficam diferentes. Não dá para fazer sempre a mesma coisa. Todo dia você descobre isso e aquilo e isso se soma ao total que você tem. O disco *Are You Experienced* é o que a minha cabeça estava fazendo uns dois anos atrás. Agora eu estou fazendo outras coisas."

Uma das coisas em que Jimi está muito envolvido ultimamente é a relação entre a terra, o sol e as pessoas. "Há uma grande necessidade de harmonia entre o homem e a terra. Eu acho que estamos acabando com essa harmonia jogando lixo no mar, poluição no ar e tudo isso.

"E o sol é muito importante; é o que mantém tudo vivo. Meu próximo álbum vai se chamar *Shine On Earth, Shine On* ou *Gypsy Sun*. O álbum de Natal vai se chamar *First Rays of the New Rising Sun*.

"Talvez tenha mais alguns álbuns nesse tempo. Um álbum ao vivo que eu acho que vai ser gravado no Royal Albert hall em Londres e um lance tipo Greatest Hits. Tudo que eu sei é que vou trabalhar no meu próximo álbum para lançar no verão.

"Temos mais ou menos 40 músicas na pauta já, metade delas completa. Um monte de jams compiladas – tudo muito espiritual, tudo muito da terra".

Não muito tempo atrás, circulou um boato de que Hendrix planejava sair da cena pop por um ano. O boato sugeria que Hendrix estava cheio de tudo e queria ir embora para descansar e reunir suas forças.

"Eu não poderia tirar um ano", disse ele. "Mesmo que eu esteja muito cansado. Na realidade, posso tirar um mês em algum lugar, mas um ano, nem a pau. Eu passo muito tempo tentando fugir, mas não consigo parar de pensar em música. Está na minha mente a cada segundo do dia. Não consigo lutar contra isso então eu danço conforme ela vem". Apesar de ele talvez não tirar um ano de folga ou qualquer quantidade de tempo significativa, ele tem uma grande viagem em mente. "Eu vou para Mênfis, no Egito", afirmou, num tom curioso. "Tive uma visão e ela me disse para ir para lá. Estou sempre tendo visões de coisas e sei que isso está levando a algo muito importante".

"Acho que religião é um monte de 'bosta'. É só um monte de coisa inventada pelo homem, homens tentando ser o que não podem. E há tantas variações quebradas. Todas tentando dizer a mesma coisa, mas são tão atrevidas, todas adicionando suas próprias partezinhas. Agora mesmo, estou trabalhando em minha própria religião, que é a vida.

"Pessoas dizem que sou isso e aquilo, mas eu não sou. Só estou tentando impulsionar as artes naturais – ritmo, dança, música. Juntar tudo isso é o meu lance."

Era inevitável que discutíssemos outros músicos e outros grupos e Hendrix parecia mais do que pronto para dar seu veredito de especialista.

Blood, Sweat & Tears: "Acho um pouco pretensioso. Mas com trabalho duro, eles saem dessa. Agora está tudo muito plástico, um som muito brilhante. A música está toda escrita e você pode ver muito desse círculo interminável nela. Eles estão tentando provar para si mesmos que eles são muito pesados. Mas acho que as intenções deles são boas. Um dia eles se encontram."

Crosby, Stills & Nash: "Eu curto muito eles. Eles entraram no lance deles. Eles têm grande consciência de si mesmos. Acho que eles são ótimos mesmo."

Iron Butterfly: "Eles estão realmente tentando, cara. Eu gosto deles pelo fato de eles tentarem."

Steve Winwood: "Acho ele ótimo."

Blind Faith: "O nome deles já diz o que eles vão fazer."

Creedence Clearwater Revival: "Acho eles muito bons e espero que [eles] se mantenham nisso que eles curtem. Eu escuto uma aura espiritual no que eles estão fazendo. Espero que eles não percam isso."

"Eu gosto do Dylan e todas as outras pessoas, mas não dá para tocar coisas deles o tempo todo. Você tem que aprender a entender coisas assim. Eu curto os discos do Bach e do Handel e do Sly and the Family Stone, eles estão realmente virando eles mesmos."

Sobre o pop em geral, Hendrix disse que gostaria de ver o Dylan voltar. "Acho que muita gente está fazendo só o que é popular. Está na hora de fazerem seu próprio lance. Sabe, cara, às vezes eu não consigo escutar a mim mesmo porque eu pareço com todo o resto. E não quero estar nessa corrida de ratos".

Hendrix não está exatamente extasiado com as correntes atuais para ligar o rock com o clássico. "Cada um na sua", disse ele. "Em outra vida, as pessoas que estão tentando fazer isso podem ter sido Beethoven ou um desses caras. Mas essa é a Era do rock'n'roll, então as pessoas estão interessadas no rock. Cada Era tem sua música.

"O que eu não gosto é desse negócio de tentar classificar as pessoas. Deixa a gente em paz. Os críticos sabem mesmo ser um pé no saco. É tipo atirar num disco voador enquanto ele pousa sem dar a chance para os ocupantes se identificarem. Você não precisa de rótulos, cara, só curte o que está acontecendo".

Comentei com Jimi que ele parecia estar muito mais feliz do que estava antes. "Sim, cara, e estou ficando mais feliz o tempo todo. Eu me vejo passando por todas essas mudanças drásticas, me envolvendo em coisas melhores. Eu gosto de me considerar anacrônico. Afinal não importa há quanto tempo você está aí ou a sua idade; o que importa é quantos quilômetros você viajou.

"Alguns anos atrás, tudo que eu queria era ser ouvido. 'Deixe-me entrar' era o lance. Agora, cara, eu estou tentando descobrir a maneira mais sábia de ser ouvido."

Parte VI

JULHO DE 1969 - DEZEMBRO DE 1969

EM 30 DE JULHO DE 1969, HENDRIX DEIXOU NOVA YORK para rápidas férias no Marrocos, onde ficou com seus amigos, viajando para Marrakesh, Essaouira e Casablanca. Hendrix não foi reconhecido, ainda que em alguns locais o tivessem confundido com o cantor franco-marroquino Jean Claude Vigon.

Depois do Marrocos, Hendrix alugou uma propriedade no norte de Nova York, onde ele poderia relaxar e se reorganizar. Já havia planos para um festival na área, com Hendrix como atração principal. Um grupo variado de músicos foi convidado à casa para ensaios e improvisações, e uma banda multirracial chamada Gypsy Sun and Rainbows emergiu. Hendrix era o artista mais bem pago da lista do Woodstock, e estava programado para fechar o festival no domingo, 18 de agosto. No entanto, tempestades torrenciais atrasaram o festival e a banda não tocou até a manhã de segunda-feira.

O Gypsy Sun and Rainbows tocou no Salvation, um clube no Greenwich Village em 10 de setembro, em um evento promovido como "a Orgia Romana Negra". O grupo se separou em outubro e Hendrix começou sessões e ensaios com Buddy Miles e Billy Cox. O trio se tornaria o Band of Gypsys.

Hendrix celebrou seu vigésimo sétimo aniversário assistindo aos Rolling Stones no Madison Square Garden. No início de dezembro, ele voou a Toronto para o julgamento por posse de drogas. Três dias após receber o veredicto de inocente, Hendrix retornou a Nova York para ensaiar para a performance de ano novo do Band of Gypsys no Fillmore East.

THE DICK CAVETT SHOW (JULHO)
DICK CAVETT / THE DICK CAVETT SHOW, 7 DE JULHO DE 1969

Com uma banda nova ainda em formação, Hendrix fez uma rara aparição no THE DICK CAVETT SHOW, do canal ABC-TV. Antes da entrevista, Hendrix anotou oito tópicos que se sentia confortável em discutir com o apresentador e os deu a um membro da equipe. A maior parte dos assuntos foi discutida, com exceção do pouso na lua, que logo aconteceria, poluição do ar e justiça.

Dick Cavett: Meu próximo convidado é um dos superastros do mundo da música pop. Seu nome é Jimi Hendrix e ele não está aqui com seu grupo, mas está ele próprio aqui, o que é uma honra para nós. Ao invés de tentar descrever a experiência Jimi Hendrix, se você ainda não a teve, aqui está um trecho do filme *Monterey Pop*, de D. A. Pennebaker, para fazer isso por mim...

[Os últimos minutos de "Wild Thing" são mostrados, nos quais Hendrix põe fogo em sua guitarra e a destrói.]

DC: Isso não é tudo o que ele faz, mas ele está aqui esta noite, como eu disse, sem sua Experience. Então aqui está um ingênuo e inocente Jimi Hendrix.

[Hendrix entra enquanto a Bob Rosengarden Orchestra toca "Foxey Lady".]

DC: Prazer em conhecê-lo. Essa não é a única coisa que você faz no palco, para aqueles que nunca o viram antes, se é que há alguém, e claro, sempre tem alguns. Qual é o significado da destruição no palco quando você faz isso desse jeito?
Jimi Hendrix: Hmm, deixa eu ver.

DC: Você pode rejeitar essa pergunta.
JH: Eu estava em tal transe quando fiz aquilo que não me lembro, mas deixe-me ver se consigo me lembrar. É uma coisa tipo, quando você leva sua namorada lá e você nos assiste tocar e tal, você pode tirar isso do seu organismo assistindo a gente, fazendo uma cena teatral ao invés de levar isso para as ruas. Então,

quando você chega em casa com a sua família ou a sua namorada, você tira essa tensão do seu caminho. Não é nada além de uma liberação, eu acho.

DC: Talvez uma válvula de escape para algum tipo de violência?
JH: Sim, você poderia chamar disso.

DC: Você odeia ser questionado sobre o significado das coisas? Percebo que eu quase peço desculpas para perguntar para alguém considerado artista o que eles querem dizer com alguma coisa porque você está pedindo para eles reinterpretarem algo que eles já fizeram. Você acha que a música tem um significado?
JH: Ah, sim, com certeza, ela está ficando mais espiritual do que nunca, agora. Muito em breve eu acredito que precisarão contar com a música para atingirem algum tipo de paz de espírito, ou satisfação, direção, na verdade, mais do que a política, porque a política é uma coisa do ego, sabe, esse é o jeito ... que eu vejo, de qualquer maneira ... é uma coisa muito do ego, por exemplo.

DC: Coisa de ego?
JH: Bem, sim, a arte das palavras, que não significam nada, sabe. Então por isso você tem que contar com uma substância mais terrestre, tipo a música ou as artes, teatro, atuação, pintura, o que seja.

DC: Aposto que você não usava isso nos paraquedistas.
JH: Não necessariamente. *[Risos.]*

DC: Você foi um paraquedista ou um saltador? Ou saltitante?
JH: Não faz diferença. Centésima Primeira Divisão Aerotransportada, Fort Campbell, Kentucky.

DC: Quase vestimos a mesma roupa hoje à noite. Teria sido constrangedor.

[A plateia ri e aplaude enquanto Cavett aponta para a camisa-kimono azul turquesa de Hendrix.]

DC: Eu o deixo feliz. É muito impressionante... Eu queria esclarecer algo com

você. Ouvi você usar a expressão "uma igreja elétrica" como uma ambição que você tinha. Isso era uma fala metafórica ou poética, ou você realmente quer...
JH: *[Suspira.]* Oh, vamos ver... É só uma crença que eu tenho... Nós usamos guitarras elétricas. Tudo é eletrizado hoje em dia. Então, portanto, a crença vem [...] através da eletricidade para as pessoas, o que seja. Por isso tocamos tão alto. Porque não bate nos tímpanos como a maioria dos grupos faz hoje em dia. Eles dizem, "Bom, a gente vai tocar alto também, porque eles estão tocando alto." E eles vêm com esse som estridente e é muito difícil. Nós planejamos nosso som para entrar na alma da pessoas, na verdade, e ver se consegue acordar algum tipo de coisa na mente delas, porque tem tanta gente adormecida. Dá para dizer assim, se você quiser.

DC: O que você gosta de ouvir se alguém chega em você depois de um show, que tipo de elogio você gosta?
JH: Não sei. Eu não vivo de elogios, na verdade é um jeito de me distrair, e um monte de outros músicos e artistas que estão aí hoje em dia. Eles escutam todos esses elogios; eles dizem, "Nossa, eu devo ter sido excelente mesmo." Então eles ficam gordos e satisfeitos, e se perdem, e esquecem o talento real que eles têm e começam a viver em outro mundo, sabe.

DC: Isso é um problema interessante, não é? Alguém disse sobre a Janis Joplin, que é uma superestrela agora. Você conhece a Janis, eu espero...
JH: Superestrela? Ah, sim.

DC: Sim, ela é com certeza, no meu coração.
JH: Eu sou o Super Chicken,[1] e não se esqueça. *[Risos.]*

DC: Não me esquecer? Agora, eu ia dizendo, o problema de fazer sucesso é difícil para você se a sua base é, digamos, no blues, ou algo assim, e você de repente ganha centenas de milhares de dólares por ano. Alguém disse que é difícil cantar blues quando se está ganhando esse tipo de grana. Isso presume que não se pode ser infeliz e ter muito dinheiro.

---

1 Hendrix era fã dos desenhos animados de sábado de manhã. A animação do defensor da lei Super Chicken passou na ABC-TV de 1967 a 1970.

JH: Bom, às vezes fica muito fácil para cantar o blues, quando você está para ganhar toda essa grana, sabe, porque, tipo, o dinheiro agora está saindo do controle [...] tipo, músicos, principalmente os caras jovens, sabe. Eles têm a oportunidade de ganhar essa grana e eles dizem "Uau, isso é fantástico," e como eu disse antes, eles se perdem e esquecem a música mesmo, esquecem seus talentos e esquecem de suas outras metades. Então, por isso você pode cantar muito blues. Quanto mais dinheiro você ganhar, mais blues, às vezes, você canta. Mas a ideia é usar esses obstáculos e coisas diferentes como passos na vida... é como beber café; bom, você não bebe todo dia, senão você entra num outro lance com ele, tipo fugas, e essas coisas.

DC: Não sei, mas me parece bom. Você se considera um cara disciplinado? Você acorda todo dia e trabalha?
JH: Ah, eu tento levantar todo dia. *[Plateia ri e aplaude.]*

DC: Isso é uma disciplina em si.
JH: Ainda estou tentando hoje, também. *[Plateia ri.]*

DC: Você escreve todo dia?
JH: Ah, sim, sim.

DC: Você quer deixar um chamado?
JH: *[Usa voz engraçada]* O que é isso? O que você quer dizer?

DC: Isso é gíria. Eu não teria tempo para explicar.
JH: *[Risos enquanto Hendrix finge procurar o significado de "gíria" num livro.]* Hummm. Gíria? Ah, sim, entendi. Certo.

DC: Escuta, Hendrix. Disseram que você vai tocar para nós, o que eu ainda não acredito, porque não sei como isso será possível. Mas se você tocar, acredito que tenha mais de uma pessoa muito grata no recinto. Ah, a propósito, boa noite aos meus convidados caso eu me esqueça depois, em caso de você não querer parar.
JH: Para ele. *[Ri e mostra três dedos, indicando que Cavett fez três piadas às suas custas.]*

DC: Você entendeu *alguma coisa* do que eu disse?

JH: Eu acho que sim. Andei assistindo ao programa... Eu falo através da música, de qualquer maneira. Talvez se eu arranjar minha guitarra, eu consigo fazer alguma coisa.

DC: Ótimo. OK. O palco é seu.

[Hendrix toca "Hear My Train A Comin'" com a orquestra. Após um intervalo comercial, Hendrix retorna ao assento dos convidados ao lado de Cavett.]

DC: Muito obrigado, Robert Downey, Jimi Hendrix, Garson Kanin e Gwen Verdon por aparecerem aqui esta noite. Jimi, obrigado por sua estreia no nosso canal aqui.

JH: Muito obrigado.

DC: Nós temos vinte segundos de programa para você afinar sua guitarra. Amanhã estamos de volta. Boa noite. Te vejo lá.

THE TONIGHT SHOW
FLIP WILSON / A PARTIR DE UMA GRAVAÇÃO DE ÁUDIO DO THE TONIGHT SHOW, 10 DE JULHO DE 1969

O comediante Flip Wilson substituía o apresentador Johnny Carson neste episódio do THE TONIGHT SHOW. Wilson aproveitou a oportunidade para promover seu evento no dia 11 de julho no Madison Square Garden, chamado SOUL '69, que contava com Joe Tex e Wilson Pickett, que também eram convidados do programa da noite. Hendrix havia conhecido Flip Wilson no ano anterior numa festa de aniversário particular para Hendrix.

Hendrix agora tinha o baixista Billy Cox na folha de pagamento, mas nenhum baterista, então pediu que Ed Shaughnessy preenchesse a lacuna. Shaughnessy era o baterista da banda da casa de Carson, a quem Hendrix havia recentemente visto tocar com a lenda do jazz Charles Mingus.

Flip Wilson: Estou feliz que você veio, cara. Estou feliz que você veio.
Jimi Hendrix: Eu também.

FW: Que bom. Muitas pessoas estão perguntando, porque ouviram dizer que você considera a sua performance uma experiência espiritual. Então se você tiver algum comentário a fazer sobre isso, estaríamos todos muito interessados.
JH: Vejamos, então, espiritual...

FW: Ah, eu vou curtir isso. Eu vou *curtir*. *[Risos.]*
JH: Bom, alguém vai ter que curtir.

FW: Eu vou curtir.
JH: É uma coisa que eu não sei, depois de ... ir para a igreja algumas vezes e ser expulso por estar de tênis ou um terno azul e preto ... camisa marrom, tudo...

FW: Sim.
JH: E depois a política te diz esse lixo todo sobre isso e aquilo, sabe, você se decide e diz, "Bom, deixa eu me virar sozinho", sabe, e a música é o meu esquema. Minha vida toda é baseada ao redor dela. Então, naturalmente ela chega a ser mais do que uma

religião. Então, o que eu aprendo, por essa experiência, eu tento passar para as outras pessoas, sabe, por meio da nossa música [...] Tipo, por exemplo, toda essa violência, pessoas correndo pelas ruas, sabe. Eu consigo entendê-las mas, tipo, ahm, se elas curtem os sons e deixam o espiritual ... olha, é como a igreja, na verdade, sabe.

FW: Sim.
JH: É como a igreja, como você vai a uma igreja com música gospel e nós estamos tentando fazer a mesma coisa através de música moderna...

FW: Eu entendo, muito facilmente. Sem problema, mesmo, nenhum. Eu estava checando, fazendo uma pesquisa sobre você. Você também é sagitariano...
JH: Constantemente. *[Risos.]*

FW: Quando eu me interesso muito por alguém eu tento checar e descobrir o máximo que puder.
JH: De que dia é você?

FW: 8 de dezembro.
JH: O meu é 27.

FW: 27 de ... novembro. Sammy Davis, eu ... vejamos. No dia 8 de dezembro é o Sammy Davis, Winston Churchill, Kirk Douglas, eu. Sinatra no dia 7 ... e quem mais? Maurice Chevalier...
JH: Eu conheço vários desses. *[Risos.]*

FW: É o signo dos grandes artistas – Sagitário. Por isso que eu fui dar uma olhada em você.
JH: É...

FW: Eu entendo. Sinto que todos nós temos alguma coisa a oferecer e cada um de nós tem que achar a sua própria coisa. E *nós* representamos, na minha opinião, Deus e o que nós damos uns para os outros ... e todos estamos aqui para chegar, pôr alguma coisa no pote e ir embora.
Convidado não identificado: É! Amém!

FW: Não vem aqui só sugar todo o ar.
JH: Somos todos um templo de Deus, de qualquer maneira, sabe ... por isso que você tem que ter alguns sonhos bondosos dentro de você, independentemente de quem você é externamente, sabe?

FW: Sim.
JH: E, tipo, já que você carrega Deus dentro de você, bom, então você é parte dele, ele é parte de você, entende?

FW: Bom, Jim, é o meu prazer estender o convite para que você nos mande um sermão de luz. *[Risos.]* Ótimo. Sim. Jimi Hendrix! Senhoras e senhores.
JH: Eu gostaria de dizer antes de mais nada que esse é Billy Cox, o nosso novo baixista. Nós vamos fazer uma chamada "Here Comes Your Lover Man". Lá fora na janela eu o vejo...

[Assim que começa o solo de Hendrix, seu amplificador pifa. Cox e Shaughnessy continuam a tocar na esperança de que o som seja rapidamente restaurado.]

FW: Nós vamos trocar os amplificadores e arrumar tudo. Jimi estará de volta conosco em um minuto... O amplificador já era ... enquanto ele estava cozinhando tudo tão forte... É isso mesmo, ele queimou tudo e nós vamos trocar os amplificadores. Estamos quase prontos? O principal numa situação dessas é continuar falando. Eu vou falar sem parar até o amplificador começar. Afinal, as pessoas não querem perder tempo olhando enquanto nada acontece. Como está o amplificador aí? OK, senhoras e senhores ... O quê?

[O amplificador e a guitarra fazem microfonia.]

FW: Você pergunta para o Jimi, eu preciso continuar falando com as pessoas. Não se esqueça, *The Joey Bishop Show* está a apenas um passo. Não queremos perder ninguém. Talvez eu corte essa melancia e passe ela para lá. Nós vamos ter um intervalo comercial e arrumar tudo ...

[Intervalo comercial]

FW: É isso que faz este programa ser empolgante, porque ele é *real*. E as pessoas querem a verdade... E a verdade agora será mostrada a vocês pelo Jimi Hendrix Experience. Jimi Hendrix!

[O trio toca "Lover Man", que é seguida de aplausos. Hendrix então volta a se sentar com Flip Wilson e os outros convidados.]

Joe Tex: Caramba, Jimi. Uau! Porrada neles.
FW: Desculpe por aquela pequena dificuldade.
JH: Não se preocupe. Está tudo bem.

JT: É tudo a experiência. Aquilo foi demais, Jimi.
JH: É melhor ser demais, ou minhas calças de cobra vão pular e te morder.

FW: Por você ser uma explosão de amor, eu não preciso me preocupar com as suas calças de cobra.
JH: Eu tive medo todo dia por cinco anos. Eu morria de medo delas... todos os dias durante cinco anos eu caía nelas, quase, nos meus sonhos. De onde vem isso?

FW: Eu não sei. Sagitarianos? Cobras? Bom, possivelmente. Nosso negócio é com os cavalos. Nós somos muito ligados ao cavalo e o cavalo tem muito medo de cobra.
JH: Alguns cavalos são meus melhores amigos.

FW: Eu amo cavalos porque eles são grandes e são gentis e têm tanta força e são tão legais... Eu gosto de vacas também.
JH: Vacas não voam.

FW: Vacas não voam?
JH: Fico feliz que elas não voem.

FW: Uma vaca voa se você colocar um pouco de LSD na grama dela.

[Wilson convida Hendrix a ficar e tomar uma limonada enquanto apresenta Wilson Pickett, o próximo número.]

COMENTÁRIOS PÓS-WOODSTOCK DE JIMI HENDRIX

TRANSMISSÃO DE RÁDIO CANADENSE, 18 DE AGOSTO DE 1969

Gypsy Sun and Rainbows, a banda nova de Hendrix, com 6 membros, estava marcada para fechar o festival Woodstock, de três dias, no domingo, 17 de agosto, mas devido a inúmeras complicações, eles não tocaram antes das primeiras horas da manhã do dia seguinte. Hendrix estava doente, cansado e inseguro com o fato da banda não conhecer as músicas bem o suficiente. Depois do show, um repórter perguntou a Hendrix seus pensamentos sobre o evento.

Jimi Hendrix: A não-violência ... o tipo muito, muito bom de música ... o tipo muito verdadeiro de música ... a aceitação do público, que muito esperou. Eles tiveram que pisar na lama e na chuva e ser incomodados por isso e incomodados por aquilo e ainda chegar e dizer que foi um festival de sucesso. Isso é uma das coisas boas. Tem tantas histórias que você pode adicionar nessa coisa ... se você adicionasse todas, você se sentiria um rei. Eles estão cansados de se juntar às gangues de rua. Eles estão cansados de se juntar aos grupos militantes. Eles estão cansados de ouvir o presidente gastar toda a saliva. Eles estão cansados disso e estão cansados daquilo, eles querem achar uma direção diferente. Eles sabem que estão no caminho certo, mas de onde diabos ele vem?

COLETIVA DE IMPRENSA DA UNITED BLOCK ASSOCIATION

A PARTIR DE UMA GRAVAÇÃO DE ÁUDIO DA COLETIVA DE IMPRENSA DE AGOSTO DE 1969

Para promover o concerto beneficente para a United Block Association (UBA) do Harlem no dia 5 de setembro de 1969, uma coletiva de imprensa foi marcada para o fim de agosto no Frank's Restaurant na Rua 125 em Nova York. Hendrix se sentou com vários representantes da UBA e teve seis microfones colocados à sua frente.

[Uma voz no recinto anuncia que as câmeras estão rodando.]

Pergunta: Há algo que queira dizer?
Jimi Hendrix: Desculpe, não entendi... Mal posso esperar pelo show porque me sinto muito mais confortável com uma guitarra na frente das pessoas. Essa coisa toda é em benefício da UBA e nós esperamos fazer mais shows, trazer mais benefícios. O que estamos tentando salientar também é que a música deve ser feita ao ar livre, com jeito de festival. Assim como fazem em todo lugar. E tipo, se eles puderem fazer mais shows assim no Harlem, onde se toca ao ar livre, digamos, por exemplo, por três dias e no quarto dia você toca metade do dia ao ar livre, por exemplo, e o resto do tempo no Apollo, quatro shows, ou algo assim, sabe. Porque um monte de garotos do gueto, ou como você queira chamar, não têm dinheiro suficiente para viajar pelo país para ver festivais diferentes, o que chamam de festivais. Quer dizer, sete dólares é bastante dinheiro. Então, eu penso, mais grupos que são considerados grupos de peso deveriam contribuir mais com essa causa.

P: Podemos te perguntar quais são seus pensamentos após White Lake *[local do festival Woodstock]*?
JH: Bom, eu estava bem cansado... Muito cansado.

P: Você acha que isso terá influência em festivais futuros?
JH: Bom, a ideia da não-violência, e a ideia de quando a presença é por causa da coisa [o recorde], você deveria deixar todo mundo entrar de graça. Sim, aquela ideia, sim, e a ideia de as pessoas realmente ouvirem música pelo céu, sabe, em

uma união tão grande. Todo mundo acha que alguma coisa vai sair enlouquecida ou sei lá, mas isso é sempre provocado pela polícia. Sempre.

P: Você diz que isso que é sucesso, mas havia 300.000 pessoas. Não é grande o suficiente para ser realmente um sucesso?
JH: Com certeza, e fico feliz que tenha sido um sucesso... Foi um sucesso pelo simples fato de que foi uma das maiores reuniões de pessoas pela música. Poderia ter sido organizado... melhor, mas foi um completo sucesso comparado a todos os outros festivais que todo mundo tenta mandar aqui e ali. Eu gostaria de ver a mesma coisa acontecer e ver algum tipo de ônibus fretado vindo de todas as partes da cidade, porque eu queria que todo mundo visse esse tipo de festival e que todo mundo se misturasse. Você não acreditaria. Não mesmo.

P: Você acha que algo significativo foi afirmado por essa reunião?
JH: Só me parece que... *[ele pausa para ouvir alguém sussurrar em seu ouvido.]* Ah, sim, é verdade. A música tem muita influência em muitos jovens hoje em dia. A política está ficando... bom, eu não sei; sabe como eles estão ficando... um cara – eles falam na TV, e um cara do Mississippi, um fazendeiro do Mississippi, quase não dá para entender o cara, tirando quando ele diz "América", sabe. Então eles vão lá e votam nele. Mas na música é tudo verdade... seja lá verdadeiro ou falso, uma reunião tão grande na música deve mostrar que a música significa *alguma* coisa, e isso recai nas artes da terra; as artes terrenas.

P: Por que você tocou o hino dos EUA no seu repertório?
JH: Ah, porque somos todos americanos. Somos todos americanos, não somos? Foi escrito e tocado em um muito belo, o que chamam de um belo estado. Agradável, inspirador, seu coração lateja e você diz, "Que bom. Eu sou americano". Mas hoje em dia a gente não toca para tirar toda a grandeza que os Estados Unidos têm que ter. Nós tocamos do jeito que a atmosfera no país está hoje. O ar está muito estático, não está?

P: Com todos os relatos ruins sobre drogas, se fosse organizado no mesmo lugar no ano que vem, você apareceria de novo?
JH: O quê? Você quer dizer, o festival? Acontecer no mesmo lugar? Sim, eu adoraria comparecer, mas a coisa das drogas vai estar um pouco diferente quando

chegar o tempo, de qualquer maneira. Todo mundo vai saber a *verdade* sobre isso. Quando chegar o tempo. *Quando chegar o tempo*. O Harlem terá prédios bonitos e arredondados ... em comparação ...

P: Qual é o seu comentário sobre o uso de drogas no festival de Wallkill?
JH: Eu não sei. Bom, algumas pessoas acreditam que têm que, sabe, fazer isso ou aquilo para curtir a música. Eu não tenho nenhuma opinião. *Different strokes for different folks*[2]... Sly and the Family Stone, eu acho, que disse isso. [Risos.]

P: Como você acha que o show beneficente que você vai fazer no Harlem vai ser comparado ao festival Woodstock?
JH: Não sei. Eu posso estar vivendo na época errada, mas não vou pela comparação. Eu só vou pela honestidade ou pela falsidade da coisa toda. As intenções de ... o que quer que seja. Esqueça as comparações, é aí que cometemos nosso maior erro, tentando pôr nosso ego contra o de outra pessoa. Por isso que não consigo descobrir quem é melhor, B. B. King ou Segovia. Ambos são mestres. Ambos são reis.

P: Sr. Hendrix, por que a United Block Association? Por que escolheu a United Block Association?
JH: É um começo, cara. O que há de errado com ela?

P: O senhor acha que esse tipo de assembleia demarca uma mudança na cultura americana?
JH: Há algumas mudanças demarcadas, mesmo antes da época de King, Dr. [Martin] Luther King, sabe, houve uma série de mudanças. Mas algumas pessoas, depois que a empolgação, ou a ressaca da mudança se dissipa, elas dizem, "Sim, isso foi legal. Vamos ver o que mais a gente pode aproveitar agora?" Uma das coisas. Muitas mudanças estão acontecendo agora, mas agora é hora de todas essas mudanças se conectarem, de mostrarem que estão indo em direção ao amor, paz e harmonia para qualquer um, e uma *chance* para qualquer um.

---

2 N. do T.: Different strokes for different folks: dito popular que significa algo como "Pinceladas diferentes para pessoas diferentes", usado como verso da canção "Everyday People", de Sly and the Family Stone.

P: Sr. Hendrix, muita gente achou a reunião de Wallkill espantosa, até surpreendente. O que você diria para elas?

JH: Bom, a partir de agora as pessoas vão começar a achar as coisas dez vezes mais espantosas e dez vezes mais surpreendentes. Depende de onde a cabeça delas está. Suponha que um disco voador esteja descendo. Ao invés de dar uma olhada e ver do que se trata, vão tentar derrubar na base do tiro antes de mais nada. Então isso é desconhecido, uma surpresa, não é? Eles deveriam se interessar e ver qual é. Tipo fumar e o câncer. A coisa ficou tão ruim que tiveram que pôr na TV. Não tiveram? Descubra [...] qual é a verdadeira conexão. Bom, é a mesma coisa com esses festivais e reuniões. Espero que aconteça na arte, espero que aconteça nos esportes comunitários, sei lá.

P: Você ensinou a si mesmo a tocar.

JH: As pessoas me ensinaram a tocar, cara. O movimento das pessoas e o jeito que elas fazem isso ou aquilo... Qualquer um pode fazer qualquer coisa; está nas mãos delas ... com as intenções certas.

THE DICK CAVETT SHOW (SETEMBRO)
DICK CAVETT / THE DICK CAVETT SHOW, 9 DE SETEMBRO DE 1969

Hendrix apareceria originalmente no episódio especial de Cavett sobre Woodstock no dia 18 de agosto, junto de diversos outros grupos que tocaram no festival, mas ele estava exausto demais depois de sua apresentação pela manhã. Ao invés disso, ele fez sua segunda aparição no programa no começo de setembro.

Hendrix estreou uma parte de sua nova banda, Gypsy Sun and Rainbows, contando com Billy Cox, Juma Sultan e Mitch Mitchell.

Dick Cavett: Parece ter alguma coisa ali atrás fazendo barulho. Espero que esteja tudo bem. Alguns de vocês devem se lembrar que algumas semanas atrás nós fizemos nosso programa especial do rock e James Hendrix não estava naquele programa. Depois de tocar um repertório absurdamente longo aquela noite, atravessando a manhã[3] no Woodstock, ele capotou em seu quarto e não pôde estar aqui. Aconteceram algumas coisas ruins com ele. Uma vez, cinquenta garotas pularam para dentro do espaço entre o palco e o público quando ele estava se apresentando e nós supomos que isso não vá acontecer hoje à noite. De qualquer maneira, ele está recuperado o suficiente para se juntar a nós hoje à noite, então deem as boas-vindas à inimitável Jimi Hendrix Experience, Jimi Hendrix!

[Hendrix, Cox, Mitchell e Sultan tocam um medley de "Izabella"/"Machine Gun". Quando a música acaba, a Bob Rosengarden Orchestra toca "Foxey Lady" enquanto Hendrix anda até o assento ao lado de Cavett.]

DC: Então finalmente é você. Como vai?
Jimi Hendrix: Estou bem cansado. Estou gravando muito.

DC: Você está cansado agora?
JH: Sim! Não dormi nada essa noite. Estamos trabalhando no nosso novo LP.

---

[3] Hendrix tocou somente pela manhã.

DC: Quanto você precisa dormir para ficar alerta?
JH: Alerta? Acho que ... oito. *[Risos.]*

DC: Oito horas?
JH: Sim, eu dormi uns oito minutos. *[Faz tique-taque de relógio com a língua.]*

DC: Oito minutos? Eu dormi mais do que isso no meu monólogo.

[Os amplificadores da banda estão fazendo barulho no palco ao lado.]

DC: Vamos parar com essa baderna no som aí? Gentis cavalheiros... Que som é aquele nos irritando tão horrivelmente?
JH: Bom, parece algo como as ruas de Nova York. É que hoje o ar é todo estática, então os amplificadores são estática. A música é alta, a atmosfera é alta... Estamos tentando acalmar as coisas um pouco, mas vai precisar de um descanso.

DC: Eu fiz uma pergunta prática e recebi uma resposta filosófica. *[Risos.]*
JH: Isso é filosófico?

DC: Eu achei que foi... com a estática no ar e tal...
JH: Bom, estava só tentando deixar uma coisa clara antes do nosso descanso. *[Faz barulho de ronco.]* Opa, desculpa. A gente ainda está no ar.

DC: Nós dois vamos dormir. Sr. Young, o senhor...
Robert Young: Quer que eu continue?

DC: O que realmente aconteceu naquela noite do Woodstock? Você ficou lá por tanto tempo que ficou simplesmente...
JH: Não, a gente estava tocando de manhã e foi anunciado que tinha sido cancelado, que o *Dick Cavett Show* tinha sido cancelado, mas depois foi anunciado que ia rolar. Eu estava muito exausto. Parecia um – como chamam aquelas coisas? Um colapso nervoso?

DC: Um colapso físico. Você já teve um colapso nervoso?

JH: Sim. Uns três desde que eu comecei com essa banda ... desde que comecei nesse meio.

DC: Sério? Caramba. Eu não queria bisbilhotar, mas já que você mencionou. *[Risos.]*
JH: Tudo bem.

DC: Todo mundo disse que ficou impressionado com a falta de violência. Já virou clichê isso sobre esse festival e sobre os outros... Você ficou surpreso com isso?
JH: Eu fiquei feliz. Essa era a ideia, sabe. Tentar manter a violência sob controle, mantê-la fora das ruas. Tipo um festival de 500.000 pessoas e saiu tudo bem. Espero que tenha mais. Seria legal.

DC: Qual foi a controvérsia sobre o hino nacional e o jeito que você tocou?
JH: Não sei. Tudo que eu fiz foi tocar. Eu sou norte-americano, então toquei. Eu costumava cantar na escola... Eles me faziam cantar na escola... Foi um flashback.

DC: Este homem era da Centésima Primeira Aerotransportada, então quando vocês mandarem suas cartas nojentas...
JH: Cartas nojentas?

DC: Quando você menciona o hino nacional e fala sobre tocar de algum jeito heterodoxo, você imediatamente recebe uma porcentagem de cartas de ódio de pessoas que dizem, "Como ele ousa—"
JH: *[Interrompendo]* Heterodoxo? Não é heterodoxo!

DC: Não é heterodoxo?
JH: Não, não. Eu achei que foi lindo, mas olha aí. *[Aplausos.]*

DC: Você não acha que há uma certa beleza louca na heterodoxia... *[Hendrix levanta as mãos e rosna como um monstro.]*

DC: Argh! Eu sabia que você ia fazer isso um dia. Sabia que você ia pirar para cima de mim. *[Risos.]* Já te mandaram essa camisa aí engomada demais no colarinho? *[Risos.]*
JH: Eu não sei nada sobre isso.

DC: É a melhor camisa que eu já vi em um bom tempo. Por que as superbandas vivem se separando? Tem sempre uns rumores de que a sua banda está se separando, e o Big Brother se separou...
JH: Provavelmente porque eles querem se envolver com suas próprias coisas individuais, ou querem entrar em coisas além da música.

DC: Você quer dizer que caras da sua banda gostariam de sair do ramo da música?
JH: Não necessariamente. Talvez eles queiram se envolver com sua própria música, porque o que eu tento fazer é um tipo de blues atual, tipo "Manic Depression", e tal. Noel Redding gosta de uma coisa mais harmônica, tipo quando você canta e tal. Ele foi para a Inglaterra montar a banda dele.

DC: Quem é esse?
JH: Noel Redding, do baixo...

DC: Ah, Noel Redding.
JH: Nós temos o Billy Cox tocando baixo agora. Acho que este é o último trabalho que vamos fazer antes de descansar. Temos trabalhado muito nos últimos três anos.

DC: Dá para perceber que em algumas noites você simplesmente não está rendendo? Dá vontade de simplesmente sair andando?
JH: Por isso que eu odeio elogios. Elogios são tão constrangedores às vezes, porque você sabe a verdade. Às vezes as pessoas não tentam entender. É como um circo que poder vir à cidade ... então uau, olha aquilo! E assim que eles vão embora, eles vão e devoram a próxima coisa. Mas tudo bem. É parte da vida. Eu mesmo estou curtindo. *[Risos.]*

DC: Você é considerado um dos melhores guitarristas do mundo. *[O público aplaude e Hendrix abaixa a cabeça envergonhado.]*
JH: Ah, não.

DC: Bom, um dos melhores neste estúdio, de qualquer maneira.
JH: Que tal um dos melhores sentados nesta cadeira?

DC: Você tem que praticar todo dia como um violinista? Quer dizer, se você não está trabalhando, digamos, na Inglaterra, tirando uns meses... Você tem que manter a forma todo dia?
JH: Eu gosto de tocar comigo mesmo em um cômodo, ou antes de ir para o palco, ou quando estou para baixo, deprimido... Eu não consigo treinar... É sempre, constantemente, como se chama? Tipo uma jam. É difícil para mim lembrar qualquer nota porque estou sempre tentando criar outras coisas. Por isso que eu cometo muito erros.

DC: Você lê música?
JH: Não, nem um pouco.

DC: Você se encontra com os caras da velha Centésima Primeira?
JH: Sim.

DC: Eles acham a sua vida estranha comparada à deles?
JH: Sim. Não importaria, na verdade, porque tem tantas coisas diferentes acontecendo agora. Eu não consigo tirar um tempo e falar, "O que será que eles estão pensando de mim lá?" ou coisa assim. Eu não consigo passar por isso... Eu tenho passado por isso nos últimos três anos. Acho que eles estão bem se conseguirem sair do lance deles ... me ver de novo para eu poder me encontrar com eles. Eu me sinto sortudo nesse sentido.

DC: Você ainda está procurando por uma certa garota?
JH: Certa garota? Que garota?

DC: A garota certa! Você não é casado? Você se vê algum dia casado?
JH: Não, espero que não. *[Risos e aplausos.]*

DC: Mas você nunca vai ter um sitcom na televisão.[4]
JH: Nesse tempo já vai estar obsoleto.

---

[4] Cavett olhou para Robert Young quando disse esta frase porque Young era famoso por seu sitcom Father Knows Best [Papai sabe Tudo]. De costas para Young, Hendrix respondeu enquanto fingia cobrir a boca.

DC: Nós temos que fazer uma pausa. Nós voltaremos. Fique aqui e Ralph Nader estará conosco.

[Intervalo comercial]

DC: Jimi Hendrix foi embora. Ele não estava se sentindo bem. Ele me disse durante o comercial e eu gostaria de agradecer muito por sua presença aqui nesta noite. Ele se sentiu um pouco obrigado por ter perdido o outro programa. Eu o considero um artista maravilhoso e estou muito feliz que ele tenha vindo aqui hoje. Espero que ele se sinta melhor...

"JIMI HENDRIX: EU NÃO QUERO MAIS SER PALHAÇO..."

SHEILA WELLER / ROLLING STONE, 15 DE NOVEMBRO DE 1969

A repórter da ROLLING STONE Sheila Weller passou os dias 14 e 15 de setembro com Hendrix e seus amigos numa casa alugada perto de Shokan e Boiceville, em Nova York.

Discos, filmes, imprensa e fofocas são um coletivo ambicioso na criação da imagem de um superastro do rock. Com Jimi Hendrix – assim como Janis Joplin, Mick Jagger e Jim Morrison – a mitologia é peculiarmente extravagante.

Infelizmente, é também frequentemente irreversível – mesmo quando é infundada ou quando o artista já passou por mudanças.

Várias semanas atrás, a revista *Life* descreveu Jimi como um "semideus do rock" e dedicou várias páginas coloridas a uma projeção caleidoscópica de seu rosto. Bem, por que não? A lente grande-angular o mostra na capa do primeiro álbum em arrogante distorção; no segundo, ele se torna Buda. Para quem talvez tenha se esquecido, o *Monterey Pop*, de Leacock-Pennebaker, imortalizou seu caso de amor piromaníaco com a guitarra. Os papos de quartos de hotel da mídia do rock o fazem Rei Garanhão das groupies. Histórias circulam de que ele é rude com o público, de que deixa jornalistas esperando, de que dá chá-de-cadeira para os fotógrafos, de que ele não fala.

Os fatos sobre Jimi – e a direção que sua música está tomando – são coisas totalmente diferentes.

Pela maior parte do verão e do outono, Jimi alugou um casarão no estilo georgiano em Liberty, Nova York – um dos "subúrbios" verdejantes de Woodstock – com o propósito de abrigar uma eclética família de músicos: guitarristas negros do blues do Memphis; vanguardistas do jazz e da "new music"; o membro do "Experience", Mitch Mitchell; e – mais próximo de Jimi, também mais influente – Juma Lewis, um multi-talentoso jazzista ex-progressivo que agora é líder da Woodstock's Aboriginal Music Society.

O condomínio no alto da colina – repleto de áreas arborizadas e dois cavalos – foi idealizado para um período pacífico e produtivo de desenvolvimento musical. Mas incômodos apareceram, sim, às vezes lançando Jimi às férias de proteção-de-sanidade na Argélia e no Marrocos: a polícia local estava ansiosa para enquadrar os "hippies-mor" em qualquer coisa, desde drogas até excesso de velocidade; a casa esteve frequentemente caótica com os seguidores; a pressão crescia, vinda dos representantes comerciais de Jimi, para que ele se mantivesse na imagem bem construída e não fosse muito longe experimentalmente.

Mas com tudo isso, crescimento, troca e – finalmente – unificação foram alcançados entre Jimi e os músicos, cujo trabalho-em-progresso foi evidenciado em aparições públicas ocasionais na cena de Nova York (no Festival Woodstock/Bethel, no Apollo Theater do Harlem, na discoteca Salvation do Greenwich Village e no programa da ABC, Dick Cavett Show) e gravado pela Reprise num LP que será lançado em janeiro.[5] O nome do álbum, *Gypsies, Suns and Rainbows*, condensa o novo *feeling* de Hendrix.

Com amigos próximos de Hendrix, dirigi até Liberty num sossegado fim de semana de setembro. A miscelânea de músicos e garotas havia partido. Em algumas semanas, o próprio Jimi teria que trocar a casa, bosque e cavalos por perspectivas menos idílicas: um loft em Manhattan e uma audiência relativa à posse de drogas em Toronto, no dia 3 de maio.

Fotografias têm uma mania engraçada de trair seu rosto e seu corpo essencialmente frágeis. Ele é esguio. Quase franzino. Comendo biscoitos com gotas de chocolate no sofá da sala de estar em seu casarão – "mobiliado simples e confortavelmente" – ele parece infantil e vulnerável.

Ele faz perguntas com um medo injustificável de sua própria articulação de um jeito charmoso, mas eventualmente doloroso. "Você, ahm – em que parte você mora na cidade?" "Que tipo de música você gosta – você gostaria de ouvir?" Ele se anula quase a ponto de ser um defeito: "Você costuma ir ao Fillmore? Não? Foi uma pergunta idiota, desculpe." "Desculpe, eu estou murmurando? Me diz quando eu estiver murmurando. Caramba ... eu estou sempre murmurando."

Isso se torna desconfortável, então alguém diz: "Jimi, não fica se pondo para baixo. Tem todo o resto do mundo para fazer isso por você." Ele se apega a essa afirmação, repete devagar, saca o caderno marroquino em alto-relevo no qual ele anota letras de música em todas as horas do dia e da noite, e anota alguma coisa.

---

5 Devido a razões legais, a Capitol Records lançou um álbum intitulado Band of Gypsys em março de 1970.

Vasculhando sua coleção de discos (extensa e católica: por exemplo, Marlene Dietrich, David Peel and the Lower East Side, Schoenberg, Wes Montgomery), ele puxa *Blind Faith; Crosby, Stills and Nash;* e *John Wesley Harding*. Dylan toca primeiro. O rosto de Jimi se ilumina: "Eu amo Dylan. Eu só o encontrei uma vez, uns três anos atrás, lá no Kettle of Fish [um lugar da era do folk-rock] na Rua MacDougal. Isso foi antes de eu ir para a Inglaterra. Eu acho que nós dois estávamos muito bêbados na época, então ele provavelmente não se lembra."

No meio de uma faixa, Jimi se levanta, pluga sua guitarra, e – de olhos fechados e corpo flexível curvado gentilmente sobre o instrumento – acompanha "Frankie Lee and Judas Priest" até o fim com uma intensidade semi-religiosa.

Ele conversa atentamente com Juma e sua garota. Ele valoriza os amigos de verdade e faz qualquer coisa por eles. Eles, por sua vez, sentem-se no papel de protetores. "Coitado do Jimi", diz um deles. "Todo mundo está tentando prender ele por alguma coisa. Aqueles flagrantes... Até a patrulha rodoviária explora ele. Eles conhecem o carro dele: eles encostam na estrada entre Nova York e Woodstock e ficam enchendo o saco. Aí eles têm alguma coisa para se vangloriar pelo resto do dia. Uma vez um policial me parou na estrada e começou a se gabar: 'Ei, eu acabei de parar o Jimi Hendrix pela segunda vez hoje.'"

Em uma estante está uma foto de um grupo de R&B, no estilo Coasters: cabelo engomado, ternos de fio metálico com lapelas de seda, sapatos brilhantes. O garoto magro à esquerda com um topete montado lá no alto, sorrindo sobre uma guitarra elétrica: é ele? "Tudo bem", Jimi sorri prevendo as risadas. "Eu não tento esconder o passado; não tenho vergonha." Mas ele é genuinamente humilde quanto ao presente. Por exemplo, ele esperou por um tempo para improvisar com vanguardistas do jazz e da "new music", mas se preocupou com o fato de tais músicos não o levarem a sério o suficiente para sequer considerarem querer tocar com ele. "Me diz honestamente", ele perguntou a um amigo, "o que esses caras acham de mim? Eles acham que eu estou tocando besteira?"

Estamos escutando agora uma fita de tal sessão, uma improvisação da noite anterior: Jimi na guitarra, o pianista de vanguarda Michael Ephron no clavicórdio, Juma nas congas e na flauta. Uma bonita fusão de elementos desconexos, desconjuntados e unificados em segundos alternados. Ora caótico, ora unidos. "Música cósmica", eles chamam. Música livre de ego. Não o tipo de coisa com que os reis encerados façam muita grana. Não o tipo de som que garanta a extensão da popularidade de um superastro do rock.

"Eu não quero mais ser um palhaço". "Eu não quero mais ser 'estrela do rock,'" diz Jimi, enfaticamente. As forças da competitividade nunca são direcionadas, mas sua difusão tem tomado a energia e a paz de espírito de Jimi. Tentar se manter como um artista em ascensão quando um império capitalista te abraça em seu seio requer dureza, perspicácia. Para aqueles que têm firmeza de convicção, mas não de temperamento, não é questão de se vender, mas de morrer, artística e espiritualmente. Recusando-se a morrer, porém mal equipados para jogar sujo, muitos artistas sensíveis mas presos nas garras dos leões do comércio se retiraram. Assisto Jimi silenciosamente curtir as figuras de lugares e pessoas longínquas em um livro, The Epic of Man ("América do Sul, uau, é um mundo completamente diferente. Você já esteve lá?") e eu imagino onde estará e o que estará fazendo daqui cinco anos.

Entramos no Stingray prateado com metal flake ("Quero pintar por cima, talvez de preto") para um passeio no pôr-do-sol até as cachoeiras. ("Queria poder levar minha guitarra e plugar tudo lá.") O papo é sobre filhotes de cachorro, o nascer do sol e outras inocências. Descemos pelas pedras até o ribeirão gelado, e logo descobrimos que perdemos as chaves do carro. Todo mundo mexe nas bolsas a tiracolo, nas carteiras. "Ei, não se preocupa", diz Jimi. "Elas vão aparecer. Não adianta nada ficar incomodado com isso agora". Jimi está tirando fotos e escrevendo poesia. "Eu quero escrever músicas sobre tranquilidade, sobre coisas bonitas", ele diz.

De volta para casa, ele faz uma ronda, esvaziando cinzeiros, pondo as coisas no lugar. "Eu sou tipo uma vó velha gagá", ele sorri. "Eu só tenho que arrumar as coisas um pouco". São 7 da manhã e ele tem que estar no estúdio em Manhattan às 4 da tarde. Todos estão exaustos.

Depois de algumas horas de sono, Jimi flutua para a cozinha parecendo uma ovelha felpuda impiedosamente despertada e desnutrida. Ele rejeita os ovos, bacon, croissants e chá. O café da manhã, ao invés disso, é um Theragran[6] e um gole de tequila no leite. "Jimi, você nunca come...", a namorada de Juma se preocupa em voz alta.

---

6   Um suplemento multivitamínico.

Empilhamos todo mundo no carro para a viagem de duas horas até Manhattan. Passando por dois caras de cabelo afro em um Aston-Martin, Jimi vira e dá um sorrisão, estendendo os dedos em uma saudação da paz. Nós ligamos o rádio em "My Cherie Amour" de Stevie Wonder; balançamos com Neil Diamond, Jackie DeShannon, The Turtles. Tudo está completo: estamos brincando com um filhotinho de cachorro, gratos pelo céu limpo, estrada livre, estação AM limpa. O que mais um bando de viajantes em um Avis azul poderia pedir?

Paramos em um posto de beira de estrada. Nenhuma jovenzinha de boca-de-sino dando risadinhas à vista, Jimi sai e traz achocolatado e sorvete para todo mundo. Caminhoneiros não prestam atenção. Casais de meia-idade encaram com desdém.

O papo é sobre a sessão. Eles vão gravar em um estúdio na Rua 44 Oeste, depois vão para um outro lugar para mixar – talvez o Bell Sound ou o A&R – porque Jimi diz que o estúdio de gravação onde estão indo "tem equipamento ruim... gosta de tirar vantagem dos vulgos músicos cabeludos."

O trânsito no centro, na via expressa West Side, está leve na hora do rush. As fortalezas do Riverside Drive são belas no sol, mas o ar perdeu seu frescor. Saindo da via expressa na Rua 45, são 4:45. A sessão, que custa 200 dólares a hora, estava marcada para começar às 4:00. Mas o atraso não pôde ser evitado; sem bronca. Um carro cheio de adolescentes está com o rádio ligado bem alto em "If 6 Was 9" – o trecho sendo usado como parte do anúncio para *Easy Rider* [Easy Rider – Sem Destino]. Pergunto para Jimi se ele assistiu ao filme; ele não responde.

Viro para trás, encontro Jimi estirado no banco traseiro, pernas recolhidas em posição fetal, mãos juntas embaixo da bochecha. Dormindo profundamente.

A RAINHA CONTRA JAMES MARSHALL HENDRIX

Hendrix voltou a Toronto no dia 6 de dezembro de 1969, preparando-se para seu julgamento no dia 8 de dezembro. O advogado de Toronto, John O'Driscoll o representou e John Malone representou a coroa. A corte determinaria se Hendrix era culpado das duas acusações de posse de heroína e haxixe. Se fosse declarado culpado, ele receberia uma sentença de até sete anos na prisão por cada acusação.

Os trechos seguintes de depoimentos provêm das transcrições de 1969 do tribunal, que vieram à tona no website do TORONTO STAR em 2001.

A RAINHA CONTRA JAMES MARSHALL HENDRIX
Perante: Vossa Excelência JUIZ KELLY
PRESENTES:
Sr. J. Malone, pela Coroa
Sr. J. O'Driscoll, pelo Réu
Sala 15, Tribunal, Avenida University, Toronto
JAMES MARSHALL HENDRIX, Juramentado

8 de dezembro de 1969
INTERROGATÓRIO FEITO PELO SR. O'DRISCOLL:
Pergunta: Você pode nos dizer, Sr. Hendrix, em uma dessas turnês, quando você entra em um hotel, o que acontece; é sempre paz e tranquilidade, ou o que acontece?
Jimi Hendrix: Não, não é paz. Tem sempre muita gente em volta, às vezes – muitos fãs, do lado de fora e no saguão e mesmo nos corredores.

P: Sem querer insultar ninguém, você pode talvez nos dar uma ideia de que faixa etária está falando quando menciona os fãs?
JH: Bom, eu poderia dizer entre 13 e 35, sem contar as mães e pais que levam os filhos para autógrafos e fotos.

P: E eu acho que você já nos disse que esses presentes que são dados a você – como quer que sejam dados a você, seja por terceiros, em mãos ou arremessados, você os guarda?
JH: Sim. A maioria deles nós guardamos, sim.

P: Há alguma razão pela qual você faz isso?
JH: Bom, é só para ser educado, sabe. Se um fã te dá alguma coisa, isso traz um sentimento muito bom. São eles que nos apoiam; eles que compram nossos discos, então não há mal algum em receber um presente de um fã ou de um amigo.

9 de dezembro de 1969
CONTINUAÇÃO DO INTERROGATÓRIO FEITO PELO SR. O'DRISCOLL:
Pergunta: Agora, Sr. Hendrix, esse quarto do Beverly Rodeo Hotel, em Beverly Hills, Califórnia. Você pode descrevê-lo para mim?
Jimi Hendrix: É um quarto pequeno. Quando você entra, à direita tem um armário e uns 60 centímetros de parede, e depois tem uma cama e bem na frente tem um sofá. À sua esquerda tem uma TV e um banheiro e para a frente, atrás do sofá, tem janelas. Tem um corredor bem pequeno – uma pequena passagem.

P: Agora, olhando para a Evidência 1 [frasco de antiácido] e os conteúdos dela, Evidência 2 [heroína], você sabe de onde vieram?
JH: Até onde eu me lembro, veio de uma garota, que me deu isso.

P: Vamos voltar. Onde você estava nessa hora?
JH: Eu estava no quarto de hotel.

P: Onde?
JH: Em Beverly Hills. Estava lotado de pessoas lá.

P: Você estava sozinho?
JH: Não, eu não estava. Havia muitas pessoas lá.

P: Você se lembra de alguém naquele quarto pelo nome?
JH: Sim. Havia uma pessoa lá – ela estava fazendo uma entrevista comigo, seu nome era Sharon Lawrence.

P: Agora, você pode nos contar sobre sua situação física naquele momento; como você estava se sentindo?

JH: Eu não me sentia nada bem. Tinha muita gente lá e eu estava com o estômago ruim, além disso, eu estava tentando ser legal com todo mundo, sabe, e não estava me sentindo nada bem. Eu queria ver se conseguia me livrar de todo mundo da maneira mais educada possível, para poder ficar sozinho, e a Sharon e eu estávamos fazendo uma entrevista e eu deixei claro que não me sentia muito bem. Eu pedi educadamente para todo mundo ir embora – a porta estava aberta e todo mundo estava entrando e saindo, a cena normal dos hotéis.

P: A porta estava aberta?
JH: A porta estava aberta, sim.

P: E alguma coisa aconteceu?
JH: Como eu disse antes, eu estava tentando me livrar de todos e acho que disse a Sharon, e eu ouvi alguém dizer, "Talvez você precise de um antiácido", e ao mesmo tempo, uma garota estava na porta. Ela entrou e me deu esse frasco e disse "Talvez isso te faça sentir melhor", e eu disse "Muito obrigado". Eu não analisei o frasco, não olhei muito para ele. Eu joguei na minha bolsa.

P: Só um momento. Você diz que recebeu dessa garota – você pode nos dizer o que você recebeu dela?
JH: Sim. O frasco na sua mão...

P: Certo. Agora, depois que isso aconteceu, todo mundo ficou, ou todo mundo foi embora? O que aconteceu?
JH: Não. No fim das contas todo mundo foi embora, porque eu acho que eles finalmente perceberam como eu estava me sentindo. Eu não queria ser rude, mas eu fui um pouco rude quando joguei o frasco na bolsa. Então ... tipo, todo mundo estava gradualmente indo embora nessa hora. Depois que eles foram embora eu me deitei e dormi um pouco.

P: Sr. Hendrix, você nos disse que recebe presentes. Você ganha alguma coisa que poderia se denominar um presente extraordinário?
JH: Sim. Nós recebemos todo tipo de presente.

P: Como o quê?

JH: Eu ganhei quadros que eram muito grandes – tipo grande assim *[indicando]* e nós ganhamos ursinhos de pelúcia e até pedaços de barbante, lã...

P: Lã?

JH: Sim. A gente ganha de tudo; canetas-tinteiro, cachecóis...

P: Agora, você já ganhou – antes do que você já nos contou – presentes que eram drogas?

JH: Sim.

P: Você pode contar para Vossa Excelência e os Senhores Jurados de que forma eles chegavam até você?

JH: Bem, às vezes nós ganhávamos pacotes de maconha, que estavam em papel celofane ou papel alumínio, ou talvez em pacotes de biscoitos ou um maço de cigarros ou alguma coisa, e eles podiam vir enrolados em papel de cigarro e nós ganhávamos haxixe às vezes em blocos ou biscoitos de haxixe ou bolos...

P: Biscoitos de haxixe?

JH: Sim.

P: O que você quer dizer com isso?

JH: Haxixe que foi esmigalhado e misturado com uma massa para fazer biscoitos.

P: E ele vem na forma de biscoitos?

JH: Isso mesmo. Às vezes de bolos.

P: Bolos também?

JH: Sim. Eu ganhei um bolo de haxixe de aniversário uma vez na Irlanda. Eu estava celebrando meu aniversário e três ou quatro bolos chegaram e havia um caroço como aquele no meio de um bolo quando a gente estava cortando.

P: Agora, e quanto às correspondências. Você já recebeu alguma coisa pelo correio?

JH: Sim. Bem, eu já recebi LSD pelo correio.

A CORTE: O quê?
A TESTEMUNHA: LSD, Vossa Excelência, em papel mata-borrão embrulhado em papel alumínio, pelo correio, da França...

INTERROGATÓRIO FEITO PELO SR. MALONE:
Pergunta: Sr. Hendrix, você nos contou nesta manhã, mais cedo, que já usou maconha.
Jimi Hendrix: Sim.

P: E já usou haxixe?
JH: Sim.

P: E já usou LSD?
JH: Sim.

P: E ocasionalmente já experimentou cocaína?
JH: Certo.

P: E anfetaminas, estimulantes?
JH: Não.

P: Pode repetir?
JH: Não, não.

P: E você negou ter usado heroína?
JH: Sim.

P: Quando você começou a usar drogas, Sr. Hendrix?
JH: Quais, você quer dizer?

P: Bem, qualquer tipo de droga leve, digamos maconha, que eu acho se fez disponível primeiro.
JH: Acho que experimentei uns quatro anos atrás. Eu realmente não sei – acho que uns quatro anos atrás.

P: Entendo. Isso seria mais ou menos em 1965, uns quatro anos depois de você montar sua banda?
JH: Quatro anos atrás – antes, eu acho.

P: Quando você parou de servir?
JH: Não me lembro da data exata.

P: Você se lembra do ano?
JH: Pode ter sido em 1963.

P: Não antes de 1963?
JH: Ou 1962.

P: Entre 1962 e 1963 e hoje em dia, você tem se sustentado como artista. Isso está correto?
JH: Sim.

P: E você concordaria comigo que, por causa da natureza do trabalho, das viagens, do público para quem você tocou antes e dos lugares que você toca, que você é exposto ao que é conhecido como "o mundo das drogas"?
JH: Nós éramos expostos, sim.

P: Você seria exposto a ele, mesmo que não participasse?
JH: Sim.

P: Você se tornaria bem conhecedor do, digamos, linguajar usado e da fonte de suprimento?
JH: O linguajar usado, sim.

P: Existe um tipo próprio de linguagem, não existe?
JH: Na verdade não. São as mesmas palavras inglesas.

P: Suponho que durante suas viagens e sua exposição aos elementos das drogas, que você tenha conhecido pessoas que usaram heroína.

JH: Eu vi pessoas que usam heroína.

P: E você as viu usando?
JH: Para dizer a verdade, sim, eu vi. Eu vi uma pessoa usar.

P: Em quantas ocasiões?
JH: Em umas duas ocasiões.

P: Entendo. Agora, eu mostro a você a Evidência 2 [heroína] e o conteúdo da evidência 2. Isso é comumente conhecido como *"deck"*, não é?
JH: Isso foi o que o policial disse para mim. Foi a primeira vez que eu ouvi isso. Esse foi o termo que ele usou.

P: Quando você foi exposto a pessoas usando heroína, em que tipo de material ela veio?
JH: Tudo que eu vi foi a pessoa pondo a agulha na mão.

P: Você não a viu preparar?
JH: Não.

P: E você poderia me dizer – você viu a pessoa pôr a agulha e injetar, mas não a viu prepará-la?
JH: Não, não vi.

P: Mas tudo acontece ao mesmo tempo, não é?
JH: Eu realmente não sei...

P: Essa garota que você disse que te deu o frasco que você diz que foi encontrado depois contendo heroína, você a conhecia?
JH: Não.

P: Você fez alguma tentativa de encontrá-la depois que foi acusado?
JH: Não, não fiz.

P: Agora, relacionado à Evidência 3, o cachimbo, foi a mesma garota que te deu este cachimbo com haxixe na ponta?
JH: Não que eu saiba. Não, não é a mesma pessoa.

P: Então você está sugerindo que duas pessoas te deram narcóticos ao mesmo tempo ou mais ou menos ao mesmo tempo?
JH: Como eu disse antes, quando eu recebi esse tubo, eu não sabia que havia nada nele. Alguém me deu o tubo aproximadamente na mesma época, ou com uma semana entre um e o outro.

P: Bom, estamos falando do tubo; você disse que ganhou e pôs na bolsa. Certo?
JH: Sim.

P: Bom, você pode me sugerir um uso possível para isso – um uso comum?
JH: Um atirador de feijões. Talvez?

P: Um atirador de feijões?
JH: Sim.

P: Sim, suponho que poderia ser usado para isso, mas você normalmente colocaria atiradores de feijões na sua bolsa?
JH: Eu normalmente ponho presentes na minha bolsa.

P: Para que você usaria isso; por que carregar isso para lá e para cá?
JH: Eu não sei. Foi um presente. Nós aceitamos presentes...

P: E essa pessoa, cujo nome não sabemos, ela disse o que era quando te deu aquilo?
JH: Não. Tudo que ela disse foi, "Talvez isso te faça sentir melhor."

P: Só isso?
JH: Sim.

P: E supostamente ela era sua fã. Correto?
JH: Sim.

P: Você está sugerindo que seus fãs te dão drogas pesadas sem te dizer o que são?
JH: Eu não sei, mesmo. Sabe – nós ganhamos muitos presentes e não nos disseram o que era. Eles dizem coisas diferentes aqui e ali quando dão as coisas para a gente.[7]

---

7 O julgamento durou três dias e, na quarta-feira, dia 11, um júri deliberou por oito horas e meia antes de chegar no veredicto de inocente nas duas acusações. As primeiras palavras de Hendrix saindo do tribunal foram: "Eu me sinto bem, feliz pra caramba" (extraído do Telegram, 11 de dezembro de 1969).

"HENDRIX E SUA BANDA DE CIGANOS"
BOB DAWBARN / MELODY MAKER, 20 DE DEZEMBRO DE 1969

Extasiado com o veredicto positivo, Hendrix deu uma entrevista por telefone ao repórter britânico Bob Dawbarn no dia 11 de dezembro de 1969. Ele estava em seu quarto no Four Seasons Hotel, em Toronto.

"Não, cara, você não me tirou da cama. Eu estou na cama", disse Jimi Hendrix, relaxando em seu hotel de Toronto depois de ser inocentado das acusações sobre posse de drogas que estavam sobre sua cabeça há meses.

Mesmo através dos 4.900 quilômetros de cabos transatlânticos, era óbvio que ele não estava muito afim de falar sobre o caso. Quando eu expressei nossa felicidade aqui na MM [Melody Maker] quando as coisas deram certo para ele, ele se contentou com: "Tenho passado maus bocados por causa disso tudo".

Deixei passar o assunto e disse que a MM havia relatado que ele estava tentando juntar Noel Redding e Mitch Mitchell – os outros dois terços do Experience – de novo para uma grande turnê.

"Eu tenho pensado nisso há um bom tempo", ele concordou. "Só estou esperando Noel e Mitch se decidirem para a gente poder deixar tudo arranjado. Eu vi o Noel no Fillmore e acho que está tudo dando certo para ele. Agora estou ansioso para ver o Mitch. Ele está aí na Inglaterra dando um jeito na vida".

A turnê vai incluir a Inglaterra se Noel e Mitch concordarem em voltar pelas seis semanas necessárias – com uma quantia relatada de meio milhão de libras?

"Com certeza incluiria a Inglaterra e eu espero estar por aí lá para fevereiro, ou talvez março, no máximo. Como eu imagino, nós começaríamos na Inglaterra, depois faríamos o resto da Europa, América, Havaí, Canadá e depois acabar de volta na Inglaterra."

A conversa parou enquanto Jimi teve ataques de espirros que devem ter feito os cabos se contorcerem no fundo do oceano.

"Desculpe", ele balbuciou quando o silêncio finalmente reinou. "Parece que vou ficar resfriado".

Perguntei o que ele estava fazendo ultimamente, além de se preocupar com o caso judicial. "Estamos gravando com a banda nova, The Band of Gipsies [sic]", disse ele. "É um trio que a gente montou com o Buddy Miles na bateria e o Billy Cox no baixo. Como descrever o grupo? Muito agitado, suingado. Tipo um negócio meio blues, meio rock.

"Ei, o que está acontecendo aí na Inglaterra? Quem está fazendo acontecer? Alguém me enviou um disco desse Blue Mink. Legal. Eu preciso voltar aí. Preciso ouvir alguns desses grupos novos. E eu preciso de algumas vibrações novas".

Perguntei se Jimi tinha encontrado tempo para escrever material novo recentemente.

"Ando escrevendo um monte de coisas", ele me disse, depois de outra série de espirros, menor do que a primeira. "Na verdade, a gente tem material suficiente agora para dois LPs. Estamos tentando decidir o que lançar e em que momento.

"Já começamos a gravar e você deve receber um single aí lá pelo fim de janeiro. O título? Deve ser 'Trying to Be a Man' ou 'Room Full of Mirrors'".

Jimi repetiu que estava ansioso para tocar com Noel e Mitch novamente. Eu disse que Buddy Miles não era exatamente um substituto ruim.

"Buddy está mais para um baterista do rock", respondeu. "Mitch é mais um baterista clássico – um tipo mais R&B, mais suingado de baterista".

Jimi sempre foi um cara antenado no que outras bandas e músicos estão fazendo. Perguntei se ele havia ouvido alguém nos EUA de quem a gente precisava saber.

"Eu não conheço ninguém novo, ainda estou curtindo Jethro Tull", ele me disse. "Tive a chance de ouvi-los aqui e fiquei impressionado. Você ouviu o Blues Image?"

Admiti que não.

"Ou Eric Mercury?"

Desta vez, pude dizer que Peter Frampton havia mencionado na *MM* da semana passada que o Humble Pie estava trabalhando com ele nos Estados Unidos.

"Ele é como todas as figuras do R&B que você já ouviu misturadas", disse Jimi. "Para ser sincero, não estou muito atualizado sobre o que tem acontecido aqui. Estive trabalhando muito nos ensaios e nas gravações com o Band of Gipsies [sic]. Estamos realmente nos ajustando agora".

Agradeci e me despedi.

"Ei", veio a voz de Jimi. "Só diz aí para todo mundo que eu mandei um feliz ano novo e um feliz Natal e que estou ansioso para voltar para casa".

ENTREVISTA COM JIMI HENDRIX
SUE CASSIDY CLARK / THE SUPERSTARS: IN THEIR OWN WORDS, 1970

Ao retornar para a cidade de Nova York no dia 12 de dezembro, Hendrix deu uma entrevista para Sue Cassidy Clark, uma colaboradora da ROLLING STONE. A entrevista aconteceu no apartamento do assessor de imprensa Pat Costello; Buddy Miles, Mike Jeffery e o fotógrafo Douglas Kent Hall também estavam presentes.

Citações da entrevista de Clark foram publicadas no livro THE SUPERSTARS: IN THEIR OWN WORDS (1970). A seguir uma seleção das respostas de Hendrix.

Três ou quatro mundos diferentes passaram num piscar de olhos. Coisas estavam acontecendo. Apareceu esse cara chamado Black Gold. E aí apareceu esse outro cara chamado Captain Coconut. Outras pessoas apareceram. Eu fui todas essas pessoas. E, finalmente, quando cheguei em casa, de repente, me encontrei um garoto da costa oeste, de Seattle – por um segundo. Em seguida, repentinamente, quando você está na estrada de novo, lá vai ele, começa a voltar. Essa é a minha vida até algo novo aparecer.

Há muitas coisas que você tem que sacrificar. Tudo depende de quão profundamente você quer se enfiar no que quer que seja o seu show. O que quer que você esteja lá para fazer. Então, tipo, quanto mais fundo você vai, mais sacrifícios tem que fazer, talvez na sua personalidade ou no seu exterior, isso e aquilo. Eu simplesmente dedico minha vida inteira a toda essa arte. Você tem que esquecer o que as outras pessoas dizem. Se é arte ou qualquer outra coisa, qualquer coisa que você realmente, realmente curta fazer, você tem que esquecer o que as pessoas falam de você às vezes. Esqueça disso ou daquilo. Quando você tem que morrer ou quando você tem que viver. Você tem que esquecer todas essas coisas. Você tem que ir e ser louco. É isso que eles chamam de loucura. Loucura é como o paraíso. Quando você alcança o ponto onde você não dá a mínima para o que todas as outras pessoas estão dizendo, você está indo na direção do céu. Quanto mais você entra nela, eles vão dizer "Cacete, aquele cara pirou completamente. Ah, ele já era, agora." Mas se você está produzindo e criando, sabe, você está se aproximando do seu próprio paraíso. É isso que o homem está tentando, de qualquer maneira.

O que está acontecendo é, eu, nós, nós temos todos esses sentidos diferentes. Nós temos olhos, nariz, sabe, audição, paladar e tato e tal. Bom, tem o sexto sentido que está chegando. Todo mundo tem um nome para ele, mas eu chamo de Alma Livre. E isso é mais do que um lance mental. É por isso que tudo está além dos olhos agora. Os olhos te carregam só até uma certa distância. Você tem que saber como desenvolver as outras coisas que vão te levar mais longe e te fazer ver mais claro. Por isso a velocidade mais rápida... Qual é a velocidade mais rápida que você consegue imaginar? Dizem que a velocidade da luz é a mais rápida – isso são os olhos – mas aí tem a velocidade do pensamento, que vai além disso. Você pode chegar no outro lado desse tema só no pensamento, por exemplo.

Às vezes, você pode estar sozinho escrevendo alguma coisa. E você cruza algumas palavras e você só relaxa e curte as palavras e vê como elas te fazem sentir. E você pode levar para o ensaio, ou algo assim, juntar-se com ela lá, na música – vê como a música te faz sentir. Ou às vezes você pode estar improvisando – quando eu digo você, digo o grupo –, o grupo está improvisando, ou algo assim, e aí pode aparecer alguma coisa muito legal. Aí você vai repetindo aquilo e depois começa a gritar qualquer coisa que venha à mente, sabe, qualquer coisa que a música te faça pensar. Se é música pesada, você começa a cantar coisas.

Quando você faz aquele alicerce, você pode ir para qualquer lugar. É assim que eu acredito. Quando você tem algum tipo de ritmo, tipo, ele fica hipnótico quando você fica repetindo e repetindo. A maioria das pessoas vai cair fora depois de mais ou menos um minuto de repetição. Você faz isso, digamos, por quatro, ou até mesmo cinco minutos, se aguentar, e aí isso solta uma certa coisa dentro da cabeça da pessoa. Libera uma coisa tal que você pode pôr qualquer coisa bem dentro daquilo, sabe. Então você continua fazendo um minuto e depois abaixa o ritmo um pouco e aí diz o que quer dizer bem nesse pequeno espaço. É uma coisa para viajar junto, sabe. Você tem que viajar com alguma coisa. Eu gosto de levar as pessoas nas viagens.

Por isso a música é mágica. Essa ideia de viver hoje em dia já é mágica. Há muitos sacrifícios a se fazer. Estou trabalhando na música para que seja completamente, absolutamente ciência mágica, onde tudo é pura positividade. Não funciona se não for positivo. Quanto mais dúvidas e negatividade você tirar de qualquer coisa, mais legal e mais claro fica. E mais profundamente atinge quem estiver em volta. Fica contagiante.

Bach e todos esses caras, eles foram lá e aguentaram o inferno. Tudo que eles podiam fazer era pegar vinte e sete caras e depois sumir. Porque do jeito que a sociedade era, ela não respeitava isso. Eles não sabiam como dizer, "Bom, é, ele é da pesada. Nós vamos aos concertos dele. Nós vamos curtir no lance pessoal". Mas, tipo, veja bem, você não tem que julgar um músico ou compositor ou cantor pela vida pessoal. Esquece isso. Eu gosto de Händel e de Bach. Händel e Bach são do tipo lição de casa. Não dá para ouvir com os amigos o tempo inteiro. Você tem que ouvir algumas coisas sozinho. Você pode ouvir qualquer coisa que te interesse, que te leve numa viagem. As pessoas querem ser levadas para algum lugar.

Queria que eles tivessem guitarras elétricas nos campos de algodão lá nos bons e velhos dias. Muita coisa teria sido resolvida. Não só pelo preto e pelo branco, mas pela causa!

Vivem dizendo que as coisas estão mudando. Nada mudou. As coisas estão passando por mudanças, isso sim. Não mudaram, estão passando por mudanças.

É assim que a evolução acontece. Você tem umas pedras no caminho. Por isso você tem o número sete depois do seis. Você tem o seis suave, depois, de repente, um pequeno choque. Haverá sacrifícios. Você tem um monte de Panteras Negras na cadeia, um monte de – como se chama aquela coisa? – moratória. Muitas dessas pessoas vão se ferrar, por exemplo, aqui e ali. Mas a ideia toda, o movimento todo é para todo mundo apreciar. Não é só para os jovens ajeitarem tudo até eles fazerem trinta anos. É para todo mundo que está vivo apreciar.

É bem como uma espaçonave. Se uma nave espacial pousasse, se você não soubesse nada sobre ela, a primeira coisa que você vai pensar é em atirar nela. Em outras palavras, a primeira reação é ser negativo, o que não é um jeito natural de se pensar. Mas há tantas ideias mudas e leis idiotas por aí, e as pessoas vestem o uniforme tão inflexivelmente, que é quase impossível se desvencilhar disso.

Subconscientemente, o que todas essas pessoas estão fazendo, elas estão matando todos esses pequenos flashes que elas têm, tipo se eu te contasse um sonho que fosse todo maluco e você dissesse, "Oh, uau, sabe, de onde vem isso?" Isso é porque você está cortando a ideia de querer entender de onde vem aquilo. Você não tem paciência para fazer aquilo. Eles não têm paciência de checar mesmo o que está acontecendo na música e o que está acontecendo no teatro e na ciência.

Chegou a hora de um novo hino nacional. Os Estados Unidos estão divididos em duas seções definidas. E isso é bom por uma razão porque, tipo, alguma coisa tem que acontecer, ou então você vai ser arrastado com o programa, que é baseado no passado e está sempre empoeirado. E a parte mais legal disso não é essa coisa toda dos tempos antigos com a qual você pode se justificar. A coisa mais fácil com a qual você pode se justificar é dizer branco e preto. É a coisa mais fácil. Você pode ver uma pessoa negra. Mas agora, para chegar no cerne da questão, está sendo o velho e o jovem – não a idade, mas o jeito de pensar. Velho e novo, na verdade. Não velho e jovem. Velho e novo, porque tem tanta gente mais velha ainda que levou metade da vida para alcançar um certo ponto que os meninos pequenos entendem. Eles não têm oportunidade de se expressarem. Então eles se ligam ao que está acontecendo. Por isso tinha tanta gente no Woodstock. Você pode dizer todas as coisas ruins, mas para que ficar elaborando? Você tem que chegar no centro da coisa toda. É nisso que você pode se agarrar, nas artes, que são a própria terra, a verdadeira alma da terra, tipo escrever e dizer o que você pensa. Chegar no seu próprio lance. Fazer isso e fazer aquilo. Contanto que você não esteja acomodado e de pé de algum jeito. Fora da cama, para dentro das ruas, sabe, bláblá, nhenhenhém, taratatá – dá para sapatear nesse ritmo, né? Isso é coisa velha.

Nós estávamos nos Estados Unidos. Nós estávamos nos Estados Unidos. A coisa estava acabada e começando de novo. Sabe, tipo depois da morte é o fim e o começo. E é hora de um novo hino e é isso que eu estou escrevendo agora.

Parte VII

JANEIRO DE 1970 - JUNHO DE 1970

NÃO MUITO TEMPO APÓS AS APRESENTAÇÕES DO BAND OF GYPSYS no Fillmore East, o grupo gravou no estúdio Record Plant de Nova York e continuou a experimentar com o novo material.

Em 26 de janeiro, Noel Redding e Mitch Mitchell voaram para Nova York para discutir uma turnê de reunião do Experience organizada por Michael Jeffery.

Dois dias depois, a Band of Gypsys tocou no Madison Square Garden em um show beneficente para o Vietnam Moratorium Committee [manifestação de apoio a um boicote à guerra]. No meio da segunda música, Hendrix parou de tocar, falou "é isso que acontece quando a terra fode com o espaço", saiu do palco e se dirigiu ao camarim. Esta foi a última apresentação pública do breve grupo.

Michael Jeffery continuou a forçar uma reunião do Experience e deu uma entrevista à *Rolling Stone* no início de fevereiro. Mais tarde no mesmo mês, Jeffery entregou a master finalizada do álbum ao vivo do *Band of Gypsys* à Capitol Records.

Hendrix deixou Nova York, foi a Londres no início de março e gravou várias músicas para Stephen Stills e Arthur Lee do Love. No dia 19 de março, ele retornou a Nova York, assim como Noel Redding, que esperava participar dos ensaios de reunião do Experience. Em vez disso, Redding descobriu que Billy Cox o havia substituído.

O single "Stepping Stone", junto com "Izabella", foi lançado nos Estados Unidos em 8 de abril. Foi estranhamente promovido como "Hendrix Band of Gypsys", mas foi rapidamente descartado por sua qualidade ruim de mixagem. O LP do *Band of Gypsys*, no entanto, ficou bem colocado nas paradas da *Billboard*.

O Jimi Hendrix Experience – com Cox no baixo – começou uma turnê de primavera nos Estados Unidos em 25 de abril, em Los Angeles. Um acordo foi feito para limitar a turnê a finais de semana, de três dias, durante o verão.

O estúdio de Hendrix em Nova York, Electric Lady, estava quase pronto no fim de maio, próximo à data de lançamento do filme *Woodstock* nos cinemas. Um álbum triplo com gravações do show também apareceu nas lojas de discos e incluía a interpretação de "The Star-Spangled Banner" de Hendrix.

"O HOMEM DO ESPAÇO JIMI ESTÁ POUSANDO"
ALFRED G. ARONOWITZ / NEW YORK POST, 2 DE JANEIRO DE 1970

O Band of Gypsys fez sua estreia no Fillmore East, em Nova York, fazendo dois shows por noite nos dias 31 de dezembro de 1969 e 1 de janeiro de 1970. Nesta entrevista, Hendrix parecia apreensivo com a aceitação do grupo pelos fãs e pelos críticos.

Jimi Hendrix quer voltar para a Terra, mas seu público vai deixar? Teve gente que saiu andando em sua primeira apresentação ontem à noite, refugiados do barulho, mas ainda há música na guitarra de Jimi, além do sensacionalismo. Quando a segunda apresentação terminou, às 3 da manhã, o público estava de pé, batendo palmas no ritmo da música e cantando juntos, "We got to live together ... We got to live together ..." [Temos que viver juntos.] Depois que tudo acabou, Bill Graham teve que subir para o camarim para dizer que provavelmente aquele tinha sido o melhor show já feito no Fillmore East.

Jimi havia escolhido o ano novo e, como ele colocou, a nova década para revelar seu novo trio, com Buddy Miles na bateria e Billy Cox no baixo. Jimi conheceu Buddy no Monterey Pop Festival e eles tiveram vontade de tocar juntos desde então. Quanto a Billy, ele e Jimi costumavam tocar na mesma banda cinco anos atrás, quando Jimi era soldado, na base de Clarksville [Tennessee]. Qual a razão dessa mudança?

"A Terra, cara, a Terra", disse Jimi. Com seu antigo grupo, o Jimi Hendrix Experience, a música estava longe demais, no espaço. "Agora eu quero trazer de volta para a Terra", disse Jimi. "Quero voltar para o blues, porque é isso que eu sou."

O grupo novo tem um repertório novo, mas durante sua primeira apresentação na noite passada, Jimi ainda estava hasteando sua bandeira de maluco. Eis provavelmente o maior mestre de todos os tempos em fazer uma guitarra levantar e fazer truques para as pessoas. Ele toca com os dentes. Ele toca atrás das costas. Ele faz a guitarra falar. Ontem à noite, ele até a fez fazer efeitos sonoros. Mas Jimi sabe que há uma mudança acontecendo na música. Com a tendência voltando ao violão, o que fará com seus três amplificadores?

Durante o primeiro repertório, dava para sentir sua luta, tentando voltar à simplicidade, mas com medo de não ser aceito pelo público que comparecia para ouvir o mesmo velho Jimi. "Aquele primeiro show foi tenso", admitiu Jimi depois. Ele estava sentado em seu camarim enquanto o relógio avançava às quatro e ele ainda estava sacudindo e cantarolando sozinho, mesmo depois de nove bis, ou foram dez?[1]

"Foi assustador", disse ele. "Nós passamos de 12 a 18 horas por dia ensaiando a semana passada inteira, sem parar, e depois a gente foi para um clubezinho legal e fez uma jam para testar as coisas e ver como estava o ar. O Buddy vai cantar a maioria das coisas a partir de agora. Eu prefiro só tocar. Eu não cantava antes. Na Inglaterra eles me fizeram cantar, mas Buddy tem a voz certa, ele vai cantar daqui para frente".

No volume que Jimi toca, a voz de Buddy penetra o som muito mais facilmente do que a de Jimi. Quando Jimi cantava, não dava para ouvi-lo. Foram dois shows na véspera do Ano Novo e dois shows ontem à noite, que Jimi mandou filmar e gravar. Lá pelo oitavo [sic] bis naquela manhã, o dono do Fillmore, Graham, estava dançando nas coxias mandando acenderem as luzes da casa, mandando as luzes do chão do palco iluminarem o público, comandando que a luz branca do show de luzes se acendesse e finalmente ficando sem ideias para fazer todos os presentes entenderem que aquele era, para o Fillmore East, um evento muito especial.

Havia planos para que Jimi voltasse às turnês com o Experience, acompanhado mais uma vez por Mitch Mitchell na bateria e Noel Redding no baixo, mas depois do show, Jimi mudou de ideia.

"Com o Mitch, talvez, mas não com o Noel, com certeza", disse ele. "Isso é outra coisa. Isso é uma coisa mais real. Estamos tentando pôr de pé. Estamos esperando Stevie Winwood. Se eu conseguir segurar ele e ele concordar, vamos ter outra voz. Vamos ter harmonias para muitos dias".

O nome da nova banda de Jimi, incidentalmente, é A Band of Gypsies [sic]. "É isso que nós somos", disse Buddy. "É isso que todos os músicos são. Ciganos".

---

[1] Não houve bis na primeira apresentação.

"O FIM DE UM LONGO CONTO DE FADAS"
JOHN BURKS / GUITAR PLAYER, SETEMBRO DE 1975

Michael Jeffery convidou o repórter da ROLLING STONE John Burks para entrevistar o reunido Experience e discutir sua nova direção musical. Burks posteriormente descobriu que seu gravador não captou consistentemente a voz de Hendrix, então consultou o fotógrafo Baron Wolman para tentar decifrar as respostas corretas. O artigo de Burks para a ROLLING STONE foi entregue no prazo, mas somente em 1975 a gravação foi tratada em estúdio para que se obtivesse uma transcrição mais exata, a qual apareceu na revista GUITAR PLAYER.

No dia 4 de fevereiro de 1970, um dia tão frio e cheio de neve em que todos os táxis de Nova York estavam ocupados, John Burks (então editor-gerente da *Rolling Stone*, mais recentemente com a *Focus, City, Newsweek* e a *San Francisco Examiner*), tremendo em suas roupas da Califórnia, arrastava-se e deslizava sobre a lama congelada até um chique apartamento da cidade para conduzir o que se provou ser uma das últimas grandes entrevistas de Jimi Hendrix. Presentes estavam Jimi, Noel Redding, Mitch Mitchell, várias pessoas da gerência e Baron Wolman, o famoso fotógrafo-jornalista da *Rolling Stone*. A reunião havia sido iniciada pelos empresários de Hendrix primeiramente para anunciar a reunião do Jimi Hendrix Experience original, o que afinal mostrou-se um reagrupamento de vida curta que ocorreu simultaneamente com o Band of Gypsys.

Burks e Wolman lembram-se de captar certa ansiedade dos entrevistados. "Apesar de estarmos ajeitados como para um jornalista de uma revista de fãs", John relembra, "eles sabiam que não podiam manipular a entrevista para seus próprios fins publicitários porque estavam lidando com a *Rolling Stone*. Além do mais, aquele momento específico continha memórias de um perturbadoramente monótono show numa passeata da paz no Madison Square Garden, quando um Jimi nada inspirado simplesmente parou de tocar. Mas ainda assim, fica difícil defender a teoria de um Hendrix deprimido, porque mesmo o Madison Square sendo uma porcaria, ele também tinha a memória de um show com o Band of Gypsys que Bill Graham descreveu como o melhor que ele já havia visto no Fillmore East. Qualquer que tenha sido o clima inicial, conhaque, um fogo quentinho na lareira e um ritmo relaxado de entrevista suavizou as coisas".

Obviamente, não ocorreu a John que os trechos de Hendrix dessa entrevista com o Experience seriam usados cinco anos depois em uma edição memorial da *Guitar Player Magazine*. Na verdade, a fita em si – uma bagunça chiada de vozes interrompendo vozes, capturadas por um gravador tosco – era tão desencorajadora em sua qualidade que Burks retirou dela as frases que pôde para um rápido artigo e a guardou em uma caixa onde ela jazia sem transcrição, sem publicação e felizmente sem sinais de apagamento na última meia-década. Quando ele soube dessa edição especial, John desenterrou a fita e nós aqui apresentamos as partes discerníveis. Sempre que possível, eventos, gravações e indivíduos serão identificados entre colchetes. Algumas coisas fogem de toda clareza. Apesar de não focalizar áreas normalmente cobertas pela *GP*, esta entrevista, ainda assim, oferece um último olhar intrigante a um gênio da guitarra.

—DM [Don Menn]

Pergunta: Você ainda está morando com vários músicos na sua casa?
Jimi Hendrix: Não, só quero ter um tempo para mim, para poder escrever algumas coisas. Quero escrever mais.

P: Que tipo de escrita?
JH: Não sei. Na maior parte, coisas para quadrinhos. Inventar um gato que é engraçado, que passa por essas situações estranhas. Não posso falar disso agora. Poderia colocar isso em música, eu acho. Assim como dá para colocar blues em música.

P: Você está falando de peças longas, extensas ou só canções?
JH: Bem, eu quero entrar no que você provavelmente chamaria de "peças", sim – peças, atrás umas das outras para criar movimentos, ou o nome que você queira dar. Eu estive trabalhando em algumas dessas. Mas, tipo, eu estava mais nessa de escrever quadrinhos.

P: Se você tem os quadrinhos na sua cabeça, você tem a música, também?
JH: Sim, na cabeça, exatamente. Você escuta, e tem uns flashbacks tão engraçados. A música vai indo junto com a história, igual a "Foxey Lady". Algo assim. A música e as palavras vão juntas.

P: Quando você monta uma música, ela simplesmente te ocorre ou é um processo no qual você senta com a guitarra ou com o piano começando às dez da manhã?
JH: A música que eu escuto na cabeça eu não consigo traduzir para a guitarra. É uma coisa de só ficar por aí, sonhando acordado ou algo assim. Você escuta toda essa música e não consegue na guitarra. Pra falar a verdade, se pegar a guitarra e tentar tocar, estraga a coisa toda. Eu não toco bem o suficiente para pôr essa coisa toda junta, então eu só fico por aí. Eu gostaria de ter aprendido a escrever para instrumentos. Meu próximo lance vai ser esse, eu acho.

P: Então para algo como "Foxey Lady", você primeiro escuta a música e depois chega na letra para a canção?
JH: Tudo depende. Em "Foxey Lady", nós só começamos a tocar, na verdade, e colocamos um microfone, eu tinha aquela letra [risos]. Com "Voodoo Child (Slight Return)", alguém estava filmando quando a gente começou a tocar. Nós tocamos umas três vezes porque queriam filmar a gente no estúdio, como se a gente estivesse [imita uma voz pomposa] "Fazendo parecer uma gravação de verdade, garotos" – uma dessas cenas, sabe, então "OK, vamos tocar isso em mi; e agora é-um e-é-dois e-é-três", e a gente começou "Voodoo Child".

P: Quando eu escuto o Mitch esmerilhando, você estourando lá no alto e o baixo indo livre mesmo, a abordagem toda quase parece um jazz de vanguarda.
JH: Bom, isso é porque é de lá que está vindo – por causa da bateria.

P: Você curte algum músico do jazz de vanguarda?
JH: Sim, quando a gente foi para a Suécia e ouviu uns caras que a gente nunca tinha ouvido antes. Esses caras estavam na verdade em uns clubes de country music e umas caverninhas fazendo um som que, sabe, você mal pode imaginar. Caras da Suécia, Copenhague, Amsterdã, ou Estocolmo. De vez em quando eles começam a aparecer como uma onda. Eles entram em si de vez em quando, para dentro de suas personalidades, ou da festa ontem à noite, ou da ressaca [risos], e o mal começa a puxá-los para longe de novo. Você consegue ouvir a coisa começar a ir embora. E aí começa a se juntar de novo. É como uma onda, eu acho, indo e voltando.

P: Para o seu próprio prazer musical, onde é o melhor lugar para tocar?
JH: Eu gosto de improvisar tarde da noite em lugares pequenos como os clubes. Aí você sente outra coisa. Você se diverte de um outro jeito com aquelas pessoas ali. Você tem outro sentimento e você mistura isso com outra coisa que você recebe. Não são as luzes, só as pessoas.

P: Como as duas experiências são diferentes, essa coisa que você recebe do público?
JH: Eu recebo uma coisa mais onírica do público – uma coisa na qual você entra. Você entra numa vibração às vezes que sobe para outro nível. Você não se esquece do público, mas esquece a paranoia, aquela coisa de dizer, "Oh, deus, estou no palco, o que eu vou fazer agora?" Então você entra nessa outra coisa e isso vira tipo uma peça em alguns sentidos.

P: Você já não chuta tantos amplificadores ou toca fogo nas guitarras como fazia antes.
JH: Talvez eu só estivesse tratando a guitarra com mais cortesia para variar. Talvez.

P: Foi uma decisão consciente?
JH: Ah, não sei. É como o fim de um começo. Eu acho que o Madison Square Garden foi o fim de um grande e longo conto de fadas, o que é ótimo. É a melhor coisa que poderia ter me acontecido. A banda estava de outro mundo, que eu saiba.

P: Mas o que aconteceu com você?
JH: É só uma coisa que a cabeça muda, vai passando por mudanças. Eu não saberia dizer mesmo, para ser sincero. Eu estava muito cansado. Sabe, às vezes um monte de coisas se amontoam na sua cabeça por isso e aquilo. E elas te atingem em um momento muito particular, que calhou de ser na passeata da paz, e aqui estou eu, travando a maior guerra da minha vida – por dentro, sabe? E como ali não era hora de fazer aquilo, eu simplesmente desmascarei as aparências.

P: Quanto da produção dos álbuns é sua parte? Por exemplo, você produziu o seu primeiro [*Are You Experienced*]?
JH: Não, foram o Chas Chandler e o Eddie Kramer que fizeram a maior parte

daquelas coisas. Eddie era o engenheiro e Chas, como produtor, mantinha as coisas no lugar, principalmente.

P: O último disco [*Electric Ladyland*] o creditou como produtor. Você fez tudo?
JH: Não, bem, tipo Eddie Kramer e eu. Tudo que eu fiz foi ficar lá me assegurando de que as músicas certas estavam lá, e de que o som estava lá. Nós queríamos um som específico. Ele se perdeu na masterização, porque a gente saiu em turnê antes de acabar. Eu ouvi e achei que o som ficou muito nebuloso.

P: Você fez "All Along the Watchtower" no último. Tem mais alguma coisa que você gostaria de gravar do Bob Dylan?
JH: Ah, sim. Eu gosto daquela que vai assim *"Please help me in my weakness"* ["Drifter's Escape"]. Aquela é legal. Eu gostaria de gravar essa. Eu gosto do *Blonde on Blonde* e do *Highway 61 Revisited*. As coisas country dele são legais também, em alguns momentos. É mais tranquilo, sabe.

P: Sua gravação de "Watchtower" me fez gostar muito daquela música, enquanto a do Dylan não.
JH: Bom, esses são reflexos como no espelho. [Risos] Lembra daquela "Room Full of Mirrors"? Isso é uma música que a gente está tentando fazer, mas acho que a gente nunca vai terminar essa. Eu espero que não. É sobre tentar sair desse quarto cheio de espelhos.

P: Por que não pode terminar?
JH: [Imitando voz de puritano] Bom, veja bem, estou fazendo um retiro para a minha saúde, sabe. Estou pegando pesado no gérmen de trigo, mas, você sabe o que eu quero dizer [risos] – eu não sei por quê [pega um lápis e escreve algo].

P: Você não é o que eu chamaria de guitarrista de country.
JH: Obrigado.

P: Você considera isso um elogio?
JH: Seria se eu fosse um guitarrista de country. Isso seria outro passo.

P: Você está escutando bandas que estão fazendo um country, tipo o Flying Burrito Brothers?
JH: Quem é o guitarrista do Flying Burrito Brothers? Aquele cara toca. Eu curto. Ele é maravilhoso com uma guitarra. É isso que me faz escutar isso, a música.

P: É legal. Tem aquela coisa especial.
JH: [Forçando o sotaque sulista] "Hello walls". [Risos] Já ouviu aquela, "Hello Walls"? "Hillbilly Heaven".

P: Você se lembra do Bob Wills and the Texas Playboys?
JH: [Risos] Eu curto. Passava o The Grand Ole Opry e eu costumava assistir. Eles costumavam ter uns caras muito da pesada, uns guitarristas muito bons.

P: Que músicos você faria um esforço para ouvir?
JH: Nina Simone e o Mountain. Eu gosto deles.

P: E uma banda como McCoys?
JH: [Canta a introdução de "Hang on Sloopy", que incluía Rick Derringer na guitarra.] É, aquele guitarrista é demais.

P: Você gosta de paródias como o Masked Marauders ou o programa de rádio inglês The Goon Show?
JH: Eu nunca ouvi [Masked Marauders]. Eu ouvi falar. The Fugs é bom. Eu ouvi dizer que não tem [*The Goon Show*] por aqui. Eles são obras-primas. São clássicos. São a coisa mais engraçada que eu já ouvi, além do Pinkie Lee. Lembra do Pinkie Lee? Eles eram como um clássico de um monte de Pinkie Lees juntos, todos misturados e loucos.

P: Você é fã do Pinkie Lee?
JH: Eu era. Costumava usar meias brancas.

P: Você estava mesmo ensaiando com o Band of Gypsys de doze a dezoito horas por dia?
JH: Sim, a gente ia e ficava improvisando, na verdade. A gente dizia "ensaiando" para fazer soar, sabe, oficial. A gente estava só se divertindo; só isso. Não exa-

tamente dezoito horas – digamos que doze ou quatorze, talvez [risos]. O tempo mais longo que nós [Experience] já tocamos juntos foi no palco. Tocamos por duas horas e meia, quase três horas uma vez. Nós fizemos sons. As pessoas fazem sons quando batem palmas. Então a gente faz sons de volta. Eu gosto de sons elétricos, microfonia e tal, estática.

P: Você vai fazer um single além de um LP?
JH: Talvez a gente lance alguma coisa com a outra banda logo. Mas do Experience eu não sei. Todas essas gravadoras, elas querem singles. Mas você não senta lá e fala, "Vamos fazer uma faixa, vamos fazer um single ou algo assim". A gente não vai fazer isso. A gente não faz isso.

P: O Creedence Clearwater Revival faz isso até ter o suficiente para um álbum, como nos velhos tempos.
JH: Bom, isso são os velhos tempos. Eu nos considero mais músicos. Mais na mente dos músicos, sabe?

P: Mas os singles podem dar uma grana, não?
JH: Bom, é por isso que fazem. Mas eles pegam depois. Você tem um LP todo planejado e, de repente, eles fazem, por exemplo, um single de "Crosstown Traffic" e isso vem do nada, de um lance completamente diferente. Veja, aquele LP estava numa certa linha de pensamento; com os lados que a gente ordenou por certas razões. E é quase um pecado eles tirarem algo do meio de tudo aquilo e fazerem um single, representando a gente num tempo específico porque eles acham que assim dá para fazer mais grana. Eles sempre pegam as erradas.

P: De quanto em quanto tempo você vai espaçar esses shows com o Experience para você não se sentir sobrecarregado?
JH: Na frequência que a gente concordar. O que eu quero é que seja permanente.

P: Você chegou a pensar em fazer uma turnê com o Experience, a unidade básica, mas trazendo junto outras pessoas? Ou isso seria confuso demais?
JH: Não, não deveria ser. Talvez eu seja o cara do mal, certo [risos]. Mas não tem razão para ser assim. Eu até quero que o nome seja Experience mesmo e ainda

seja esse rebuliço, essa bagunça entre Madame Flipflip and Her Harmonite[2] [sic] Social Workers.

P: É um nome legal.
JH: É uma jogada legal. Não, tipo, colocar outras bandas na turnê, tipo nossos amigos – eu não sei quanto a isso agora; não num estágio como esse, porque nós estamos num processo de ajeitar o nosso próprio esquema como uma banda de três integrantes. Mas no fim das contas, nós vamos ter tempo para tocar com amigos. Por isso que eu provavelmente vou fazer umas jams com o Buddy [Miles] e o Billy [Cox]; provavelmente gravando paralelamente, também, e eles fazendo a mesma coisa.

P: Você já pensou em algum esquema de sair por aí tocando com uma dúzia de pessoas?
JH: Eu gosto do Stevie Winwood; ele é uma dessas pessoas. Mas as coisas não têm que ser oficiais o tempo todo. As coisas não têm que ser formais para jams e tal. Mas eu ainda não tive a chance de entrar em contato com ele.

P: Já pensou em outros guitarristas na sua turnê?
JH: Ah, sim. Bom, eu ouvi dizer que Duane Eddy chegou na cidade esta manhã [risos]. Ele era legal.

P: Você já fez uma jam com o Larry Coryell e com o Sonny Sharrock e pessoas assim?
JH: Larry e eu já fizemos umas jams rápidas no The Scene. De vez em quando a gente tinha a chance de se encontrar. Mas eu ainda não tive a oportunidade de tocar mesmo com ele, não ultimamente, de qualquer maneira. Eu meio que sinto saudades disso.

P: Você os escuta?
JH: Eu gosto do Larry Coryell, sim.

P: Mais do que dos outros?
JH: Ah, não mais. Quem é esse outro cara? Eu acho que já ouvi umas coisas dele.

---

2 Hendrix disse na verdade "Madam Flip-Flop and Her All-Night Social Workers".

P: Ele se mexe pela guitarra inteira. Às vezes parece que ele não é muito organizado.
JH: Parece alguém que eu conheço, hein? [risos]

P: Você já tocou com pessoas como [o saxofonista tenor] Roland Kirk?
JH: Ah, sim. Eu fiz uma sessão de improviso com ele no Ronnie Scott em Londres, [3] e eu me diverti demais. Foi muito bom. Realmente muito bom. Eu estava com muito medo! É muito engraçado. Quer dizer, o *Roland* [risos]. Aquele cara tira todos aqueles sons. Eu posso fazer só uma nota e ainda posso estar interferindo, mas, tipo, eu acho que a gente se deu bem. Ele me disse que eu deveria ter aumentado mais, ou algo assim.

P: Ele parece ser um cara com quem você poderia gravar particularmente bem. Eu escuto essas bandas tipo Blood, Sweat and Tears e seus sopros, e o CTA [Chicago Transit Authority], mas ainda não ouvi pessoalmente.
JH: Ah, sim, o CTA. Pessoalmente, olha, é assim que você tem que escutar. É a única hora. Eles acabaram de começar a gravar, mas pessoalmente. Na próxima oportunidade, você deveria ir.

P: Você escuta a The Band?
JH: Está lá. Eles têm o lance deles juntos que te leva para um certo lugar. Te leva para onde eles querem ir [risos], sabe. Onde eles querem. Eles tocam as coisas no palco exatamente como eles tocam no disco.

P: O pessoal do cinema já tentou te atrair para os filmes dizendo que você seria um baita pistoleiro ou um astronauta?
JH: Astronauta! [Risos] Voar no espaço! A gente tem um chamado "Captain Coconut". Não, bem, sabe. Eu estou tentando fazer a guitarra funcionar, mesmo.

P: Você acha as plateias americanas mais violentas do que as de outros países?
JH: Em Nova York, o clima é mais violento. É muito violento na verdade. Eles não sabem disso na verdade. Mas o Texas é bem bacana. Eu não sei por quê. Talvez seja o tempo, e o sentimento que isso traz. Eu gosto do sul um pouco

---
3   8 de março de 1969. Na sessão com Kirk também estavam Vernon Martin (baixo), Jimmy Hopps (bateria) e Ron Burton (piano).

mais do que tocar no norte. É mais uma pressão tocar na região centro-oeste, tipo Cleveland ou Chicago. É como estar numa panela de pressão esperando a tampa explodir. As pessoas de lá são legais, mas é só a atmosfera, ou algo assim, sabe? Mas o sul é demais. New Orleans é demais. Arizona é demais. Arizona é fantástico. Utah.

P: Como te trataram em Utah?
JH: [Risos] Bom, quando a gente sai do palco, é outro mundo, mas, tipo, as pessoas são demais. Mas quando a gente toca nos shows, eles estavam realmente escutando; eles estavam sintonizados de algum jeito ou de outro. Eu acho que era o ar.

P: Seus gostos parecem ser mais amplos do que o do típico fã ou ouvinte de rock'n'roll.
JH: Isso é tudo que eu consigo tocar quando eu estou tocando. Eu gostaria de montar uma coisa, tipo com Händel, Bach e Muddy Waters, coisas tipo flamenco [risos]. Se eu conseguir aquele *som*. Se eu conseguisse *aquele* som, eu ficaria feliz.

"HENDRIX: EU QUERIA UM SINGLE DE SUCESSO..."

KEITH ALTHAM / MELODY MAKER, 9 DE MAIO DE 1970

O jornalista Keith Altham entrevistou Hendrix no dia 15 de abril de 1970, enquanto estava em Nova York. Um novo single do Band of Gypsys acabara de ser lançado nos Estados Unidos e algumas faixas selecionadas da apresentação no Fillmore East foram incluídas no LP que saiu mais ou menos uma semana depois desta entrevista.

Um pouco mais de um ano atrás, falei com Jimi Hendrix em seu apartamento londrino e ele me disse que o Experience estava num beco-sem-saída musical e parecia improvável que tocasse novamente.

Noel foi para o Fat Mattress, entretanto parece ter sentido que eles são estranhos companheiros de quarto. Mitch saía de clube em clube em Londres como um lêmingue em busca do mar.

Hendrix entrou num breve período de hibernação, musical e física, em seu apartamento em Nova York, do qual ele raramente saía, a não ser nas primeiras horas da manhã. Assim que saiu seu veredito de inocente por uma acusação relacionada a drogas, ele finalmente fez uma aparição no dia de Ano Novo com o baterista Buddy Miles e o baixista Billy Cox no Fillmore East como "The Band of [Gypsys]".

O [Gypsys] estava aparentemente destinado a ser um grupo efêmero, o que pode não ser algo ruim, se é que eu posso dar minha opinião sobre o novo álbum da Capitol, gravado naquele show e que em breve será lançado por aqui. Miles é o tipo de baterista que compete ao invés de complementar e, apesar da preferência de Jimi, acho que Billy Cox e seu "estilo sólido" parecem puxar o freio de mão de algumas músicas.

CONTRIBUIÇÃO

O lado B e faixas como "Message of Love" e "Power of Soul" são brilhantes exemplos de Hendrix andando sobre farpas elétricas, mas apesar de suas tentativas de torcer as entranhas musicais de sua guitarra-filha, elas nunca realmente decolam.

O que está ali no álbum para distinguir o brilhante do melhor vem de Hendrix, mas não é suficiente para suprir o todo, ou para eclipsar a memória do Experience, que, quando estavam juntos, eram mais entrosados que qualquer um, tirando o Cream. Seu novo single, "Stepping Stone", é melhor, mas a contribuição mais excepcional é o solo de Hendrix no final da música.

Tudo isso propõe a questão "E Agora?" Durante uma recente passagem por Nova York, eu pude desenterrar Hendrix de seu prédio, onde os residentes estão atualmente organizando um comitê vingador para expulsá-lo. Eu fiquei sabendo.

Ele não mudou muito. O rosto está mais cinza devido à sua existência de recluso e um ataque de glândulas inchadas – ele explicou, "Minha glândula está detonada" – mas as mãos ainda tremulam em direção à boca fingindo alarme e o sorriso ainda é aberto e de coração. Também não havia perdido o senso de humor.

Ele estava prestes a começar a tocar ao vivo de novo com uma banda nova, sob o título "The Cry of Love", numa turnê americana, com Mitch Mitchell na bateria, mas substituindo Noel Redding por Billy Cox.

"Sempre foi o meu plano trocar de baixista, mesmo um tempo atrás, quando acabou o Experience e não existia banda nenhuma", disse Jimi, confusamente. "Noel está definitiva e seguramente fora – Billy tem um estilo mais sólido que combina comigo. Não estou dizendo que ninguém é melhor que ninguém – só que hoje eu quero um estilo mais sólido. Não tem como dizer o que eu vou querer amanhã.

"Não sei como eu me sinto sobre o Experience agora. Talvez nós pudéssemos ter continuado, mas qual seria a razão disso – para que isso ia ser bom? É um fantasma agora – está morto – como as páginas passadas de um diário. Eu me interesso por coisas novas e quero pensar no amanhã, não no ontem.

"Não fiquei muito satisfeito com o álbum do 'Band of [Gypsys]'. Se dependesse de mim, eu nunca teria lançado. Do ponto de vista de um músico, não foi uma boa gravação e eu estava desafinado em algumas partes. Não teve muita preparação e ele saiu meio 'tosco' – a gente estava meio nervoso. O lance era que a gente devia um álbum para a gravadora e eles estavam pressionando a gente – então, aí está.

"Tem umas músicas legais no álbum – algumas ideias legais – principalmente no lado B, e a gente vai tocar algumas dessas na turnê. Eu não tenho certeza do que Buddy está fazendo. Acho que ele está montando uma banda nova – The

Bouncing Thimbles! Não, é brincadeira. Ele tem uma banda chamada Freedom Express com o TAN TAN TAN TAN – Buddy Miles!

"Isso é uma piada?", perguntou Jimi olhando para o microfone. "Eu estou mesmo ao vivo na TV – posso acenar para as pessoas?"

O novo single "Stepping Stone!"

"Eu não sei se está bom, eu não consigo mais saber. Algumas das cópias daqui não têm grave. Eu tive que ir num lugar e falei para o cara mixar de novo, mas ele não mixou. Claro que isso importa – eu queria um single de sucesso. É legal ter pessoas ouvindo suas músicas no mundo todo pelo rádio – legal de saber. Eu queria que isso saísse antes das pessoas esquecerem de mim.

"Nós vamos gravar os primeiros shows da turnê, colocar coisas como 'Rolling Stone' ao vivo no álbum. Eu chamei a turnê de 'The Cry of Love' porque é isso que ela é. A gravação depende do Mitch, mas eu realmente gostaria de fazer.

"Eu queria tocar em alguns festivais, mas queria que eles separassem um pouco mais os eventos para o público. Não tem por que essas multidões enormes não serem entretidas por atrações paralelas, também. Eles deviam fazer uns picadeiros, barraquinhas, filmes – até uns cavaleiros fazendo justos."

"Você não quer dizer justas?"

"Isso – e shows de aberrações!", adicionou, depois de pensar mais um pouco.

"Você consideraria os Hells Angels como seguranças de algum show seu?"

"FAÇAMEOFAVOR!", disse Jimi. "Não quero nem comentar sobre Altamount [sic], foi tão horrível – a América inteira está indo para o buraco, de qualquer ângulo que você olhe!"

Há várias fitas que Jimi gravou com Mitch Mitchell, Billy Cox e Buddy Miles, incluindo uma loucura monumental com um dos mensageiros irlandeses do Penn Garden Hotel (frequentado pelo produtor de turnê Gerry Stickels) na gaita de fole.

"Esse cara insistiu em usar seu uniforme completo para a sessão", lembrou-se Jimi. "Ele passou uns minutos hilários tentando manter o chapéu em cima dos fones de ouvido, mas a faixa saiu muito boa".

Uma tentativa menos bem-sucedida parece ter sido logo depois de Jimi ser deixado nos estúdios por um taxista que o reconheceu e afirmou tocar bongô. Jimi casualmente o convidou para fazer uma jam alguma noite – o taxista apareceu meia hora depois e completou uma sessão de seis horas que teve que ser descartada. Jimi aparentemente não teve coragem de pedir para ele sair.

O que aconteceu com os planos de Jimi para um gigante álbum orquestral – "The Last [sic] Rays of the New Rising Sun"?

REAÇÃO

"O que aconteceu com a sua vacina de varíola?", contra-atacou Jimi referindo-se a uma viagem de alguns anos atrás quando fomos ao Monterey Festival e eu tive uma dolorosa reação alérgica à inoculação. "Foi embora", continuou Jimi, respondendo à própria pergunta. "A dor foi embora – diz aí como está indo esta entrevista. Você deveria ter me encontrado quando eu estava dormindo!"

Falamos brevemente sobre alguns guitarristas do pop contemporâneo que Jimi tinha ouvido – ele não estava no clima de ser caridoso.

"Alvin Lee – ele devia estar no cinema", disse Jimi. "Ele é o Gene Vincent dos anos 70, ouvi dizer. Do Led Zeppelin eu não acho muita coisa – quer dizer, não penso muito neles. O Jimmy Page é um bom guitarrista. Eu não gostei do que o Clapton estava fazendo com Bonnie e Delaney – ele devia estar fazendo suas próprias coisas, não tentando carregar os outros. Fiz uns trabalhos com o Steve Stills enquanto eu estava em Londres umas semanas atrás – só umas passagens e uns solos numas coisas dele. Ele tem um álbum solo muito bom para sair".

No fim, Jimi pediu licença porque tinha que sair e comprar uma almofada para poder descansar sua glândula e ele só tinha 11 dias para ensaiar seu novo número. Podemos esperá-lo aqui para tocar talvez em agosto e ele pode participar também do Festival da Ilha de Wight se isso não bater com as datas já marcadas para tocar no Japão.

Faz quase quatro anos que eu voei pela primeira vez para Nova York com Jimi para sua primeira turnê americana com o Experience. Passando por Nova York, encontrei minha própria definição para a palavra "Impossível" ao tentar colocá-lo em um táxi. Um: não paravam se você tivesse cabelo comprido. Dois: não paravam se você fosse um hippie. Três: não gostavam muito se você fosse de cor.

Hendrix agora consegue táxis com mais facilidade, sendo famoso. Mas ele ainda tem um longo caminho pela frente.

Parte VIII

JULHO DE 1970 - SETEMBRO DE 1970

OS ESTÚDIOS ELECTRIC LADY ESTAVAM A TODO VAPOR em meados de junho e Hendrix gravava entre as datas de shows. Ele demonstrava muita empolgação e disse à *Village Voice* que estava escrevendo uma música chamada "Electric Lady" em homenagem ao novo estúdio. Uma festa oficial de inauguração aconteceu em 26 de agosto de 1970, apenas um dia antes de Hendrix partir para o Festival da Ilha de Wight na Inglaterra.

A turnê europeia da banda em 1970 começou aos trancos e barrancos. Hendrix estava resfriado, o que piorou com a mudança de zona climática. Em vários shows, os amplificadores pegaram frequências de rádio e conversas por walkie-talkies. E duas ex-namoradas disseram que ele era o pai de seus filhos.

Assim como fez no show incompleto do Band of Gypsys no Madison Square Garden em janeiro, Hendrix saiu novamente do palco na Dinamarca em 2 de setembro, após algumas poucas músicas. Os shows seguintes melhoraram um pouco, mas insegurança, depressão e paranoia continuaram a atormentar Hendrix e Cox. Após Cox decidir largar a turnê e voltar para casa, Hendrix e Mitchell pensaram em procurar um substituto. Tanto Noel Redding quanto Rick Grech foram cogitados.

Durante esse tempo, Hendrix compartilhou suas frustrações sobre seu agenciamento com Alan Douglas, um produtor. Douglas concordou que ele não deveria renovar o contrato com Michael Jeffery, que estava para expirar em 1 de dezembro de 1970. Chas Chandler também foi procurado para retornar como seu produtor e terminar o próximo álbum.

Hendrix passou de 14 a 17 de setembro com Monika Dannemann, uma mulher que conheceu durante uma turnê em 1969. Ela alugou um apartamento para eles no Samarkand Hotel em South Kensington, Londres.

Na manhã de 18 de setembro de 1970, uma ambulância foi chamada, e Hendrix foi levado do hotel para o St. Mary Abbot's Hospital. Lá, foi pronunciada sua morte.

"RALAR A NOITE INTEIRA JÁ ERA; TUDO QUE JIMI QUER AGORA É DESCANSAR"

PAUL OMUNDSON / MIAMI HERALD, 8 DE AGOSTO DE 1970

A turnê norte-americana do JHE estava se desenrolando em direção a uma pausa muito necessária no Havaí. Hendrix resumiu seus sentimentos sobre sua agenda de turnê e de gravações durante essa entrevista, que foi realizada na San Diego Sports Arena, no dia 25 de julho de 1970.

Um Jimi Hendrix aparentemente exausto sentava-se de ombros caídos em seu camarim e falava de Nova York, onde passou a semana anterior gravando em turnos de 12 a 14 horas.

"Cara, o que eu preciso agora é de um bom descanso. Vai ser o Havaí desta vez. Vamos ficar lá uma semana, duas. Quem sabe?"

Esse é o Jimi Hendrix que passou três anos em trânsito quase constante. Todas as noites sem dormir, as infinitas sessões de gravação, estão todas no fundo da mente de Jimi como um pesadelo que finalmente acabou.

"Era como se eu fosse um escravo, cara. Era só trabalho. No começo era divertido e agora é hora de começar a me divertir de novo".

Com um sorriso, ele diz, "Agora eu vou me aposentar, vai ser primeiro a diversão. Chega de trabalho." Ele explicou que isso significava muito mais tempo tocando com os amigos e fugir de tudo, ficar numa atmosfera mais relaxada.

Quando questionado onde gostaria de ir, respondeu: "Qualquer lugar, menos a cidade".

As agruras de ser um astro do rock marcaram o homem profundamente. Ele começou como guitarrista do Little Richard [sic]. Depois partiu de sua Seattle natal para a Inglaterra onde encontrou o baixista Noel Redding e o baterista Mitch Mitchell.

O trio de Hendrix ganhou atenção principalmente por seu jeito bizarro de tocar guitarra. Usando até oito amplificadores e fazendo microfonia e distorção, ele gerou um som, não diferente do estrondoso e gritante ruído de um jato em aterrissagem.

Cruas e ardidas espirais de som eram a merecida marca registrada do Jimi Hendrix Experience.

Foi o Monterey Pop Festival em 1967 que finalmente o catapultou para as luzes de destaque neste país. E desde então, ele esteve sujeito à admiração de seus inúmeros fãs, quase devoção, que ainda não passou.

Um Jimi Hendrix mais maduro e tranquilo se ressente com sua imagem de ídolo. Ele disse, bem seriamente, "Pelo que eu saiba, eu não tenho uma imagem".

Seus problemas começaram a aparecer quando ele tentou satisfazer às expectativas de sua tremenda reputação. Como resultado, o Experience se separou, com Noel Redding formando sua própria banda, Fat Mattress. O que se seguiu foi um ano de aparente inatividade. Ainda assim, o próprio Jimi mantinha-se intensamente ocupado. Ele passou seu tempo em Woodstock, improvisando diariamente com vários músicos que iam e vinham. Um dos resultados disso foi a formação de um novo grupo chamado Band of [Gypsys] com Billy Cox no baixo e Buddy Miles na bateria. A união durou por um álbum e então se dissolveu.

"O motivo do álbum", disse Jimi, "era cumprir um contrato de gravação antigo. Nós não vamos tocar juntos de novo".

Agora o Experience está de volta com Billy Cox como substituto de Noel Redding. E Hendrix parece satisfeito com esta formação e planeja mantê-la.

No estúdio de gravação, não é incomum a banda trabalhar 14 horas por dia. Na verdade, algumas de suas músicas são tocadas até 40 vezes antes da tomada final. É geralmente uma experiência traumática, como aqueles que trabalharam com ele prontamente admitem. Ainda assim, Hendrix é admirado pela persistência em obter exatamente os sons que quer.

Um motivo dos longos turnos nos estúdios é, como Hendrix disse, "porque nós improvisamos quase todas as nossas músicas. A fita final pode ser muito diferente de como ela começou".

Ele continuou explicando a maneira como o grupo cria sua música.

"Nós começamos com uma fundação básica e vamos tecendo em volta usando várias fórmulas. Nós rodamos, rodamos até nascer dali uma música nova".

ENCONTRO COM JIMI HENDRIX
CHUCK WEIN E PAT HARTLEY / DO FILME RAINBOW BRIDGE, FIM DE JULHO DE 1970

Depois de um show em Seattle no dia 26 de julho de 1970, o JHE embarcou para a ilha havaiana de Maui para um show ao ar livre gratuito que seria parte do filme intitulado *Rainbow Bridge*. O empresário Michael Jeffery recebeu 450 mil dólares adiantados da Warner Bros. e contratou o diretor de cinema Chuck Wein. No sótão do Seabury Hall, uma escola particular para garotas, Wein colocou sua equipe para gravar uma cena sem roteiro na qual se pediu para Hendrix falar sobre reencarnação. Hendrix, assumidamente chapado, segurava uma garrafa de vinho nas mãos enquanto papeava com Wein e a modelo nova-iorquina Pat Hartley. O que se segue são trechos da cena.

Chuck Wein: Você já sonhou que estava em uma pirâmide?
Jimi Hendrix: Eu fiquei chapado uma vez na Flórida. Eu pensei que tivesse alguma coisa a ver com uma pirâmide. Eu não sabia. Talvez em alguma das minhas vidas passadas ou sei lá, uuhh... Oi? Eu estou chapado agora então eu trouxe um travesseiro.

Pat Hartley: Escuta, se as suas vidas passadas tivessem sido boas, você não teria que voltar e viver de novo.
JH: Só *essa*? É só para isso que a gente vai viver? [...]

CW: Você já viu alguém da terceira série? Você lembra lá atrás? Quem sentava do seu lado na terceira série?
JH: Sim, minha professora sentava do meu lado na terceira série, porque eu era burro. Ela sentava na frente, tipo a carteira da frente, e fazia um negócio tipo falando, [*numa voz boba*] "Agora, isso é um exemplo". Ao mesmo tempo em que ela estava falando "Isso é um exemplo", ela estava tocando meus joelhos, *embaixo* da mesa ... Eu nunca podia sentar com ninguém. Porque ela perguntava, "Como você está se sentindo?" e eu dizia algo aéreo tipo, "Bom, isso depende do que as pessoas de Marte estão fazendo". Ela dizia, "Bom, você vai para a frente por causa disso". Então eu entrava num cubículo que parecia uma moto da Gestapo. Sabe, o piloto senta na moto e o comandante senta no cubículo, sabe...

CW: Você achava que era de Marte na terceira série?

JH: Eu não *achava*, na verdade, eu só não sabia o que mais dizer para ela. Eu estava cansado de dizer, "Bem, obrigado".

"HENDRIX – ELE É UMA BELA PESSOA"

GILLIAN SAICH / NEW MUSICAL EXPRESS, 5 DE SETEMBRO DE 1970

No dia 28 de agosto, Hendrix se encontrou com vários repórteres em sua suíte no Londonderry Hotel. Todos tinham grandes expectativas para o festival da Ilha de Wight e como ele poderia se comparar ao Woodstock, do ano passado.

O slogan "Negro é Lindo" poderia ter sido criado especialmente para Jimi Hendrix. Quando falei com ele em sua cobertura de luxo no Londonderry Hotel no fim de semana passado, minha primeira impressão, a mais duradoura, foi seu quieto magnetismo e extrema graciosidade física.

Já se foi o selvagem, espalhafatoso Hendrix de alguns anos atrás – seu famoso cabelo foi bem aparado e ele estava soturnamente vestido em calças apertadas e camisa de cetim preto que ele mandou fazer especialmente para ele antes de sair de Nova York.

De volta à Inglaterra pela primeira vez em mais de um ano, o encantador Sr. Hendrix não estava particularmente aberto sobre seu passado, mas muito empolgado com seu presente e seu futuro.

A perspectiva mais imediata naquele momento de sua vida era sua apresentação no Festival da Ilha de Wight. Eu estava interessada em saber como ele se sentia sobre isso, uma vez que já teve seus momentos de êxtase com o pop a céu aberto após os shows memoráveis do Monterey e do Woodstock.

Por incrível que pareça, ele admitiu estar bem amedrontado com a perspectiva. "Eu acho que o público vai ser muito maior do que qualquer festival anterior – mesmo o Woodstock. É um lugar fantástico para se fazer um show porque une a garotada não só das ilhas britânicas, mas de todo o continente".

LUZ DO DIA

"Estranhamente, havia somente 15.000 pessoas sobrando quando nós tocamos em Woodstock, já que eu insisti que a gente tocasse à luz do dia, o que significava ter que esperar até o quarto dia, e a maioria das pessoas já tinha ido embora naquela hora".

Jimi estava certo: a plateia do Festival da Ilha de Wight superou as expectativas e a maior parte do público ainda estava lá para ver Jimi Hendrix fazer um repertório eletrizante.

Depois de uma longa ausência destas orlas, esse guitarrista mágico não precisa ter medo de seus fãs se esquecerem – se eles tivessem, sua recepção no festival realmente o colocou de volta nos rankings onde ele merece estar.

Nós conversamos sobre os Estados Unidos, que ele expressou como "não é a minha cena, cara! Eu não quero voltar até realmente ter que voltar. Fiquei longe desse país e da Europa tanto tempo, que eu quero mostrar para eles o que é a real".

A formação mudou desde a época do Experience. Billy Cox toca baixo e, depois de um curto experimento em outro lugar, Mitch Mitchell está de volta na bateria e soando melhor do que nunca.

"Estivemos tão comprometidos com tantas turnês e shows nas faculdades nos Estados Unidos que era completamente impossível a gente vir para a Inglaterra – pode crer que a gente queria!"

Na segunda-feira de manhã depois de sua performance na Ilha de Wight, Jimi e os garotos voaram para Estocolmo onde começaram uma turnê pela Europa, seguida da Austrália e da Nova Zelândia. "Nós queremos muito voltar para a Inglaterra e fazer os lugares principais daqui, tipo, sei lá, um show grande em cada uma das maiores cidades".

Com um sorriso brilhante ele adicionou, "Jimi Hendrix no Oval?"

Um pouco perplexo, Jimi seguiu entusiasmado sobre seu novo estúdio de gravação denominado – adequadamente – "Electric Lady Studios".

Ele fica no Greenwich Village, Nova York, onde cinco anos atrás, pela primeira vez, o talento de Jimi foi testemunhado pelo ex-Animal Chas Chandler.

"Eu fiz coisas incríveis com esse lugar – ele tem o melhor equipamento do mundo. A gente pode gravar o que quiser lá.

"Ele é capaz de gravar 32 canais, o que dá conta da maior parte das coisas e eu estou trabalhando numa produção sinfônica que vai ser feita lá num futuro próximo.

"Se tem uma coisa que eu odeio nos estúdios é que geralmente eles são muito impessoais; eles são frios, brancos e dentro de alguns minutos eu perco toda a motivação e a inspiração.

"O Electric Lady é diferente – ele foi construído com uma atmosfera ótima – iluminação, assentos e todo o conforto que faz com que as pessoas sintam que estão gravando em casa. A gente gravou um monte de material lá, de onde a gente espera que saia o próximo single, em umas seis semanas".

A faixa mais provável para constar no lado A é "Dolly Dagger" que é sobre uma senhora famosa ... (então eu não ousei perguntar sobre o tema do lado B "Night Bird Flying"!).

MUITAS LUAS

Parece que muitas luas já se passaram desde que Jimi Hendrix tocou "Hey Joe" no Top of the Pops, obteve enorme sucesso com isso e causou grande furor entre os telespectadores e pais que acharam seu jeito sexual e agressivo de tocar guitarra um ataque degradante contra os prazerosos e harmoniosos sons aos quais estavam acostumados.

Bem, Jimi Hendrix é agora uma estrela internacional e muitos, muitos outros músicos tiraram uma página de seu livro para pôr em seus próprios. Ele fica muito lisonjeado por ter iniciado – de alguma maneira – todo um fluxo de música progressiva em seu país.

"Eu não mudei muito naquela época. Minha música ainda é pulsante, talvez um pouco mais variada. Eu toco ou muito alto, ou muito baixinho, não tem meio-termo".

"HENDRIX HOJE"
ROY HOLLINGWORTH / MELODY MAKER, 5 DE SETEMBRO DE 1970

Em uma série de entrevistas dadas no dia 28 de agosto de 1970, Hendrix se abriu com o repórter Roy Hollingworth sobre seus planos futuros para uma banda maior e para melhorar suas habilidades musicais.

Jimi Hendrix, o cara da reputação transviada que fez mães trancarem suas jovens filhas quando passou pela cidade, está falando de novo.

Depois de seis meses se escondendo em cantos, se esgueirando pelas frestas quando pessoas se aproximavam e se trancafiando do mundo em geral, nosso Jimi está de volta à ativa e sua mente está há seis meses gestante de ideias.

Para Jimi, a primeira longa viagem acabou. Está na hora de voltar para casa, comer até ficar gordo de novo e depois sair na viagem número dois, que será uma viagem mais longa, uma exploração intrépida e, para Jimi, uma nova experiência.

"Tudo completou o círculo; estou de volta onde eu comecei. Eu dei tudo para esta era da música. Meu som ainda é o mesmo, minha música é a mesma e eu não consigo pensar em nada para adicionar a ela em seu presente estado", Jimi me disse enquanto se sentava cuidando de sua gelada inglesa em um sofisticado hotel na London Park Lane.

"Quando a última turnê americana acabou no começo deste ano, eu só queria ir embora por um tempo e esquecer de tudo. Eu só queria fazer gravações e ver se eu conseguia escrever alguma coisa.

"Então eu comecei a pensar. Pensar no futuro. Pensar que essa era da música – iniciada pelos Beatles – chegou ao fim. Alguma coisa nova tem que vir e Jimi Hendrix vai estar lá.

"Eu quero uma banda grande. Não estou falando de três harpas e quatorze violinos. Eu quero uma banda grande cheia de músicos competentes que eu possa conduzir, para quem eu possa escrever. E com a música nós vamos pintar imagens da terra e do espaço, para que o ouvinte possa ser levado a algum lugar.

"Vai ser uma coisa que vai abrir um sentido novo na mente das pessoas. Elas estão preparando suas mentes agora. Como eu, elas estão indo para casa, ficando gordas, e se preparando para a próxima viagem.

"Veja só, a música é muito importante. Eu não curto mais a besteira do pop e da política. Isso é antiquado. Era a opinião pessoal de alguém. Mas a política é um truque velho. Qualquer um pode sair por aí apertando as mãos dos bebês, beijando as mães e dizendo que isso é legal. Mas você vê, não dá para fazer isso na música. A música não mente. Eu concordo que ela pode ser mal interpretada, mas ela não consegue mentir.

"Quando há vastas mudanças no jeito que o mundo anda, é geralmente algo como a arte e a música que muda isso. A música vai mudar o mundo da próxima vez".

Jimi não pôde explicar completamente como será sua nova música, mas apresentou visões de como a próxima forma musical nascerá.

"Nós vamos ficar parados por um tempo, juntar tudo que aprendemos musicalmente nos últimos 30 anos e vamos juntar todas essas ideias que funcionaram numa nova forma de música clássica. Vai precisar de muita coisa para descobrir o que foi que funcionou, mas vai acontecer.

"Eu curto Strauss e Wagner – esses caras são bons, e eu acho que eles vão ser a base da minha música. Flutuando no céu acima disso estará o blues – eu ainda tenho muito blues – e então vai ter a música do céu do ocidente e a música doce do ópio (você vai ter que trazer seu próprio ópio) e isso vai se juntar em uma coisa só.

"Sabe, o lance das drogas virou uma coisa cabeçuda. Estava abrindo coisas na mente das pessoas, dando a elas coisas com as quais elas simplesmente não conseguiam lidar. Bom, a música pode fazer isso com você, sabe, e você não precisa de nenhuma droga.

"O termo 'fazer a mente de alguém explodir' é válido. As pessoas gostam de ter suas mentes explodidas, mas nós vamos dar alguma coisa que vai explodir suas mentes e enquanto ela explode, vai ter uma coisa ali para preencher o espaço. Vai ser uma forma completa de música. Vai ser uma música bem drogada. Sim, eu concordo que pode ser similar às linhas que o Pink Floyd está trilhando. Ninguém sabe ainda, mas pessoas como o Pink Floyd são os cientistas malucos do nosso tempo.

"Enquanto eu estava tomando meu chá de sumiço nos Estados Unidos, eu tive essa sensação de que eu tinha sido completamente apagado da Inglaterra. Achava que tinham me esquecido completamente por aqui. Eu tinha dado tudo que eu tinha para eles, achei que eles talvez não me quisessem mais, porque eles têm um conjunto legal de bandas. Talvez eles estivessem dizendo, 'Ah, a gente teve o Hendrix, é ele era legal'. Eu achava mesmo que estava completamente acabado aqui".

Sobre sua futura big band, Jimi falou bastante. Mas ele também estava ansioso por falar sobre sua banda de três integrantes, a qual acreditava poder seguir para sempre.

"Foi divertido, foi a maior diversão. Foi bom, empolgante e eu gostei. Mas a principal coisa que me incomodava era que as pessoas queriam muitas coisas visuais de mim.

"Eu nunca quis que fosse uma coisa muito visual. Quando eu não fazia, as pessoas achavam que eu estava mal humorado, mas eu só posso fazer essas loucuras quando eu estou com vontade. Não posso fazer só por fazer. Eu queria transmitir a música, para que as pessoas pudessem se sentar e fechar os olhos, sabendo exatamente o que estava acontecendo, sem ligar nem um pouco para o que a gente estava fazendo no palco".

Poderia Jimi dar alguma indicação de quando começaria a formar sua orquestra?

"Eu não sei, mas não vai demorar muito. O show da Ilha de Wight pode ser o último, ou o penúltimo. Mas se a galera realmente gostar, eu posso continuar mais um pouco. Mas só vou continuar desse jeito se eu for útil, sabe, você tem que ter um propósito na vida".

Seu cabelo está um pouco mais comportado agora. Será que ele se sentia uma pessoa mais comportada, uma pessoa mudada?

"Não, eu não acho, apesar de sentir que tenho umas faíscas de maturidade de vez em quando.

"Eu penso em sons, penso em riffs. Eu cantarolo. Aí vem outra melodia na minha cabeça e uma melodia de baixo e aí vem outra. Na guitarra eu simplesmente não consigo tirá-las. Acho que eu sou um guitarrista melhor do que eu era. Eu aprendi muito. Mas eu ainda tenho que aprender mais sobre música, porque tem muito ainda nessa minha cabeleira que tem que sair.

"Com a banda maior eu não quero ficar tocando tanta guitarra, eu quero que músicos toquem as minhas coisas. Eu quero ser um bom escritor. Eu ainda não sei dizer para que direção minha escrita está indo no momento, mas ela vai encontrar um caminho.

"Eu não vou fazer muitos shows porque vou estar desenvolvendo esse som e então vou lançar um filme com ele. É tão empolgante, vai ser uma coisa audiovisual que você senta, pluga e realmente absorve pelos olhos e pelos ouvidos.

"Estou feliz. Vai ser bom".

"HOMEM, MITO OU MÁGICA? JIMI HENDRIX ESTÁ DE VOLTA, FELIZ E FALANDO…"

NORMAN JOPLING / MUSIC NOW, 12 DE SETEMBRO DE 1970

Em outra entrevista no Londonderry Hotel, Hendrix falou sobre seu recém-inaugurado estúdio de gravação, um disco pirata de uma sessão de improviso com o percussionista Juma Sultan e Mike Ephron e também sobre preços altos de ingressos.

Jimi Hendrix estava hospedado num hotel no West End antes de sua aparição na Ilha de Wight e sua próxima turnê europeia. Vestido de preto, Jimi se esparramava incongruentemente em meio ao esplendor da cobertura … coisa selvagem Hendrix e aquele luxo sem gosto ("não é nem kitsch", disse Bob Partridge, no tempo do *Record Mirror*). Jimi serviu vinho branco gelado para a fileira de repórteres e fotógrafos que seguiam entrando e ocasionalmente utilizou o telefone do hotel para fazer diversos pedidos de comida para mastigar enquanto respondia às perguntas, falava, ria e gesticulava.

"Eu estou muito nervoso por causa da Ilha de Wight. Sabe, muito ansioso. Eu não consigo acreditar. Eu realmente odeio ficar esperando assim e é isso que me deixa tão ansioso. Eu acho que seria melhor se eu tivesse ido para a ilha e me misturado … levado um saco de dormir comigo e me misturado com as multidões, para me familiarizar com tudo. Seria muito melhor do que tudo isso, mas há os problemas de sempre. Se eu fizer coisas desse tipo, as pessoas vão ficar vindo até mim, dizendo 'Olha, é ele' e 'Vem, vem' e essas coisas, me assediando.

"Eu curti o festival de Woodstock – principalmente o Sly e o Richie Havens. E o cara do Ten Years After, sim, eu fiquei só com um pouquinho de inveja quando o vi tocar. Vocês ouviram o disco? Eu não sei por que eles usaram aquelas faixas minhas, realmente não sei".

Jimi estava relaxado o suficiente para tratar as entrevistas como um pequeno show e parecia especialmente feliz de estar de volta à Inglaterra.

"Nós estávamos viajando muito pelos EUA e não pensávamos que teria demanda para nós aqui depois de tanto tempo longe. Eu queria voltar, mas as pessoas diziam, bom, você vai tocar em Boston em tal e tal dia, essas coisas. Então … era isso, mas agora estamos aqui. Queria fazer uma turnê inglesa logo".

Falei para o Jimi que tinha lido na Cashbox sobre o estúdio de gravação dele, "Electric Ladyland [sic]".

"Sim, sim, é um tipo diferente de estúdio. O Chuck Berry e o Sly estiveram lá fazendo algumas coisas. É um estúdio muito relaxante e não tem a atmosfera típica de um estúdio. Tem um monte de almofadas e travesseiros, tapetes espessos e luzes suaves. Você pode ter qualquer tipo de combinação de luzes que quiser... tipo, o que você quiser. Eu acho que isso é muito importante. Tem muitos engenheiros competentes por aí agora, o problema é essa coisa da atmosfera. E nós temos o melhor equipamento também ...

"Eu estava falando antes da coisa da luz e do som. Eu me interesso por essa combinação de música e cor – é uma área extra de consciência. Estou pensando em fazer um filme usando essas técnicas".

Jimi tem planos de gravação tentadores, que incluem um álbum em algum momento de outubro e um álbum duplo na sequência. O álbum duplo, diz ele, será em sua maior parte instrumental.

A aura de "superastro" que sempre envolveu Jimi não fica nada aparente numa entrevista, ou numa conversa. Quanto disso é propaganda? Quanto disso é um papel que Jimi interpreta?

"Eu não saberia interpretar esse papel. Mas tem muita gente querendo que eu interprete. Eu estou aqui para comunicar, essa é a minha razão para estar aqui, esse é o lance. Eu quero fazer as pessoas se interessarem e informá-las do que está acontecendo. Mesmo que elas tenham empregos das nove às cinco e voltem para a família e a TV, é isso que conta, manter o interesse delas vivo".

Não é uma responsabilidade comunicar – especialmente num nível tão mente-aberta?

"Sim, claro, mas eu sigo fazendo coisas novas. Os garotos escutam com a mente aberta, mas eu não quero oferecer as mesmas coisas o tempo todo. Coisas visuais diferentes, músicas diferentes".

De onde vêm as músicas?

"Ah, elas vêm de qualquer lugar. Eu passo muito tempo sonhando acordado, elas vêm daí. E das pessoas, em volta. Do trânsito também. Todas elas me dão ideias para músicas, tudo lá fora.

"Mas eu quero mesmo tocar de novo na Inglaterra. Fazer umas oito cidades. Queria ir para o Stonehenge, pelas vibrações. Eles têm cabeças mais frias na Inglaterra do que nos Estados Unidos.

"Às vezes eu sinto que deveríamos fazer um show gratuito. Eu vejo os preços que a garotada tem que pagar para ver a gente e são ridículos ... Eu tenho o péssimo hábito de falar demais".

Como Jimi se sente sobre as fitas e discos piratas que estão circulando?

"Eu não tenho lançado nada há algum tempo. Essas fitas piratas, sabe, algum cara veio em algum ensaio particular com um gravador minúsculo e fez um LP pirata. A qualidade deve ser terrível. Tem umas fitas piratas do Woodstock por aí também. A única razão de a gente ter lançado o 'Band of [Gypsys]' foi porque a Capitol estava pressionando a gente para lançar um LP – a gente não tinha nada pronto na época. Então ficaram com aquele".

Jimi será apoiado por Billy Cox e Mitch Mitchell na turnê europeia. E caso ele venha a fazer uma turnê inglesa, isso é provavelmente o que nós veremos.

Como ele se via em relação a trabalhar com um grupo no futuro?

"Bom, quando era o Experience, havia mais espaço para esse lance de massagem de ego. Sabe? Tudo que eu precisava para voar no palco era o baterista e o baixo! Mas agora eu quero poder dar um passo atrás e deixar as outras coisas virem para frente. Essa é a ideia de montar uma banda... uma banda grande para desenvolver outras ideias. Eu não sei como a música vai ser, eu não sei se eu estou tocando diferente agora.

"Não, eu não tenho tocado com o velho Experience, pelo menos nenhum show oficial, nem nada. Pode ter rolado uma improvisação em algum lugar. O Mitch vai continuar tocando comigo – ele nunca esteve melhor do que agora. E o Noel, quando eu os chamei pela primeira vez para o Experience, eu escolhi o Noel porque ele conseguia tocar *qualquer coisa* naquele baixo".

A cabeça de Jimi está cheia de ideias, algumas verdes e algumas maduras. Ele pode demorar algum tempo para colocar tudo em prática, mas é provável que o resultado seja não menos espetacular do que a experiência que ele tem nos oferecido nos últimos três anos.

ENTREVISTA COM JIMI HENDRIX
KLAS BURLING / DE UMA TRANSMISSÃO DE RÁDIO SUECA OUVIDA NO DIA 4 DE SETEMBRO DE 1970

O próximo show seria no Stora Scenen, no Tivoli Gardens de Estocolmo. No dia 31 de agosto, Hendrix e seus seguidores chegaram à cidade. Ainda exausto por causa da Ilha de Wight, ele mal conseguia pronunciar as palavras durante esta entrevista. O que se segue são alguns trechos do que foi transmitido na rádio sueca.

Klas Burling: [Qual] é o seu ponto de vista sobre o festival da Ilha de Wight onde você tocou algumas noites atrás?
Jimi Hendrix: As pessoas foram realmente legais, as pessoas foram muito legais. Mas eu realmente odeio tocar à noite. Sabe o que eu quero dizer? Não dá para vê-las, principalmente ao ar livre...

KB: Conte mais, Jimi, porque nós não te vemos faz muito tempo.
JH: Bom, escuta...

KB: O que você tem feito realmente?
JH: Eu tenho feito igual ao Zé Colmeia. Andei hibernando.

KB: Que quer dizer?
JH: Eles me surpreenderam que eles ... sabe, queriam a gente, queriam a gente de volta aqui, sabe?

KB: Por quê?
JH: [...] porque a gente recebeu muita estática... em Nova York, muito problema em Nova York.

KB: Jimi, a sua música hoje, ela mudou na Europa?
JH: Bom, a maior do tempo a gente toca um ... todo um vácuo, quer dizer, uma parede de som, uma parede de sentimento, é isso que a gente tenta passar. Sabe o que eu quero dizer? *Wh-sheeoo!* A gente não dorme há dois dias, sabe.

KB: Mas, Jimi, durante todo esse tempo que você não apareceu na Europa, o que tem feito nos Estados Unidos?
JH: Nós temos trabalhado muito em outros projetos também, sabe...

KB: Conte-nos sobre isso, por favor?
JH: Bem, eu tenho escrito bastante, Billy Cox, nosso baixista, tem escrito muitas músicas.

KB: Você escreveu músicas com ele também?
JH: Bom, você sabe. Estamos começando a fazer isso agora, estamos começando a estabelecer um bom contato um com o outro, porque a gente sabe como é importante ter um amigo nesse mundo...

"SR. HENDRIX DE BOM HUMOR"
TOMMY RANDER / GOTEBORGS-TIDNINGEN, 2 DE SETEMBRO DE 1970

No dia primeiro de setembro, Hendrix voou para Gotemburgo, Suécia, para um show no Stora Scenen em Liseberg, com o Cat Mother & The All Night Newsboys como banda de abertura. Além da entrevista, Rander comentou sobre a apresentação.

"Apresentamos a vocês: Jimi Hendrix, Billy Cox na bateria e Motoh Miller no contrabaixo", o alto-falante em Liseberg anunciou para a confusa plateia. Ele quis dizer Cox no baixo e Mitchell na bateria. Trinta minutos depois, o novo Experience começou a tocar, soando um pouco durão no começo. O baixo e a bateria não funcionavam juntos e Hendrix parecia achar que estava frio, e estava. Depois de algumas músicas de abertura, as coisas começaram a funcionar bem, muito bem. Jimi Hendrix tocou de um jeito que não tocava há anos e ele parecia gostar daqui. Ele trouxe o público para o seu lado; claro, "Hey Joe" e "Foxey Lady" fizeram 5.000 se sentirem mais tranquilos...

Tommy Rander: Você teve algum problema com algum hotel nesses últimos tempos? (Na última vez que ele esteve na cidade, ele destruiu um quarto de hotel em Opalen e não teve permissão de sair da cidade por duas semanas até que tudo fosse resolvido.)
Jimi Hendrix: Não, está tudo bem. Mas devo dizer que não me diverti tanto quanto quando andava por aí esperando pelo julgamento em Gotemburgo [em 1968]. Eu conheci uma garota e ...

TR: Você está envolvido na política? Você doou cinquenta mil [sic] dólares para a Fundação Martin Luther King...
JH: Não, mas eles precisavam do dinheiro. Nos EUA você tem que decidir de que lado está. Ou você é rebelde, ou gosta de Frank Sinatra.

O motivo pelo qual Jimi brecou a turnê em 1968 foi estar "psiquicamente exausto", como ele diz.

JH: Eu estava cansado e desgastado, mas agora tudo parece muito melhor. A banda atual com Cox no baixo e Mitchell na bateria vai provavelmente continuar junta. Se nós não tivermos um acidente de avião, ou algo assim, nós vamos continuar juntos por um tempo, mas cada um é livre para fazer o que quiser, claro.

"ESTOU CANSADO DE FICAR DEITADO"
JØRN ROSSING JENSEN / AARHUUS STIFTSTIDENDE, 2 DE SETEMBRO DE 1970

No dia 2 de setembro, a turnê continuou para Århus, Dinamarca, para um show no Vejlby-Risskov Hallen. Em uma entrevista pré-show, Hendrix falou sobre escrever um livro, sua própria forma de religião e imagem.

Jimi Hendrix (em Århus esta noite) se sente mentalmente vazio; ele prefere a reação à revolução e está a caminho de uma religião universal.

TALVEZ VULGAR — MAS NÃO OBSCENO

Não foi o movimento pentecostal que ficou lá com sua mensagem celestial no pequeno pórtico do Grande Palco em Liseberg? E quando a luz fluía dos lança-chamas dos anjinhos e os 32 salivantes começaram a cantar, "Encontre seu Deus", veio Jimi Hendrix – a religião elétrica.

Cantaram para ele. Queriam saudá-lo como pastor, um profeta que nos mostrará o caminho certo para o evangelho da música beat.

Jimi Hendrix, 25 [sic] anos. Meio negro, meio mexicano [sic] – um náufrago. Mas quando ele entra em suas elegias efervescentes, é chamado de melhor guitarrista beat do mundo.

O que ele quer?

"Eu quero tocar minha guitarra, todas as outras coisas, vou escrever um livro. Quando será publicado? Um pouco depois da minha morte."

TEM QUE SENTIR

No último domingo, Jimi Hendrix and [sic] Experience (Mitch Mitchell e Billy Cox) tocaram no festival da Ilha de Wight. Segunda-feira passada em Estocolmo, terça em Gotemburgo. Hoje à noite eles estarão no palco em Vejlby-Risskov Hallen. Pela primeira vez em um longo tempo, Jimi Hendrix está em turnê e ela continua.

"Estou cansado de ficar deitado e eu me sinto mentalmente vazio. Sob todas as circunstâncias, pode ser diferente, mesmo que a turnê seja solitária."

Os críticos de Estocolmo acharam o show chato?

"Eles devem ser os únicos. O público estava bom, nós notamos as reações. Para alguma coisa funcionar, você tem que sentir. E a gente sentiu."

NADA DE POLÍTICA

Jimi Hendrix nem sempre mostra estar politicamente envolvido – ainda assim, ele mandou um grande cheque ao Fundo do Memorial de Martin Luther King Jr.

"Eles precisavam do dinheiro."

Talvez houvesse outros que precisavam, também?

"Fala para mim, você queria que eu desse para a Ku Klux Klan?"

I-S-S-O

Os Rolling Stones querem revolução, cantam sobre levantes nas ruas, agora é hora de mudar uma sociedade doente. Mas Jimi está nessa linha de frente?

"Não, não estou. Há um certo ponto em que se deve escolher: Revolução ou Frank Sinatra. Para mim era Frank Sinatra – e a reação. Eu quero instigar as pessoas a fazerem um monte de coisas, i-s-s-o [e então Jimi Hendrix pega sua guitarra e toca indo e voltando por alguns minutos]. Eu quero excitar as pessoas.

"Sim, eu disse que sou a religião elétrica – porque o lance é a religião, não o cristianismo. Foram os cristãos que começaram a maioria das guerras nesse mundo. Eu vejo na minha frente uma religião universal, contendo todas as crenças, contendo a essência de todas elas. Nessa religião, as crianças podem crescer e se sentirem livres, elas não serão programadas, como são hoje. E elas vão poder ir para a faculdade mesmo com dez anos de idade."

O LUGAR ENCONTRADO

"Estive procurando um lugar, longe deste mundo mecânico, onde cidades e quartos de hotel se colidem. Eu encontrei, dentro de mim. Agora eu quero espalhá-lo. Minha música requer amor e compreensão. Através da música se encontra mais religião do que através de qualquer outra coisa. O Jimi Hendrix Experience vai tocar enquanto a gente se sentir bem – e quando a gente não sentir mais isso, a gente fala daqui três anos."

NADA OBSCENO

É verdade que as Daughters of American Revolution [Filhas da Revolução Americana] te acusaram de ser obsceno?

"Eu, obsceno, esqueci disso. Eu devo ser obsceno? [Olhando-se no espelho] Talvez um pouco vulgar, mas obsceno [de novo no espelho]. Você está me confundindo com o Jim Morrison."

Ele não é um curandeiro vudu, é?

"Bahhh, você pode ter uma opinião sobre mim, e eu já ouvi muitas, mas curandeiro bruxo? Não existe mais isso.

"Eu não me sinto um deslocado, contanto que eu não seja tratado como um. Não aconteceu hoje, mas também, eu estou dormindo o tempo inteiro."

ELES FICAM ALI

O Jimi Hendrix and [sic] Experience tem que entrar no palco. O ingresso para o parque de diversões de Liseberg subiu de 1 coroa sueca para 19 coroas suecas.

"Espero que você tenha conseguido o que queria", diz ele.

Sim, eu espero que você também.

"Eu vou – depois da turnê."

Tietes?

"Haha. Só pessoas invejosas as chamam de tietes, groupies. Para mim elas são garotas legais. E elas vão estar lá, com certeza."

No show de hoje à noite, Cat Mother, uma banda de rock americana, que nunca esteve na Europa antes, vai tocar primeiro. Jimi e o Cat Mother continuam a turnê por Berlim.

"JIMI HENDRIX: NÃO TENHO CERTEZA SE VOU VIVER ATÉ OS 28 ANOS"

ANNE BJØRNDAL / MORGENPOSTEN, 6 DE SETEMBRO DE 1970

Depois de tocar apenas três músicas no Vejlby-Risskov Hallen, Hendrix saiu do palco. A música estava desconjuntada e faltava continuidade. Anunciou-se que Hendrix estava exausto e o resto do show foi cancelado. O incidente adicionou drama à turnê, já que na noite anterior Billy Cox teve uma reação ruim ao LSD que durou dias. Depois de ser entrevistado por Anne Bjørndal para este artigo, Hendrix fingiu uma proposta de casamento para a modelo Kirsten Nefer para um tabloide que saiu com a manchete ESTRELA MUNDIAL PEDE MODELO DINAMARQUESA EM CASAMENTO.

Infelizmente, o show em Århus, com talvez um dos maiores guitarristas do rock, não aconteceu como esperávamos. Jimi Hendrix estava física e mentalmente exausto devido a um calendário de shows apertado demais. Isso fez com que ele desistisse, tendo se esforçado pelo tempo de duas músicas[1] [sic], incapaz de completar a apresentação. Foi uma pena – tanto para ele quanto para nós, porque sabemos que ele ainda pode fazê-lo, mas anteontem não deu certo. Ainda assim, é possível afirmar que as duas músicas que ele tocou, "Freedom" e "Message of Love" do álbum *Band of Gypsys*, realmente nos fizeram apreciar a sonoridade única que caracteriza sua música. A música estava lá, quente e vibrante, e tudo o mais parou de existir.

"Bem-vindos ao circo elétrico", Jimi abriu dizendo, mas isso teria vida curta. Ainda assim, havia tempo para curtir tanto sua eminente guitarra quanto o baixo maravilhoso de Cox, além da percussão poderosa de Mitch Mitchell.

Já que o show acabou tão abruptamente, Jimi Hendrix disse que retornaria em breve para uma performance que todos iriam gostar.

ELOQUENTE

Parecia claro que Jimi Hendrix estava cansado. Antes do show ele falou em cancelar porque simplesmente não era justo com o público. Antes do show ele chegou a co-

---

[1] O JHE começou uma terceira música, "Hey Baby (New Rising Sun)", mas nunca terminou.

mentar sobre a beleza do porto de Århus. Ele exclamou: "Ah, o porto! Essa que é a chatice de estar em turnê o tempo inteiro, a gente nem conhece os lugares onde a gente toca, mas é tudo parte da máquina. Eu prefiro tocar na Europa, porque aqui as pessoas escutam e entendem do que se trata, enquanto eles enlouquecem nos Estados Unidos. Eu não gosto de tocar à noite porque eu não consigo ver o público. Essa é a melhor parte de festivais grandes a céu aberto, a luz do dia, e conseguir ver os rostos no público."

O LANCE É A RELIGIÃO

Jimi Hendrix fala muito sobre fenômenos sobrenaturais e menciona Jesus e Genghis Khan: "Na realidade, Jesus começou muitas guerras, não ele próprio, mas as pessoas que apoiavam sua causa. É por isso que o cristianismo é coisa do passado. O lance é a religião e ela tem que ser encontrada dentro de você, você tem que viver com paz de espírito. A maioria dos seres humanos nasceu para o amor e a paz, mas são só as obrigações da nossa sociedade que fazem as pessoas se vestirem de cinza e preto."

"Por que eu vivo ouvindo o nome do Mick Jagger?" pergunta Jimi Hendrix. "Nós nos interessamos por coisas diferentes, mas acho que a gente tem algumas coisas em comum. Eu gostaria de me envolver no desenvolvimento de uma gravadora com os Rolling Stones, coisa que eles já mencionaram. Música é minha vida. É a vida e os sentimentos e você tem que ter tempo para ela como para qualquer profissão. No meu caso, eu sacrifico uma parte da minha alma toda vez que eu toco. Tem também alguns momentos que eu sinto que eu tenho que escrever, principalmente antes de dormir, quando todos os pensamentos estão correndo pelo meu cérebro. Minha guitarra é o meu meio e eu quero que todo mundo se interesse por ela. Eu quero fazer o mundo se animar. A música e as ondas sonoras são cósmicas quando vibram de um lado para o outro.

"Eu não tenho certeza se vou viver até os 28 anos (ele tem 25 [sic] anos agora). Quero dizer, quando eu sentir que não tenho mais nada a oferecer musicalmente, não vou estar mais neste planeta, a não ser que eu tenha uma esposa e filhos, de outra forma, não tenho mais por que viver."

LSD NÃO

Enquanto ele continua a falar sobre coisas místicas, ele diz que não gosta de LSD, "porque é nu. Eu preciso de oxigênio", diz ele, respirando fundo. Hendrix fala sobre seu amigo próximo Arthur Lee, líder da banda Love: "Eu gosto muito dele. Somos como irmãos. Poderíamos começar uma nova raça humana com a nossa música. Gostaria muito de fazer mais coisas com ele. Acabamos de gravar um álbum juntos. Nós pensamos e sentimos da mesma maneira, então seria maravilhoso se pudéssemos montar algo juntos. Somos um tipo de ciganos espirituais viajando por aí espalhando nossa mensagem pela música.

"Eu amo ler contos de fadas, H. C. Andersen e Winnie the Pooh [Ursinho Pooh/Ursinho Puff]. Contos de fadas são cheios de fantasia e, como a música, eles apelam para seu senso de imaginação. Eu nunca toco uma música duas vezes do mesmo jeito. Eu não consigo tocar uma coisa pela qual eu não sinto e na qual não posso pôr minha alma."

CURANDEIRO BRUXO

Quanto aos seus planos para o futuro, Jimi diz que pretende manter essa banda viva pelo menos até o fim da turnê. Com essa formação, eles gravaram umas 150 faixas [sic], 15 das quais eles poderão usar no próximo álbum.

Em relação ao álbum pirata, que foi supostamente gravado após o festival de Woodstock, Jimi diz não se importar.

"As pessoas têm muitas ideias esquisitas sobre mim", continua ele, "aqueles que me rotulam não me conhecem, ou conhecem só uma parte. Como eu disse antes, odeio rótulos e aquele de curandeiro bruxo não me serve."

Imediatamente antes do show, Jimi Hendrix disse: "Eu sou o motorista do ônibus e vocês são meus passageiros."

De fato, essa afirmação resume toda sua música – ele é o capitão da espaçonave e quer nos levar, ouvintes, em uma viagem espacial, para onde as ondas sonoras te permitem cutucar.

No palco ele irradia energia elétrica, em sua privacidade ele é quieto e reflexivo ... como um lobo em pele de cordeiro, essa é a natureza de Jimi Hendrix.

"JIMI HENDRIX: EU SOU UM HOMEM COMO MUITOS OUTROS, POR EXEMPLO, NAPOLEÃO"

SVEN WEZELENBURG / BERLINGSKE TIDENDE, 3 SETEMBRO DE 1970

Outro repórter de Århus capturou algumas outras afirmações peculiares de Hendrix no dia 2 de setembro de 1970.

O guitarrista Jimi Hendrix vai manter sua banda atual até o fim do ano e planeja não fazer mais que 20 shows por ano. Ele gravou 150 faixas, mas acha que somente 15 podem ser usadas em seu próximo LP, que não está para ser lançado no mercado no momento. Nesse ínterim, ele lançou um LP com Otis Redding e Neil Young [sic], gravado no festival Monterey em 1967. Esse deve ser bem interessante.

– Quando eu escutei, notei que toco "sentimentos", não música, diz Jimi Hendrix. *Prefiro fazer shows na Europa, onde as pessoas escutam a música, não só se sentam e enlouquecem. Mas eu sempre toco o melhor que posso.*

FRASES INFINITAS

Hendrix fala muito de sua música. Sobre coisas místicas, sobrenaturais. Sobre drogas eufóricas. Sobre o público. Sobre paz. Sobre guerra.

Sobre seus músicos: – *Nós nos sentimos bem juntos. Mitch Mitchell é um artista em sua bateria.* Hendrix, no entanto, chama a si mesmo de idiota por ter assinado um longo contrato com a Capitol Records. Isso explica o porquê de lançar o LP *Band of Gypsys*.

Sobre outras coisas, ele fala de forma muito nebulosa.

De suas frases infinitas podem ser citadas:

– *Eu poderia morrer ontem ou amanhã. Todos vamos embora desse jeito.*

– *Todos nós viemos de algum lugar, sejamos brancos, negros ou índios.*

– *Eu não tenho nenhum prazer com a cocaína.*

– *Você tem que largar a palavra "religião".*

– *Todos temos um Deus em nós mesmos.*

– *Odeio tocar ao ar livre à noite porque não consigo ver o público.*

– *O LSD é nu.*

– *Sou só um homem como qualquer um, Alexandre O Grande, ou Napoleão.*

"PLOP! ADEUS JIMI!"

HASSE BOE / DEMOKRATEN, 3 DE SETEMBRO DE 1970

Fãs de Copenhague foram avisados do desastroso e abortado show em Århus, Dinamarca. Pediram uma explicação para Hendrix quando ele chegou em Copenhague no dia 3 de setembro.

"Eu estou tão cansado e não durmo há três dias", disse o melhor guitarrista do mundo, Jimi Hendrix, antes de seu show no Vejlby-Risskov Hallen ontem à noite. Por isso ele deveria ter cancelado sua apresentação, que só durou oito minutos [sic]. [Quatro mil] pessoas que pagaram mais de 150.000 coroas em vendas de ingressos podem receber seu dinheiro de volta hoje.

ENTREVISTA COM JIMI HENDRIX
CHRIS ROMBERG E SARGENTO KEITH ROBERTS / TRANSMISSÃO OUVIDA NA REDE DE RÁDIO DAS FORÇAS ARMADAS NA ALEMANHA NO FIM DE SETEMBRO DE 1970

Depois de Copenhague, a banda de Hendrix voou para Berlim no dia 4 de setembro para o Super Concert 70 no Deutschlandhalle. Chris Romberg, pela British Forces Broadcasting Service TV, e o Sargento Keith Roberts, da American Forces Network, entrevistaram Hendrix em seu camarim antes do show.

Chris Romberg: Que tal uma introdução?
Jimi Hendrix: Uma introdução?

CR: Sim... vai ser bacana.
JH: Tudo bem. *[Hendrix canta e a sala toda ri.]*

CR: Não é esse tipo de introdução. Nós temos que ser sérios. Estamos nos bastidores do Deutschlandhalle, conversando com o guitarrista Jimi Hendrix, e Jimi, eu gostaria de saber, antes de tudo, o que você achou da sua aparição no filme *Woodstock*, principalmente a cena no final com o hino nacional?
JH: Acho que eles poderiam ter mostrado outras músicas, provavelmente. Elas apareceram numa tomada pequena no final. Queria que eles tivessem capturado o lado mais musical da coisa, na verdade, sabe.

CR: Tentaram fazer disso uma coisa política?
JH: Bom, eu não sei. Não sei. Na verdade, não. *[Risos.]* É assim que é.

CR: E o que você acha de festivais como o Woodstock? Você acha que vai ter outra reunião tão grande de pessoas com o mesmo tipo de vibração?
JH: Bem, eu não sei, porque é muito difícil o som chegar para todas aquelas pessoas, numa multidão tão grande. Tipo, se eles tivessem públicos menores, nós conseguiríamos chegar mais perto deles. É tudo muito grande, sabe.

CR: Agora, como você se sente tocando para, digamos, quatrocentas mil pessoas?

JH: Bom, é isso que eu estou dizendo – é muito grande, sabe? Você sabe que não está chegando até eles, todos eles. E a ideia de tocar para eles é tentar fazê-los se divertir, ou algo assim.

CR: Você acha que os grandes festivais de música são na verdade apenas uma extensão de um ângulo do comercialismo? É comercial demais?
JH: Ah, eu não acho que a gente vá tocar em muitos desses mais, de qualquer maneira, então não há muito o que dizer. É muita coisa, muitas coisas acontecendo, mas não muito amor ou concentração numa certa coisa.

CR: Palavras proféticas talvez, porque o último show em que Jimi Hendrix tocou foi na noite após [sic] ter feito um show em Berlim, na Ilha de Fehmarn. Foi mais um desses festivais grandes. Seria muito difícil caracterizar Jimi Hendrix com palavras. Você teria que conhecê-lo. Você teria que conversar com ele. Você teria que assisti-lo. Na noite em que ele tocou aqui em Berlim ele parecia muito cansado. Não diria que ele parecia estar estragado, mas parecia cansado e um pouco desinteressado. Vamos seguir com a entrevista; este foi Chris Romberg, da BFBS.

[O que se segue é uma entrevista de bastidores conduzida pelo Sargento Keith Roberts.]

Keith Roberts: Jimi, você acabou de chegar da Ilha de Wight, onde houve mais um desses grandes festivais. Você gostou?
JH: Bom, sabe, eu gosto de tocar em qualquer lugar. Mas, tipo, estava escuro, sabe, a gente estava tocando à noite. Eu não conseguia ver [risos] todo mundo. Sabe, se pelo menos eu conseguisse ver as pessoas ao invés de só as fileiras de fogueiras lá na frente ... Era o único jeito de saber que tinha umas colinas lá atrás. [Risos.] Bom, enfim, tudo bem. [Risos.]

KR: Você prefere fazer um show como esse, onde se acentua mais vir escutar a música, ao invés de uma reunião num festival popular?
JH: É, acho que sim, sabe.

KR: Você acha que é mais apreciado aqui?
JH: Ah, eu não sei. É bem difícil de dizer. Às vezes é mais fácil tocar em lugares diferentes, tempos diferentes. A Alemanha no verão é linda, você sabe.

KR: Você gosta de tocar na Alemanha?
JH: Sim, sim.

KR: Você acha que o público alemão é diferente do público inglês?
JH: Eu não sei. É bem difícil dizer. A gente não toca na Inglaterra faz tempo. Nós temos que ir lá e tocar de novo para ver. É bem difícil dizer.

KR: Tem alguém na música pop, ou no rock, que quando você escuta você fica, "Uau! Isso é realmente demais"?
JH: Sim.

KR: Quem?
JH: Sly. *[Risos.]*

KR: Sly Stone?
JH: Sim, porque eu gosto da batida dele, sabe, gosto da pulsação, sabe – "Music Lover" e "Dance to the Music", todas essas coisas. E Richie Havens, que é de outro mundo.

CR: E relembrando performances passadas que eu vi de Jimi Hendrix, eu o havia visto três vezes. Esta vez foi a primeira depois de um ano e meio e ele havia mudado bastante o penteado. Acho que teve alguma coisa a ver com o álbum do Band of Gypsys mais cedo neste ano, mas ele estava muito mais melódico do que no passado. No passado ele era fogo e enxofre e esse tipo de coisa. Agora seu estilo mudou um pouco. Ele havia se tornado mais afinado, mais interessado em ser um guitarrista criativo. Em outras palavras, ele era criativo antes, mas agora ele era criativo de uma outra maneira.

Depois, nesta entrevista, você ouvirá uma pergunta sobre o Monterey Pop Festival. Aquela foi a primeira vez que eu havia sido exposto a Jimi Hendrix, e era provavelmente seu grande estouro nacional, tanto nos Estados Unidos quanto no resto do mundo. Naquele tempo sua apresentação era mais selvagem, sabe, umas danças ao redor do palco, tocando sua guitarra atrás do pescoço e todas as coisas que você já ouviu sobre Jimi Hendrix em seus primórdios. No fim da performance, ele ateou fogo à sua guitarra e depois tocou fogo em seu cabelo [sic]. Foi uma coisa de se ver. As pessoas gostaram mesmo de Jimi Hendrix.

Na noite do Deutschlandhalle, ele estava muito mais abatido, muito mais quieto, e como nós dissemos, muito mais interessado na melodia. Seu baterista Mitch Mitchell havia desacelerado um tanto também, mas o baixista Billy Cox ofertava um baixo muito mais suingado do que Noel Redding jamais tinha sido capaz de tocar. Como Jimi diz mais tarde na entrevista, Noel se interessava muito mais por tocar melodias do que por ser um baixista com balanço. Então vamos continuar com essa entrevista completa, novamente, conduzida na noite de quatro de setembro no Super Concert em Berlim.

KR: Estive pensando sobre o Experience que vai se apresentar em Berlim hoje à noite. Só tem um homem diferente do Jimi Hendrix Experience original, o seu baixista Billy Cox.
JH: Aham.

KR: Eu estava imaginando como, é ...
JH: *[Interrompendo]* Nós temos um novo produtor de turnê também, não se esqueça.

KR: Ah.
JH: Jimmy McFadden, além do Gerry [Stickels] e Eric Barrett.

KR: Bom, não podemos esquecer de plugar ... *[risos]*
JH: *[Interrompendo]* Bom, não pode esquecer porque, tipo, esses são os que fazem tudo acontecer, certo?

KR: Sim.
JH: Todo mundo se esquece desse lado, na verdade.

KR: É verdade. Isso é uma coisa que eu gostaria de saber... Nos bastidores as pessoas normalmente fazem muito mais do que você ou ...
JH: É como aquele lindo avião e todo mundo esquece do piloto às vezes, sabe. De qualquer maneira que você queira ver isso.

KR: Eu estava pensando na própria banda, no entanto, e ...
JH: Hmmm.

KR: ... e a razão pela qual o Experience original se separou, com Noel Redding e Mitch Mitchell, e agora que vocês voltaram com seu velho baterista Mitch, como Billy Cox chegou até você?
JH: [...] Nós costumávamos tocar juntos antes e, ahm, tipo, nós estamos fazendo vários baixos em uníssono, baixo e guitarra em uníssono, que é nada além de um monte de ritmos. É tipo, como chama? Padrões, tipo isso. O Noel, ele tem um lance só dele. Ele tem a banda dele. Ele é um cara mais individualista, eu acho. Eu queria que a base fosse um pouco mais sólida. Noel é um músico mais melódico e Billy toca num espaço um pouco mais sólido.

KR: Você acha que o festival Monterey, lá em 1967, foi o ponto de partida para o que podemos dizer que hoje é a fama de Jimi Hendrix?
JH: Ah, para nossa banda, sim, sim, certo.

KR: E quanto ao Monterey, eu estava lá e eu achei que houve um monte de performances fantásticas. Haverá novamente algo na música pop como o Monterey?
JH: Não tenho certeza. Eu não sei muito da música pop. Não sei dizer. Seria legal se houvesse, principalmente nessa nova onda, da próxima vez. Ah, enfim, é muita coisa [risos].

KR: Como você se sente quando está em turnê?
JH: Agora, você quer dizer?

KR: Sim.
JH: Estou um pouco preocupado agora porque eu estou soando um pouco como um sapo. [Risos.] Sabe, por causa de ontem à noite, que a gente estava tocando muito alto. Eu estava gritando na ponta do pé. Parecia que meu joelho estava aqui no meu peito.

KR: [Risos.]
JH: Agora eu só me sinto um pouco nervoso, mas acho que vai ficar tudo bem. Porque eu sei que a gente vai lá fazer o nosso showzinho, tipo, o Mitch vai tocar bateria e o Billy vai tocar baixo e [numa voz boba] eu vou estar tocando guitarra... ao invés de lá em cima gritando, sabe.

KR: Você fica muito acabado?

JH: Sim, mas algumas coisas me recarregam num instante. Eu fico acabado num instante também. Tudo depende.

KR: Tipo entrevistas, talvez?

JH: Bom, às vezes elas são divertidas, sabe.

KR: Sim, OK. Às vezes elas são legais de fazer, também.

JH: É, queria que você tivesse me encontrado num momento menos nervoso, porque, tipo, agora a gente vai ter que ir, daqui a pouco, querendo ou não.

KR: Ah, nós entendemos... Boa noite.

CR: Nesse momento, acho que um negócio pessoal deveria aparecer nessa entrevista, talvez. Eu nunca estive em um filme e nunca apareci na televisão antes. Fiz só rádio e uma carreira curta nisso, até. E, como dissemos antes, essa entrevista estava sendo filmada. Hendrix estava tenso de estar sendo filmado, eu estava nervoso, na verdade, todo mundo que estava na frente das câmeras estava, e depois de acabarmos com o que achávamos que seria o fim da entrevista, alguns votos de "boa noite" bem apreensivos foram trocados.

Agora, nesse momento nós achávamos que a entrevista estava concluída e a equipe de TV começou a desligar a câmera, mas exatamente naquele momento, o cara das Forças Armadas Americanas, Sargento Keith Roberts, decidiu perguntar a Hendrix o que ele tinha achado de Mungo Jerry e seu hit "In the Summertime". Eu já tinha desligado meu gravador, mas consegui ligá-lo a tempo de pegar o resto desses comentários e essa reação de Hendrix e da equipe que estava na sala. *[Risos altos se escutam.]*

KR: Por que esse nome sempre faz as pessoas rirem? Quando todo mundo escuta Mungo Jerry ... as pessoas caem na risada.

JH: Eu acho que é uma música feliz.

KR: É sim; é uma música muito boa.

JH: Ela vai assim – *[canta]* "Well, in the summertime..." Ele diz, "You got women, you got women on your mind." ["Bem, no verão ... Você fica com as mulheres, você fica com as mulheres na cabeça"] *[Risos]*.

KR: Qual a sua opinião sobre a música e a banda, do que você sabe sobre eles?
JH: Ah, eu acho que é uma linda música de verão... *[risos]*

KR: Você acha que eles têm futuro nessa banda, com essa banda?
JH: Bom, eu não sei da banda, mas a canção é bonitinha, legal e feliz, e é bem leve ... e tem aquele garoto que manda ver. Eu não sabia que *eles* eram uma banda. Eu achava que eles tinham se juntado para fazer só aquela gravação... Mas, toda a sorte para qualquer um que tente fazer acontecer. *[Com voz boba]* Mungo Jerry.

KR: Obrigado!

"A ÚLTIMA ENTREVISTA DE HENDRIX"
KEITH ALTHAM / RECORD MIRROR, 3 DE OUTUBRO DE 1970

Depois do show de Copenhague, o grupo viajou para a Ilha de Fehmarn para tocar no Love and Peace Festival. Devido a muitas complicações, a apresentação do JHE foi adiada para 6 de setembro de 1970. Billy Cox – ainda sofrendo dos efeitos de uma experiência ruim com LSD de alguns dias atrás – voltou para casa e um show em Roterdã no dia 13 foi cancelado porque agora Hendrix não tinha baixista.

Hendrix foi a Londres e se hospedou no Cumberland Hotel onde Keith Altham, do RECORD MIRROR, o entrevistou em sua suíte na noite de sexta-feira, 11 de setembro. Este artigo foi publicado no dia 3 de outubro, pouco depois da morte de Hendrix.

Jimi Hendrix. Eu o conheci. Eu gostava dele. Estou triste que ele esteja morto. Agora que todos os tributos, eufemismos e epitáfios terminaram, talvez seja possível colocar sua existência em algum tipo de perspectiva, pois isso era a coisa mais difícil para quem não o conhecia.

Minha primeira visita aos Estados Unidos foi com Jimi e o Experience para o Monterey Festival há mais ou menos quatro anos e aquilo revelou claramente a enorme contradição entre a pessoa e a imagem que ele transmitia como artista. No palco ele era o demônio selvagem – o selvagem brilhante da guitarra a quem muitos do público atribuíam uma decadência e profanação que suspeitavam ser do próprio homem.

Na realidade, ele falava baixinho, era sensível e ansioso a ponto de enfatizar o fato ao constantemente agitar os dedos perto do rosto e da boca, fingindo estar alarmado.

Ele fumava, bebia, comia e fazia amor. Às vezes ele fumava, bebia e comia as coisas erradas e fazia amor com as pessoas erradas. Um pouco como eu e você.

O principal problema em separar Hendrix, a pessoa, de Hendrix, o artista, era que ele geralmente funcionava no mundo da fantasia – suas letras eram feitas da mesma matéria que os sonhos – e vivia a rápida e desconfortável realidade de uma estrela do rock'n'roll.

Em três anos ele viajou para mais longe, viveu mais intensamente e viu mais do que eu e você em dez. Aqueles que não compreendem as pressões dessa atividade vão moralizar. Aqueles que entendem vão apoiar.

Isso não quer dizer ou dar a entender que eu acredite que o que aconteceu com Jimi foi o inevitável resultado do ritmo de sua vida ou que ele mesmo tenha visto seu fim como algum tipo de destino.

Nas três ocasiões em que o vi durante a semana anterior ao seu falecimento, ele estava curtindo a vida e planejando seu futuro. Ninguém poderá me convencer de que o que aconteceu tenha sido algo mais do que um trágico acidente.

JAM

Depois da fuga de Billy Cox de volta para os Estados Unidos, Jimi compareceu à festa de Mike Nesmith no [hotel] Inn lá do Park seguindo minha sugestão e o convite de Mike.

Jimi me perguntou lá o que eu achava que ele deveria fazer quanto a sua nova banda e eu respondi que o conselho de McCartney de "Get back to where you once belonged" ["Volte para o lugar de onde você veio"] nunca era má ideia para o renascimento. Jimi riu e disse que era isso que iria fazer.

Algumas noites depois, ele apareceu no Ronnie Scott Club e estava sentado com Eric Burdon e sua banda War quando fez uma jam incrível na música "Tobacco Road". Foi a última apresentação pública de Jimi.

Um dia depois, apenas quatro dias antes de sua morte, fui ao Cumberland Hotel fazer esta entrevista com ele.

Três garotas estavam no quarto e nós assistimos ao programa de Kenny Everett, que Jimi achava ser o mais engraçado que ele já havia visto. Bebemos vinho e Jimi fez planos para jantar fora naquela noite.

Sinto que esta entrevista é importante porque mostra onde estava a mente de Jimi pouco antes do acidente. Ele não estava abatido ou triste quanto ao futuro e o tom de suas respostas era frequentemente brincalhão, acentuado por sorrisinhos marotos e peculiares, e sacudidas de cabeça.

As pessoas diziam que ele era um cara transformado, tanto na aparência quanto nos modos. Era verdade?

"Todos passamos por mudanças", disse Jimi. "Eu olho em volta, vejo bandas como o Cactus e o Mountain e eles estão na mesma, com o cabelão e as roupas

– usando todas aquelas joias, se enforcando. Eu saí dessa porque eu me senti berrante demais visualmente".

LOUCO

"Senti que talvez muita gente estivesse vindo para olhar e não o suficiente para ouvir. Minha natureza mudou também e eu fui me esconder por um tempo.

"Comecei a cortar meu cabelo e largar as joias, anel por anel, até não sobrar nenhum. O lance de ser louco nunca foi uma jogada de marketing – aquele era o jeito que eu era na época. Se eu quisesse me vestir mais, eu me vestiria. Se eu quisesse quebrar uma guitarra, eu juntava uma raiva e quebrava. A raiva se dissipou e eu não sinto mais a necessidade de me vestir daquele jeito, já que agora eu vejo as pessoas fazendo também.

"Billy Cox saiu e agora eu não sei o que fazer. Direção é a coisa que eu sinto mais dificuldade em encontrar neste momento e eu ainda estou interessado no conceito de big band, mas agora eu sinto que talvez seja melhor voltar para o conjunto menor de novo. Talvez o problema seja que eu tento fazer muita coisa ao mesmo tempo – compor, tocar e cantar, mas eu odeio ficar de escanteio. Eu não gosto de ser só um guitarrista ou só um sapateador!"

Entre outras coisas, Jimi foi chamado de fonte da música psicodélica?

"Isso é uma coisa que eu ouvi dizerem, mas é difícil de aceitar", disse Jimi. "Eu escuto algumas coisas que eu compus e penso 'caramba.' Onde será que estava minha cabeça quando eu compus aquilo?

"A maior parte das minhas coisas era um combate entre a fantasia e a realidade e eu sentia que tinha que usar a fantasia para iluminar alguns aspectos da realidade. Até a Bíblia faz isso. Você tem que dar alguma coisa para fazer as pessoas sonharem.

"O dia vai chegar quando fazer um álbum vai ser uma experiência realmente extraordinária porque você vai ter facetas audiovisuais e sensoriais combinadas."

RICO

Como Jimi se sente quanto à sua responsabilidade para com o público e que coisas ele espera fazê-los enxergar?

"Eu realmente não quero ficar muito pesado. Eu tenho esse ditado que quando as coisas ficam pesadas demais 'me chama de hélio, o gás mais leve conhecido pelo homem!' Eu não quero mudar o mundo. Só gostaria de ver um pouco mais de cor nas ruas!

"Há basicamente dois tipos de música – o blues é um reflexo da vida e aí tem a música raio de sol, que pode não ser muito no que se refere à letra, mas faz mais sentido musicalmente. Você não tem que ficar gritando 'amor' para convencer as pessoas de que ele é necessário."

Mesmo considerando suas enormes despesas, Jimi já deve ser um homem muito rico e eu pergunto se ele se sente rico o suficiente.

"Não para o jeito que eu gostaria de viver, tipo, eu quero levantar de manhã e rolar da minha cama para uma piscina e nadar até a mesa do café da manhã e depois nadar para o banheiro para fazer a barba..."

"Você não quer só viver confortavelmente – você quer viver no luxo?"

"Luxo? Eu estava pensando em uma cabana em cima de um riacho na montanha!"

Hendrix

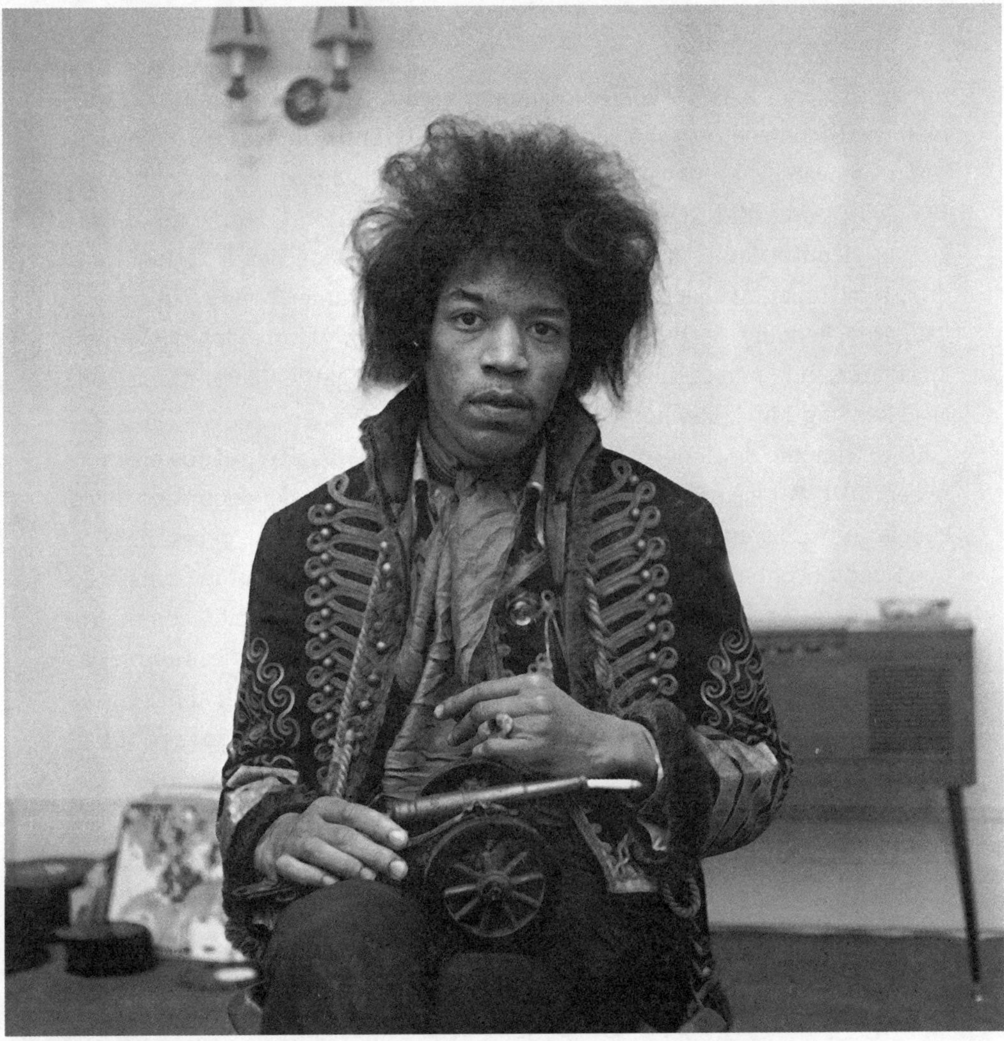

Epílogo

Apesar de Hendrix querer ser lembrado por apenas uma jam session, um funeral formal aconteceu em sua cidade natal, Seattle. Entre aqueles que compareceram estavam Al Aronowitz, o Reverendo Harold Blackburn, Miles Davis, Alan Douglas, Freddie Mae Gautier, Dolores Hall, Eddie Hall, John Hammond Jr., Ayako June Hendrix, James Allen Hendrix, Janie Hendrix, Leon Hendrix, Nora Hendrix, Tom Hullet, Abe Jacobs, Michael Jeffery, Eddie Kramer, Buddy Miles, Steve Paul, Noel Redding, Gerry Stickels, Chuck Wein, Devon Wilson e Johnny Winter. Mais tarde, uma jam session informal aconteceu no Seattle Center Arena, com Noel Redding, Mitch Mitchell, Buddy Miles e Johnny Winter.

O patrimônio de Hendrix foi estimado em 500 mil dólares quando ele morreu em 1970. Por ele não ter deixado um testamento, seu pai foi nomeado único beneficiário. Dois anos depois, Diana Carpenter, uma garota de dezesseis anos que Hendrix conheceu quando vivia em Nova York em 1966, perdeu uma ação judicial para ter sua filha Tamika, nascida em 1967, reconhecida como filha dele. Uma corte sueca em 1975, no entanto, reconheceu que James Henrik Daniel Sundquist, nascido em 1969, era filho de Hendrix. O caso falhou nas cortes americanas porque um exame de sangue não poderia ser realizado para que se comprovasse a paternidade.

O último disco de Hendrix – um LP duplo com o título *First Rays of the New Rising Sun* – nunca foi terminado. Ao invés disso, várias faixas quase prontas apareceram no LP *Cry of Love* (1971) e na trilha sonora do filme *Rainbow Bridge* (1971). Em 1997, *First Rays of the New Rising Sun* foi lançado em CD. A seleção das faixas foi uma compilação baseada em anotações de Hendrix e nas faixas que estavam mais bem acabadas.

Depois da morte de Hendrix, Michael Jeffery passou a ser muito criticado por seu jeito de gerenciar os negócios de Hendrix. No dia 5 de março de 1973, Jeffery morreu em uma colisão aérea a caminho da Grã-Bretanha. Em 1974, Alan Douglas assumiu a produção dos lançamentos póstumos das gravações de Hendrix.

Em 1995, o pai de Hendrix formou a Experience Hendrix, LLC, que atualmente cuida da produção de todos os lançamentos de Jimi Hendrix.

Em 1991, várias tentativas foram feitas para que a Scotland Yard reabrisse uma investigação sobre a morte de Hendrix depois de uma de suas ex-namoradas e outros anunciarem que haviam solucionado o mistério de suas últimas horas com novas provas que tinham descoberto. No entanto, em 1994, a Scotland Yard disse que não encontrou provas para que o caso avançasse.

Nos últimos anos, vários autores desafiaram o conceito de que Hendrix tivesse morrido por uma overdose de drogas, afirmando que ele teria sido vítima de jogo sujo. Uma afirmação de um ex-roadie de Hendrix alegava que, em uma confissão embriagada, Michael Jeffery havia admitido contratar capangas para matar Hendrix porque o músico queria desfazer o contrato e tinha outras disputas financeiras com Jeffery. Outra teoria propõe uma conspiração governamental do Programa de Contrainteligência do FBI (COINTELPRO) para eliminar Hendrix por ele ser um forte apoiador dos movimentos pacifistas e por direitos civis. Fãs permanecem divididos e continuam fomentando o debate sobre as circunstâncias de sua morte na internet.

Um show de tributo a Hendrix aconteceu em Seattle em setembro de 1995. Ele incluiu Noel Redding, Mitch Mitchell, Buddy Miles e Billy Cox e marcou a última ocasião em que todos os quatro membros tocaram juntos. Redding continuou a tocar até sua morte em 2003, assim como Mitchell e Miles, que morreram em 2008. Billy Cox, o único membro sobrevivente do Band of Gypsys e do Jimi Hendrix Experience, apresenta-se anualmente com uma banda de estrelas em tributo a Hendrix.

Citações de Hendrix

AMBIÇÃO PESSOAL

"Ser um filme e fazer carinho na tela com a minha luz."
— *New Musical Express*, 11 de março de 1967

DINHEIRO

"Dinheiro para mim é como estar perdido na floresta, e precisar usar o banheiro, certo? Não há banheiros por perto, mas há folhas, então o que você faz é se agachar e, você sabe, tomar cuidado para que não caia no seu, você sabe, e aí você simplesmente usa as folhas. Você tem que usar as folhas se você não tiver papel ou algo assim. E dinheiro é exatamente isso para mim – algo que eu tenho que usar. Eu não tenho absolutamente nenhuma necessidade de dinheiro, exceto para coisas que preciso, coisas que quero."
— Dito na festa de lançamento e recepção para Track Records no clube Speakeasy em Londres, 16 de março de 1967

TOCANDO ALTO

"Eles disseram para tocar o quão alto nós quiséssemos, e estávamos realmente curtindo quando essa fadinha chega correndo e grita, 'Pare! Pare! Pare! – O teto do estúdio está caindo'. E estava mesmo – gesso e tudo."
— *New Musical Express*, 15 de abril de 1967

CHEGA DE SER OTÁRIO

"Haha, eu não sou mais aquele Jimi otário – e sim o Sr. Hendrix."
— *Bravo*, 26 de junho de 1967

TRUQUES

"Truques, lá vamos nós de novo, truques, cara. Estou cansado das pessoas dizendo que dependemos de truques. O mundo não é nada além de um grande truque – guerras, bombas de napalm e todas essas coisas, pessoas aparecem sendo queimadas na TV e não é nada além de um grande truque. Sim, nós usamos."
— Do filme *Hear My Music Talking*, 1967

"Uma vez eu estava rolando pelo palco e caí na plateia. Eu tentei voltar, mas a multidão estava me segurando, então eu joguei a guitarra de volta. Eu não tinha a intenção de quebrá-la, mas quando você joga uma guitarra, ela quebra."
— *Newsweek*, 9 de outubro de 1967

LIBERDADE

"Fica cansativo fazer a mesma coisa, sair e dizer, 'Agora vamos tocar aquela música' e 'Agora vamos tocar aquela'. As pessoas nos compreendem de modos estranhos, mas nós não nos importamos. Cara, nós seguiremos. Porque cara, nessa vida você tem que fazer o que quer, você tem que deixar sua mente fluir, sua imaginação fluir, fluir, fluir livremente."
— *New York Times*, 25 de fevereiro de 1968

NOSSA MÚSICA

"Nossa música é como aquele pote de doces ali. Está tudo misturado. Independentemente do que a cena possa ser – você não se coloca em categorias ou então você se vê muito infeliz porque aí você quer fazer outra coisa. O melhor jeito de aceitar algumas das coisas que fazemos – se é que isso é tão importante – é aceitar cada música pelo que ela tem a oferecer em vez de tentar colocar tudo em uma coisa maior."
— *East Village Other*, 8 de março de 1968

PRIMEIRA INFLUÊNCIA

"O primeiro guitarrista que eu tomei conhecimento foi o Muddy Waters. Eu ouvi

um de seus discos quando era um garotinho e fiquei muito assustado, por ouvir todos aqueles sons. Uau, o que era aquilo? Era ótimo."
— *Rolling Stone*, 9 de março de 1968

BACKGROUND MUSICAL

"Eu fui educado por rádio e discos. Meus professores foram o senso comum e a imaginação."
— *Die Welt*, 15 de janeiro de 1969

SONS

"Apenas curta os sons, tudo é liberdade."
— A introdução falada de "Red House" durante as sessões de outubro no estúdio TTG, em Los Angeles, Califórnia.

"Meu lance está na minha cabeça. Eu ouço sons e se eu não os realizar, ninguém mais irá."
— *Melody Maker*, 22 de fevereiro de 1969

RELACIONAMENTOS

"Você não pode se apegar a relacionamentos quando leva uma vida nômade como eu. Mas eu sou um aventureiro, viajando pelo mundo procurando por diversão e talvez eu encontre uma garota para sossegar ... talvez em algum momento ... Agora estou tão cansado de tudo ... Eu fico completamente destruído por essas coletivas de imprensa, todas perturbadoras e desnecessárias. Eu não tenho tempo para a minha música. Logo eu vou voltar para a Inglaterra e apenas pensar em mim mesmo e minha música por um tempo; relaxar, ouvir minha barba crescer."
— *Vi I Tonáren*, 10 de janeiro de 1969

PERFORMANCES AO VIVO

"Eu sempre curto tocar, seja para dez pessoas – ou dez mil. E eu não me importo

que eles vaiem, contanto que não estejam desafinados."
— *Melody Maker*, 1 de março de 1969

SEM FUNERAL

"Vou te contar, quando eu morrer, eu não terei um funeral, eu vou ter uma sessão de improviso. E, me conhecendo, eu provavelmente serei preso no meu próprio funeral. Eu vou vê-los tocando tudo o que fiz musicalmente – tudo que eu mais gostei de fazer. A música será alta e será a nossa música. Não vai ter músicas dos Beatles, mas terei algumas coisas do Eddie Cochran e muito blues. Roland Kirk vai estar lá e eu vou tentar levar o Miles Davis também, se ele estiver afim. Quase vale a pena morrer, só pelo funeral."
— *Melody Maker*, 8 de março de 1969

MORTE

"É engraçado como a maioria das pessoas ama os mortos. Uma vez que você morre, você é sucesso para sempre. Você tem que morrer antes que eles pensem que você vale alguma coisa."
— *Melody Maker*, 8 de março de 1969

MENSAGEIRO MUSICAL

"Um músico, caso seja um mensageiro, é como uma criança que não teve muito contato com adultos, que não sofreu muitas impressões digitais em seu cérebro. É por isso que música é algo muito mais pesado do que qualquer coisa que você já sentiu."
— *Life*, 3 de outubro de 1969

LIVRE

"Não sei, às vezes tudo me irrita de vez em quando. Eu odeio essa coisa que a sociedade tem de embalar todo mundo em embalagenzinhas de celofane apertadas. Eu odeio estar em qualquer tipo de compartimento a não ser que eu queira.

O mundo está ficando um saco. Eu não vou ser uma socialite em celofane. Eles não vão me prender em uma cela de celofane. Ninguém vai me enjaular."
— *Hit Parader*, novembro de 1969

PLANOS PARA O FUTURO

"Eu cheguei ao fim de um círculo musical. Agora é hora de começar outro... Eu quero ser parte de uma grande nova expansão musical. O círculo está completo – e eu já estou começando de novo. Esse é o fim do começo – o começo de algo novo."
— *Disc*, 12 de setembro de 1970

ADEUS

"A história da vida é mais rápida do que um piscar de olhos. A história do amor é olá e adeus. Até nos encontrarmos novamente."
— Frase do último poema de Hendrix, "A história da vida", 17 de setembro de 1970

Apêndice

ENTREVISTA COM ERIC BURDON
STEVEN ROBY / STRAIGHT AHEAD, OUTUBRO/NOVEMBRO DE 1995

Eu tive o prazer de entrevistar Eric Burdon em 1995 para o meu fanzine sobre Hendrix, STRAIGHT AHEAD. Burdon cruzou com Hendrix muitas vezes durante sua carreira, inclusive no início, quando Hendrix trabalhou para Little Richard como seu guitarrista principal em 1965 (ainda que este detalhe seja ignorado aqui).

Burdon teve não apenas a honra de tocar com Hendrix em sua última jam aberta, mas também foi o primeiro a quem Monika Dannemann ligou quando não conseguiu reanimar Hendrix em 18 de setembro de 1970.

Steven Roby: Conte-nos sobre a primeira vez que encontrou Jimi.
Eric Burdon: A primeira vez que encontrei Jimi foi quando estava ensaiando com minha nova banda em um clube chamado Telephone Booth. Ele tinha aparecido para procurar músicos para o Experience. Chas [Chandler] sabia que eu estava montando uma nova banda e que eu estava procurando um guitarrista. Noel Redding tinha vindo ao teste. Eu estava dizendo aquele corriqueiro "não nos ligue, nós ligamos para você", quando percebi que Jimi estava no fundo da sala. Quando Noel estava saindo, Jimi o parou e perguntou, "Você quer tocar baixo?". Nós tivemos a oportunidade de fazer uma jam antes de eles todos saírem.

SR: Quando foi a última vez que você o viu? Foi no Monterey Pop?
EB: Não. Você tem que entender, estávamos juntos com o mesmo pessoal – basicamente compartilhando as mesmas garotas, então eu o via bastante. Nós sempre terminávamos no apartamento do Zoot Money depois de uma noite na cidade. De um certo modo, tínhamos muito em comum. Éramos ligados ao mesmo grupo.

SR: E como era a cena em Monterey?

EB: Era uma experiência religiosa; a convergência harmoniosa da era hippie. Um tempo onde tudo veio junto, de um jeito melhor do que eu já tinha visto. Com certeza Woodstock foi o *evento*, e a história o vê como o auge, mas Monterey foi a joia rara dos shows. Monterey foi o retorno de Jimi aos Estados Unidos. Na cabeça de Jimi, foi o primeiro show em sua terra natal. Ele estava no seu auge em termos de performance.

SR: Isso certamente transparece no filme que foi feito.

EB: Eu me lembro de estar indo para as fileiras da frente perto da área da imprensa onde eu tinha uma cadeira. Uns meninos perto de mim perguntavam: "Quem vai tocar depois do The Who?". A pressão estava aumentando e era muito empolgante. Assim que ouvi que seria o Jimi, eu corri de volta para o meu lugar para ver o show. Os meninos então perguntaram, "Quem é esse Jimi Hendrix?". E eu respondi, "Você vai descobrir". Num certo momento da apresentação de Jimi, eu olhei para trás e vi seus sorrisos enormes me mostrando seus polegares, dando o sinal de aprovado. O momento mais brilhante para mim foi ver JH pintando suas guitarras para aquela noite. Foi por pura sorte que eu entrei no motel em que ele estava hospedado. Sabe, eles não tinham nenhum telefone nos quartos, apenas um no saguão do hotel. Eu tinha alugado uma motocicleta e passei por lá para dar uma olhada. Eu o vi no pátio com um balde de tinta, um pincel, e duas de suas guitarras... aquela que ele iria sacrificar naquela noite. Pensei que ele parecia um chefe Navajo... queimando sálvia, preparando-se para se entregar para as forças. Um pouco depois eu descobri que havia muito sangue indígena na família de Jimi. Essa cena que testemunhei foi um indício de que havia muito mais nesse homem do que eu poderia compreender em apenas uma noite.

SR: Tanto o Animals quanto o JHE tinham Michael Jeffery como empresário. Muito foi escrito sobre ele e seus atos questionáveis. Você pode compartilhar com a gente um pouco do que conheceu sobre ele?

EB: Esta entrevista é sobre Jimi Hendrix. Eu vivi aquela história. Me magoou muito, mas magoou Jimi muito mais. Machucou a todos nós porque ele não está aqui para contar. Eu prefiro falar sobre JH.

SR: OK, e quanto a 1968? Vocês se cruzaram ou alguma turnê coincidiu?

EB: Sim, bastante... Costa Leste e Costa Oeste nos Estados Unidos. Nós fizemos um festival juntos na Suíça. Aquele show terminou em um tumulto e subsequentemente iniciou 10 anos de revoltas. Eu me lembro desse show porque foi uma das raras ocasiões em que acabei com ele musicalmente. Nós tínhamos uma banda quente. Estávamos indo bem, entrosados. Jimi tinha tomado seu ácido no momento errado e estava decaindo. No momento que se apresentou, ele se perdeu completamente. Aquilo o atrapalhou, mas eu acho que na cabeça dele ele se vingou de mim. Quando deixei o aeroporto de Zurique, ele estava com minha esposa em seus braços e essa foi a última vez que eu a vi... *[risos]* E isso era perfeitamente aceitável para mim naquela época... Não me perturbou nem um pouco... Era como, "OK, filha da puta, te vejo mais lá na frente".

SR: De todas as vezes que viu Jimi tocando, quando acha que ele estava em seu melhor?

EB: Eu acho que seu melhor foi no show do Hollywood Bowl. Ele apareceu na minha casa após aquele show. Nós ficamos lá e ouvimos a alguns materiais não mixados. Aquele foi um dos períodos [em que] eu senti que havia uma amizade aflorando. Nós poderíamos estar em qualquer outro lugar fazendo qualquer coisa, ele era a bola da vez, e ainda assim nós estávamos ... sentados num morro ... fumando uns baseados, ouvindo música ... sentindo como se estivéssemos no topo do mundo ... o que eu acho que estávamos mesmo.

SR: Você também estava no mesmo cartaz com Jimi no Newport Pop Festival em 1969. Há fotos e filmagens ótimas de vocês e de todos que compareceram à jam daquele dia. O que você pode nos dizer sobre aquele show?

EB: Jimi tinha feito um show tão ruim na sexta que ele voltou e fez um segundo show no domingo.

SR: Após o Newport Pop, houve alguma ocasião em que vocês se viram antes de setembro de 1970?

EB: Ele veio ao nosso escritório um tempo depois que Chas caiu fora. Eu acho que ele estava pensando no que fazer com sua vida e o futuro. Foi quando eu comecei com a banda War e com a Gold & Goldstein. Nós, pela empresa, tentamos ajudá-lo porque estávamos ligados a ele pelos negócios. A empresa que tinha acabado de fazer um filme dele no Royal Albert Hall, em 1969. É aqui que a dor de cabeça começa para mim porque meu acordo com Jerry Goldstein era, "Você nos arranja várias performances e o filme será seu". Eu ia mesmo receber o cargo de diretoria executiva desse filme. Naquele tempo tudo estava ótimo, e eu não achava que nada fosse dar errado, mas estava apenas começando a azedar. Minha situação gerencial anterior tinha virado agora a situação de Jimi, e eu tentei avisá-lo que o dinheiro do Animals foi usado para fazê-lo decolar. Eu disse a ele: "Eu me fodi e você vai se foder também se não acordar". E é claro que ele só riu e estava ocupado demais conquistando o mundo. Eu esperava essa reação. Eu não achei que ele me ouviria, mas pensei que valia a pena contar para ele. Eu também falei com Noel e Mitch sobre a mesma coisa no barco de Derring Howe, e eles também me ignoraram. Foi nesse momento que eu comecei a entrar na posição de cara que estava tentando pegar carona no sucesso de Jimi depois que ele morresse … seguir no embalo e toda essa merda. Realmente, você poderia dizer que era verdade porque eu tinha essa porra desse filme. Foi o melhor filme que Jimi já tinha feito ou com o qual tinha se associado … 35mm e uma performance cristalina. Foi isso que causou a saída. Gold & Goldstein me disseram, "Apenas faça mais um ano de turnê com o War e ganhe dinheiro o suficiente para que possamos parar, aí vamos te entregar o negativo e você pode continuar com isso". Eu tinha o Saul Bass. Ele era um dos maiores e melhores fotógrafos de cinema do mundo. Ele é o melhor designer de sequências de título do mundo. Ele fez trabalhos especializados para Stanley Kubrick, eu o tinha convencido da ideia e estávamos para fechar o acordo, e aí Jimi morreu. Seis meses depois eu entrei numa loja de discos e havia um clipe usado em uma capa de disco do meu filme! Eu pensei, *"O que é isso!"* E fui até o Gold & Goldstein e a história que se desenrolou foi que eles nunca tiveram a intenção de me entregar nada e essa era mais uma história na qual eu deixei me foderem. Eu saí do escritório e nunca mais voltei. E aí voltei com o War.

SR: Jimi pode ter sido o maior inovador da guitarra do mundo, mas provavelmente não o melhor em lidar com grandes situações nos negócios.
EB: Jimi era tão ruim quanto qualquer um de nós para assinar qualquer coisa que estivesse embaixo de nosso nariz, e depois tentar pagar de esperto dizendo,

"Eu não sabia disso, cara". Eu sei que Chas teve dificuldades em ajeitar os problemas dele antes de contratá-lo. Acho que quando ele e Chas se separaram, foi o fim do encanto. Chas pode ser um completo babaca com as pessoas, e é por isso que ele era um empresário. Claro que ele era o tipo certo de babaca para o Jimi, porque ele não aguentava nenhuma das merdas dele. Então, seus dois egos se anularam, seguiram junto e chegaram ao ápice da carreira de Jimi ... os três álbuns maravilhosos.

Eu tenho certeza que Jimi era mais do que capaz de produzir, mas ser produtor é uma posição fantasma. Um produtor deve ser como uma parteira. Se você olhar para a aventura da gravação, para mim é como dar à luz ... criar uma criança. O artista é a mãe e o bebê é o disco. A parteira é o produtor auxiliando os músicos a serem capazes de fazerem o que precisa ser feito e auxiliar a criação a render frutos. Então, Chas era como uma mãe da pesada. Uma mãe realmente dominante, mas ainda assim uma figura materna para Jimi. Então ele se sentia realmente seguro, e fez seu melhor trabalha naquela situação. Não estou dizendo que ele não era capaz de produzir, ele era, mas muito de ser um produtor é ter que se assegurar de que tudo está agendado, de que dá para arranjar os amplificadores, blá, blá, blá. Um produtor faz muito do trabalho que o músico não quer fazer. É aqui que esses caras entram e podem ou melhorar o produto, ou foder com ele totalmente. Então, no caso de Jimi, quando o produtor saiu, ele estava cambaleando de uma ideia para outra. Já que Jimi não escrevia música, o corpo de seu trabalho tinha que ser capturado na fita magnética.

SR: Deve ser por isso que há tantas fitas de sessões de improviso.
EB: Eu nunca o vi sem sua guitarra, exceto no final de sua carreira ... na verdade quando eu o encontrei pela primeira vez, e ele não estava com sua guitarra em uma festa em Londres, eu sabia que ele teria problemas. Sem sua guitarra ele era perdido e inseguro. Ele só queria tocar – *o tempo todo* – e não dá para fazer isso. Eu tive os mesmos problemas quando estava com o Animals e vim para a América pela primeira vez. Eu queria tocar com todo mundo ... Fats Waller ... foi por isso que me tornei músico. Mas tem um lugar no tempo e espaço, particularmente na música, onde talento e valor comercial, à luz do que está para ser explorado, que eles batem os chifres e se tornam inimigos ... porque tudo o que ele queria era fazer jams, jams, jams ... manter o fluxo constante. A posição de agente/empre-

sário [ou] advogado/produtor sempre é, "Não fique fazendo jams, cara, você vai entregar tudo. Se eles o virem hoje à noite, eles não virão amanhã à noite".

SR: Em outras palavras, guarde um pouco?
EB: Sim, e claro que naquele tempo Jimi tinha queimado tantas guitarras, feito tantos sacrifícios psicodélicos, que era esse o pedido da plateia, "Queime a guitarra! Queime a guitarra!" E nesse momento, Jimi estava tentando alcançar Miles Davis, e se tornar o ícone do jazz que ele deveria ter sido. Na verdade, ele teria criado um novo jazz de que todos precisamos, um tipo que está em falta hoje.

SR: Durante sua última semana de vida, Jimi teve a oportunidade de tocar com você e o War no clube do Ronnie Scott. Essa foi a última aparição pública de Jimi e aconteceu na quarta-feira, 16 de setembro. O que você pode nos contar sobre essa sessão?
EB: Eu não tinha visto Jimi por mais ou menos um ano, mas tinha ouvido falar dele e sabia dele por pessoas como Alvina Bridges em Nova York, e Eric Barrett, seu produtor de turnês. Enfim, eu fui a Londres com o War, e Eric Barrett veio me ver. Ele disse, "Você tem que ir ver o Jimi, porque ele não sai há seis meses". Isso foi quando ele conheceu Monika e estava fazendo suas coisas longe da estrada. Minha reação a Eric foi, "Ei, eu tentei falar com esse cara em diversas ocasiões; se ele está nessa onda, ninguém vai conseguir tirá-lo dessa até que ele esteja pronto para sair. Eu não vou até ele. Se ele quiser vir falar comigo, estarei tocando no clube do Ronnie Scott hoje à noite". Então, uma noite depois ele apareceu.

SR: Isso aconteceu na terça-feira, dia 15.
EB: Ele apareceu abraçado com várias garotas, incluindo minha senhora, que eu não via havia um tempo ... "Oi, Angie, como você tá, gata?" Estava tudo tranquilo e ninguém disse nada. Estávamos apenas felizes que o cara tinha saído do esconderijo, estava em público. Na noite em que tocou conosco, ele apareceu e tocou nas ultimas músicas do set. Era um público de jazz... O circuito intelectual de jazz de Londres. Não é incomum eles vaiarem as pessoas, principalmente se eles são roqueiros. Quando fomos lá com o War, foi uma coisa muito arriscada de se fazer. Fomos a primeira banda de rock a tocar lá. Foi um experimento, e ter Jimi junto foi ótimo! Nós estávamos no paraíso, mas o público não curtiu

sua presença e vaiou para que ele saísse. Então ele saiu e foi para os bastidores. Eu fui falar com ele, e lhe disse, "Não desista, você já chegou até aqui, não pare agora, cara, vai lá e toca, filho da puta!" Ele voltou e houve um problema com uma luta pelo controle entre Howard Scott, nosso guitarrista, e Jimi. Howard forçou Jimi a ficar no fundo e Jimi estava tocando guitarra base durante "Tobacco Road". As coisas estavam esquentando e eu ouvi Howard fazer solos como nunca tinha ouvido antes. Ele realmente forçou Howard a brilhar aquela noite. Daí ele voltou e fez uma performance arrasadora no estilo Jimi Hendrix. Depois disso, Jimi disse, "Te vejo por aí". E foi isso. Eu nunca mais o vi novamente.

SR: Alguns dias depois você recebeu uma ligação de Monika Dannemann sobre Jimi.
EB: É, o que posso te dizer? Eu senti que ele estava em boas mãos. Eu não a conhecia, mas na minha opinião ele sabia se cuidar. Eu o tinha visto em situações horríveis antes. Naquele tempo nós éramos humanos o suficiente para nem pensarmos duas vezes sobre isso. Quando ela me ligou eu disse para lhe dar café e dar uma volta com ele e, se houvesse algum problema, me ligar de volta.

SR: Era de manhã cedo?
EB: Ainda estava escuro, mas isso é comum para Londres. Estava chovendo. Ela me ligou de volta, então eu pensei que havia algum problema, e disse para chamar uma ambulância. Ela discutiu, dizendo que haviam coisas incriminadoras no flat ... o que eu acredito que ela tenha se livrado. Eu passei as próximas horas depois que fui ao apartamento procurando por Mike Jeffery por Londres porque queria matá-lo. Eu definitivamente tinha maldade no coração naquele momento. A imprensa veio atrás de Monika, então eu a levei para a casa de minha mãe para que ela pudesse se esconder da imprensa inglesa. E foi isso. O mundo parou.

SR: Eu me lembro de ouvir você em uma entrevista no rádio falando sobre quando você foi ao apartamento e que você tinha percebido que ele tinha escrito a palavra "amor" com seus dedos na janela traseira de um carro.
EB: Estava escrito na umidade, no orvalho da janela ... em um Opel, uma cópia de um Corvette. Eu achei que isso devia ser ele chegando tarde da noite de uma festa. Eu também achei esse bilhete ao lado de sua cama, que agora está incluso naquele livro, *The Lost Writings of Jimi Hendrix*.

SR: Qual foi a sua reação ao poema final escrito por Jimi?

EB: Eu ainda mantenho o que senti aquele dia, olhando para as evidências no local, depois do corpo ser retirado, a cama ainda quente. Ainda tinha a marca de onde ele estava deitado ... fazia mesmo pouco tempo. Então eu encontrei essa nota ao lado da cama, li, e achei que fosse um bilhete de suicídio. Não estou dizendo que ele deliberadamente queria cometer suicídio, mas ele tinha vontade de morrer. Ele pode [ter] dito, "Foda-se, eu não consigo mais lidar com essa merda. Eu quero tocar e eles não me deixam". Eu já passei por isso também, pelo mesmo estado de espírito. Você fica muito deprimido e muito suicida ... só um artista pode explicar.

SR: Quando você chegou no flat, a ambulância já o tinha levado embora?

EB: Sim ... pensando bem, Monica me mostrou umas instruções para ela fazer todas essas pinturas. Eu as tomei por reais porque já tinha visto os cadernos de Jimi, cadernos de rascunho antes. Pareciam suas instruções e sua letra, sabendo do interesse dele por numerologia, cromoterapia e a relevância disso para o espírito humano ... quer dizer, para um cara de vinte e sete anos que cresceu um menino negro no gueto ... ele era inteligente pra caralho. Ele era brilhante. Ele era iluminado! Eu fiz um trabalhinho de detetive, e se você vai cometer suicídio, não toma nove comprimidos ... você engole a porra do frasco inteiro! Eu posso ser louco, mas eu entendi isso como uma mensagem, principalmente quando eu vi que tinha sido escrita por ele.

SR: Você está falando do poema que ele escreveu, "The Story of Life" ["A História da Vida"]?

EB: Sim, o cara tinha pirado com o LSD e eu estive na mesma alucinação na qual eu vi Jesus e Buda juntos, ou separados – ou o diabo ... muitas vezes. Depois de pensar nisso, eu acho que ele estava usando drogas demais para estar nos olhos do público como ele estava, e vivia rodeado de bajuladores quando o Jeffery tomou o controle. Todo mundo dizia coisas como, "Sim, Jimi ... Toma esse aqui, Jimi...". Eu acho que ele estava vivendo uma alucinação de que era Jesus e que ele estava numa peça da paixão, e que, de uma certa maneira, ele mesmo fabricou a própria crucificação.

SR: Isso é interessante. Nunca ouvi essa teoria antes.
EB: Bom, se você tomar ácido suficiente, você começa a pensar desse jeito. É uma droga excelente e ele tomava uma quantidade incrível. O LSD se conecta ao Jimi assim como a Stratocaster. Teve a mesma importância para o rock'n'roll. A gente tenta não dar corda para isso nestes tempos sóbrios, mas qualquer um que ignore isso está redondamente enganado. O movimento inteiro foi impulsionado pelo *Sgt. Peppers Lonely Hearts Club Band*, que veio de um frasco da Sandoz.

SR: Isso é verdade. Aquele álbum foi uma influência pesada em muita gente e na época.
EB: Se você vai para a escola católica, nunca mais esquece as mãos e os pés sangrando ... essas imagens estão com você para o resto da vida.

SR: Eu sei o que você quer dizer. Passei por doze anos disso.
EB: Quando eu entrava numas viagens com judeus e negros, eles viam o lado mais leve das coisas ... seria sempre risada. Se você viajasse com um católico irlandês ... era tipo ... *dun-da-dun-dun* [*imitando o tema do programa policial* Dragnet].

SR: Uma experiência religiosa séria.
EB: Com toda certeza. Eu acho que essa era a raiz dos problemas do Jimi. Para mim, ver aquela última nota ... é a melhor interpretação de luta por ser a cabeça de Cristo que pode haver.

SR: É um poema muito profundo com uma breve alusão àquele tema do "sol nascente" no qual ele estava trabalhando.
EB: Quando vi o poema novamente, ele estava [sob direitos autorais] e pertencia a algumas pessoas. Eu acho que na cabeça do Jimi, quando ele saía, ele sentia que dava acabamento às coisas muito bem. Eu não conheço nenhum artista nesse negócio de gravação, [que] está lá no circuito do rock'n'roll, fazendo shows toda noite, [que] tem ideia de quanto material está guardado. Eu não tinha ideia. Eu ainda sou assombrado por discos piratas, coisas que eu esqueci, e demos que aparecem como se fossem material terminado ... e isso está acontecendo muito com o Jimi. Acho que ele deve ter deixado esse mundo pensando, "Hmmm, deixei três grandes álbuns, vou ser lembrado por isso ... Agora vou ser imortal".

SR: É incrível que para uma carreira tão curta ele tenha deixado tanta coisa guardada, e que vinte e cinco anos depois de sua morte, novas gravações ainda vão sendo descobertas.

EB: Sim, eu acabei de escutar o *Voodoo Soup* pela primeira vez esta manhã e foi doloroso. Eu vejo dessa maneira ... é só uma junção de demos que nunca deveriam chegar aos ouvidos do público consumidor.

SR: Mesmo que tentem muito gravar por cima e dar uma melhorada.

EB: A música que ele nos deixou é real e você só pode julgar um artista por sua obra. É tipo como o ator James Dean ... três filmes mágicos ... é uma pena que ele não possa ser deixado em paz daquele jeito. Mesmo a sua revista, por exemplo – acho que tem o suficiente de Jimi como artista completo, o jeito que ele se enxergava, para que a gente continue amando e elogiando o cara por toda a vida.

SR: Para terminar, você tem alguma consideração final sobre Jimi?

EB: Talvez eu devesse definir melhor o que eu disse antes sobre a possibilidade de Jimi querer cometer suicídio. Aquele foi o meu sentimento inicial, além de ter visto o poema "The Story of Life" ali do lado da cama. Depois eu descobri que Jimi ainda estava vivo quando o levaram embora na ambulância. Os anos foram se passando e a minha confusão foi aumentando apesar de eu querer me segurar no sentimento de que ele simplesmente estava num momento suicida na época. Eu achava que além do último poema, muitas das letras dele poderiam ser interpretadas daquela maneira. A letra de "I Don't Live Today", por exemplo. Eu só queria esclarecer que, para mim, houve um salto de uma teoria para a outra, exceto o fato de sempre ter na cabeça que somente um péssimo caso de mau gerenciamento, confusão e solidão poderiam levar alguém a querer partir. A outra coisa que eu gostaria de comentar é sobre o Partido dos Panteras Negras. Quando ele chegou a Nova York, eles ficaram empurrando o tempo todo para que ele enxergasse as coisas como eles. Eu sei que isso causou muita confusão em Jimi. Claro que ele queria se levantar e ser um dos irmãos, mas eu não acho que ele tinha esse grau de orgulho negro para pegar numa arma e tentar mudar as coisas, como os Panteras faziam. Acho que ele provavelmente ficou com o pé atrás com isso. Isso levou a muita confusão mais para frente [quanto a] onde estava seu coração.

Créditos

Gostaria de agradecer a todos que me deram permissão para os materiais aparecerem neste livro. Eu fiz todo esforço possível para entrar em contato os detentores dos direitos autorais. Se foi cometido algum erro ou omissão, por favor informar à editora.

"Jimi Hendrix fala com Steve Barker (Janeiro de 1967)" por Steve Barker. Publicado primeiramente por Arquivos Musicais Jas Obrecht (www.jasonbrecht.com) a partir das entrevistas originais por Steve Barker BBC/www.otwradio.blogspot.com e revista Wire/www.thewire.co.ku

"Venha para o Renascimento do Soul com Jimi Hendrix, um Rebelde de Marte Via Cuba", por Keith Keller, reimpresso com a permissão de BT.

"Galeões Espanhois na Costa de Jersey ou 'Vivemos do Excesso de Volume'" por Bill Kerby e David Thompson, reimpresso com permissão da Los Angeles Free Press e www.lafpmusic.com.

"Jimi Hendrix Conversa com Steve Barker (novembro de 1967)", por Steve Barker. Publicado primeiramente por Arquivos Musicais Jas Obrecht (www.jasonbrecht.com) a partir das entrevistas originais por Steve Barker BBC/www.otwradio.blogspot.com e revista Wire/www.thewire.co.ku

"Uma Experiência com Hendrix", por Liam e Roisin McAuley, reimpresso com permissão de Liam e Roisin McAuley.

Entrevista com Jimi Hendrix, por Meatball Fulton, reimpresso com permissão de Jay Ruby.

"A Perseguição e Assassinato do Rock'n'roll, Encenados pelo Jimi Hendrix Experience... Sob a Direção do Próprio Saltitante Jimi Hendrix, O Cassius Clay do Pop", por Michael Thomas, reimpresso com permissão de Hearst Communications, Inc.

"Senti que Estávamos Correndo o Risco de Virar o Dave Dee dos EUA", por Alan Walsh, Copyright © IPC +Syndication.

"Experiência", por Don Speicher, reimpresso com permissão de the Great Speckled Bird, publicado por Atlanta Cooperative News Project.

Entrevista com Jimi Hendrix e "Jimi Hendrix, Black Power E Dinheiro" por Jacoba Atlas, reimpresso com permissão de Jacoba Atlas.

"Manchete Dupla Para Jimi Hendrix" e "Hendrix" por Tony Glover, reimpresso com permissão de Tony Glover.

"Hendrix: na Experiência de Jane De Mendelssohn", por Jane De Mendelssohn, cortesia de www.international-times.org.uk.

"Jimi Hendrix Experience: Diminuindo a Velocidade e Aumentando em Tamanho", por John Lombardi, Copyright © 1999, Distant Drummer.

"Jimi Hendrix, O Sol Cigano", por Ritchie Yorke, reimpresso com permissão de Ritchie Yorke.

Entrevistas no The Dick Cavett Show (julho e setembro de 1969), cortesia de The Dick Cavett Show.

Entrevista no The Tonight Show, por Flip Wilson, cortesia de Carson Entertainment Group.

"Jimi Hendrix: Eu Não Quero Mais Ser Palhaço...", por Sheila Weller, artigo fornecido por Rock's Backpages, www.rocksbackpages.com.

"Hendrix e Sua Banda De Ciganos" por Bob Dawbarn, copyright © IPC+Syndication.

Entrevista com Jimi Hendrix, por Sue Cassidy Clark, de The Superstars: In their own words, reimpresso com permissão de Sue Cassidy Clark e Estate of Douglas Kent Hall.

"O Homem do Espaço Jimi Está Pousando" por Alfred G. Aronowitz, cortesia de New York Post.

"O Fim de Um Longo Conto de Fadas" por John Burks, copyright © 2011, New Bay Media, LLC, 78385-1x:0611AS.

"Hendrix: Eu Queria Um Single de Sucesso..." por Keith Altham, copyright © IPC+Syndication.

"Hendrix – Ele É Uma Bela Pessoa", por Gillian Saich, copyright © IPC+Syndication.

"Hendrix Hoje" por Roy Hollingworth, copyright © IPC+Syndication.

"Homem, Mito ou Mágica? Jimi Hendrix Está de Volta, Feliz e Falando..." por Norman Jopling, artigo fornecido por Rock's Backpages, www.rocksbackpages.com.

Entrevista com Jimi Hendrix, por Chris Romberg e Sargento Keith Roberts, cortesia de Armed Forces Radio Network.

"A Última Entrevista de Hendrix", por Keith Altham, reimpresso com permissão de Keith Altham.

HENDRIX POR *Hendrix*

• ENTREVISTAS E ENCONTROS COM JIMI HENDRIX •

EDIÇÕES
ideal

Este livro foi composto em Caecilia LT Std, com textos auxiliares em Northshire Script e Aquilone. Impresso pela gráfica RR Donnelley, em papel Avena 70g/m². São Paulo, Brasil, 2016.